法学课程思政教育教学案例 民商法卷

陈洁蕾 主编

同濟大學出版社
TONGJI UNIVERSITY PRESS
·上海·

图书在版编目(CIP)数据

法学课程思政教育教学案例. 民商法卷 / 陈洁蕾主编. —上海：同济大学出版社，2022.12

ISBN 978-7-5765-0548-1

Ⅰ. ①法… Ⅱ. ①陈… Ⅲ. ①高等学校—思想政治教育—教案(教育)—中国 Ⅳ. ①G641

中国版本图书馆 CIP 数据核字(2022)第 244550 号

法学课程思政教育教学案例(民商法卷)

陈洁蕾　**主编**

责任编辑　张　睿　　**责任校对**　徐逢乔　　**封面设计**　张　微

出版发行　同济大学出版社　www.tongjipress.com.cn

(地址:上海市四平路 1239 号　邮编:200092　电话:021-65985622)

排　　版　南京文脉图文设计制作有限公司

印　　刷　江苏凤凰数码印务有限公司

开　　本　787mm×1092mm　1/16

印　　张　21

字　　数　524 000

版　　次　2022 年 12 月第 1 版

印　　次　2022 年 12 月第 1 次印刷

书　　号　ISBN 978-7-5765-0548-1

定　　价　79.00 元

序

党的十八大以来，习近平总书记先后主持召开全国高校思想政治工作会议、全国教育大会、学校思想政治理论课教师座谈会等重要会议，作出一系列重要指示，强调要加强高校思想政治教育。这些重要讲话为推进高校课程思政建设工作指明了前进方向，提供了根本遵循。

教育部《高等学校课程思政建设指导纲要》(以下简称《纲要》)对高等教育中课程思政建设提出了具体的要求。《纲要》指出，培养什么人、怎样培养人、为谁培养人是教育的根本问题，立德树人成效是检验高校一切工作的根本标准。落实立德树人根本任务，必须将价值塑造、知识传授和能力培养三者融为一体、不可割裂。全面推进课程思政建设，就是要寓价值观引导于知识传授和能力培养之中，帮助学生塑造正确的世界观、人生观、价值观，这是人才培养的应有之义，更是必备内容。

在高等教育的众多学科中，法学教育与课程思政有天然的密切联系。法学学科所强调的是人民意志、国家治理、公平正义、社会秩序、个人权利等一系列与国家、社会、人民直接相关的价值，因此很自然地成为高校思想政治教育的重要载体。法学教育的重要成效之一，便是规范学生行为，培养其政治觉悟、公民意识、法治理念、道德情操，而这些也正是课程思政的重要内容。

在法学教育中，我们可以选择多个视角来打造课程思政的路径，而社会主义核心价值观则是其中普及性广、关注度高、接受度强的最佳切入点。中共中央办公厅、国务院办公厅印发《关于深化新时代学校思想政治理论课改革创新的若干意见》，在对学校思政课建设提出总体要求时即指出："应当坚持思政课建设与党的创新理论武装同步推进，全面推动习近平新时代中国特色社会主义思想进教材、进课堂、进学生头脑，把社会主义核心价值观贯穿国民教育全过程。"

中国式现代化建设进入新时代后，社会主义核心价值观已经成为各行业、各领域、各方面的基本行为指引。无论是把“富强、民主、文明、和谐”作为国家层面的价值目标，还是把“自由、平等、公正、法治”作为社会层面的价值取向，或是把“爱国、敬业、诚信、友善”作为公民个人层面的价值准则，二十四字社会主义核心价值观已成为中国现代文明的重要标志。

2016 年 12 月，中共中央办公厅、国务院办公厅印发《关于进一步把社会主义核心价值观融入法治建设的指导意见》，明确要求：“社会主义核心价值观是社会主义法治建设的灵魂。把社会主义核心价值观融入法治建设，是坚持依法治国和以德治国相结合的必然要求，是加强社会主义核心价值观建设的重要途径。要从巩固全体人民团结奋斗的共同思想道德基础的战略高度，充分认识把社会主义核心价值观融入法治建设的重要性紧迫性，切实发挥法治的规范和保障作用，推动社会主义核心价值观内化于心、外化于行。”2018 年 5 月，中共中央印发《社会主义核心价值观融入法治建设立法修法规划》进而提出：“着力把社会主义核心价值观融入法律法规的立改废释全过程，确保各项立法导向更加鲜明、要求更加明确、措施更加有力……推动社会主义核心价值观全面融入中国特色社会主义法律体系。”

在司法领域，社会主义核心价值与法院工作密切结合也是一项基本要求。近年来，最高人民法院先后颁布《关于在人民法院工作中培育和践行社会主义核心价值观的若干意见》《关于在司法解释中全面贯彻社会主义核心价值观的工作规划》等规范性文件，坚持将公正司法审判与弘扬社会主义核心价值观有机结合。2021 年，最高人民法院印发《关于深入推进社会主义核心价值观融入裁判文书释法说理的指导意见》，对于涉及“国家利益、引发道德评价、特殊群体保护、公序良俗、新情况新问题”的司法案件，明确要求各级法院应当深入推进社会主义核心价值观融入裁判文书释法说理。最高人民法院还先后发布多批“弘扬社会主义核心价值观典型案例”，并通过在公开、权威的案例中对社会主义核心价值观进行阐释和运用，从而为这些弥足珍贵的文化宝石镶嵌上了坚实的保护壳。

那么，社会主义核心价值观融入司法审判工作的渠道有哪些？司法裁判是如何从社会主义核心价值观中汲取营养的？社会主义核心价值观能不能直接成为裁判案件的依据？承载深邃法理的司法裁判与文化层面的社会主义核心价值能否并行不悖？大学生又是如何通过社会主义核心价值观来影响他们的法律职业能力建设呢？

带着这些问题和需求，同济大学法学院民商法教研部的教师们按照课程思政的基本要求，结合《民法典》颁布与实施的大背景，精选了最高人民法院及地方各级人民法院的一些典型案例，以法律专业人士的眼光及对法治治理的精辟理解，以社会主义核心价值观作为课程思政的突破口，对这些典型案例进行了深入分析，形成了这本《法学课程思政教育教学案例·民商法卷》。本书中的"英烈人格权的保护案""私自上树摘杨梅坠亡案""义务帮工受到伤害案"等曾引起舆论高度关注的案例，都具有很强的典型意义。通过对司法案例进行深入浅出的分析，既打通了法理与道德的关系，也展现了规范与价值的不可分割性，可以在很大程度上帮助学生从更深、更广的意义上理解社会主义核心价值观对法治的引领作用，以及法治对于社会主义核心价值观的保障和发展作用。通过本书中的案例分析，能够帮助学生更加深入地理解习近平法治思想的核心要义，理解法治与德治的关系，为培养德才兼备、德法兼修的卓越法治人才提供支持，为课程思政建设作出应有的贡献。

在这里，我要特别感谢同济大学法学院民商法领域组织和编写本书的老师们，感谢本书的主编陈洁蕾老师为本书能够顺利成稿和及时出版所作的努力和付出，感谢同济大学出版社为本书的出版所给予的大力支持。

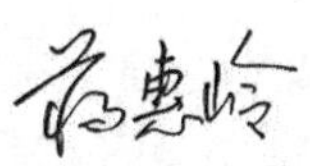

2023年2月21日

目 录

01 从彭宇案到电梯劝烟案[1]

核心价值：依法治国与以德治国相结合

事实概要

（一）彭宇案

2006 年 11 月 20 日上午，在南京市水西门公交车站，时年 64 岁的原告徐某兰准备乘坐 83 路公交车。此时有两辆 83 路公交车相继进站，徐某兰意图乘坐后一辆公交车，在行至前一辆公交车后门时恰逢被告彭宇第一个从公交车后门下车，原告徐某兰突然摔倒，被告彭宇发现后将原告扶至一旁。在原告亲属到来后，被告彭宇与原告亲属等人将原告送往医院，并且彭宇支付了医药费 200 元。原告徐某兰被诊断为左股骨颈骨折并住院治疗。后经司法鉴定所鉴定，徐某兰损伤构成八级伤残。为解决争议，双方在公交治安分局城中派出所进行了调解，但未达成协议。徐某兰于 2007 年 1 月向南京市鼓楼区人民法院提起诉讼。

原告徐某兰称，被告彭宇冲下车时将她撞倒，导致其骨折住院治疗，请求判令彭宇赔偿人民币 13 万余元。在第一次庭审时，彭宇本人并未出席，而是

[1] 彭宇案改写自（2007）鼓民一初字第 212 号民事判决书。电梯劝烟案改写自（2017）豫 01 民终 14848 号民事判决书。撰写人：袁秀挺，同济大学法学院教授；吴雪瑶，同济大学法学院硕士研究生。

由其妻子代为出庭答辩，称原告徐某兰受伤并非彭宇所致。第二次庭审时，被告彭宇本人出庭辩称，自己从公交车下来时虽然与人相撞，但并非与徐某兰相撞。在其下车时徐某兰就已经摔倒，自己是出于好意，见义勇为才扶起徐某兰，将其送去就医并垫付医疗费，不应承担赔偿责任。

一审法院法官根据经验法则及城中派出所提交的有关证据及日常生活经验分析，本案发生地点在人群众多的公交车站，发生时间则为视线良好的上午，事故发生时间短促，撞倒原告的人逃逸可能性较小，而彭宇为从公交车上下车的第一人，故认定彭宇与徐某兰相撞可能性较大。但法院认为无论是徐某兰还是彭宇，都无法预料相撞的结果，二者均无过错，故判决适用公平责任原则，认定原告系与被告相撞后受伤，酌定被告补偿原告损失的 40%，即被告彭宇赔偿徐某兰 4 万余元。对于这一结果，双方都不满意，均上诉至南京市中级人民法院。在二审即将开庭之际，彭宇与徐某兰达成庭前和解协议，由被告彭宇一次性补偿原告徐某兰约 1 万元人民币，并且协议规定双方都不许再在任何媒体面前透露案件的相关信息。双方撤回上诉，不再执行一审法院的判决。

（二）电梯劝烟案

2017 年 5 月 2 日上午 9 点，郑州市一名医生杨某进入其住宅所在的小区单元楼的电梯，后段某立也进入该电梯。因段某立在电梯内吸烟，杨某便对其进行劝阻，而段某立不予听从，未熄灭烟支，二人遂发生言语争执。段某立与杨某走出电梯后，仍继续争执。此时物业工作人员听到争吵声后对双方进行劝说，段某立在劝说下进入物业办公室休息，杨某随后也离开办公室去取快递。大约 5 分钟后，段某立心脏病发作，物业工作人员拨打 120 急救电话，后杨某听到呼救声赶到物业办公室为段某立做心脏按压。呼叫 120 约 6 分钟后，急救人员到达段某立身旁，经抢救无效宣布死亡。经查，死者段某立有心脏病史，2007 年做过心脏搭桥手术。根据该小区监控视频显示，事件发生过程中，段某立的情绪随着时间的推移愈来愈激动，并且伴随手指着杨某、向杨某靠近等肢体动作；而杨某在言语冲突中则是情绪相对比较冷静、克制的一方。双方在电梯及物业处争执的全部过程中只有语言交流，并无实质上的肢体接触或拉扯。

段某立的配偶田某菊主张是杨某的大声呵斥行为造成了其丈夫段某立的猝死，于是向郑州市金水区人民法院提起诉讼，起诉杨某要求其赔偿40余万元。杨某辩称，段某立的死亡结果是任何人都无法预见的，并且自己并未大声呵斥，而是善意地提醒段某立不能在电梯内吸烟，因此自己对段某立的死亡不应承担法律责任。

2017年9月4日，一审法院作出判决，认定段某立因心脏病猝死这一结果是杨某不能预料到的，杨某的劝烟行为与段某立死亡之间没有必然因果关系。本案适用《中华人民共和国侵权责任法》(以下简称《侵权责任法》)第24条，根据公平责任原则，酌定判决杨某向田某菊承担1.5万元的补偿。田某菊不服一审判决，认为杨某存在过错，上诉要求杨某承担一般侵权责任。2018年1月23日，二审法院公开宣判，认为一审法院判决认定事实正确但存在适用法律错误问题。本案中杨某的行为与段某立死亡之间并无法律上的因果关系，不应适用《侵权责任法》第24条。一审判决损害社会公共利益，遂撤销一审判决，改判驳回田某菊的诉讼请求。

案件评析

(一) 相关法律规范、学理研究及评析

1. 彭宇案的法律分析

根据民法原理，一般侵权责任包括侵害行为、损害事实、因果关系及行为人主观过错这四个构成要件。彭宇案作为一起典型的一般侵权案件，首先应当认定是否存在侵权的事实。在此案中，最主要的事实争议焦点就在于彭宇是否撞倒了徐某兰。由于案发当时没有视频录像，加之派出所原始笔录丢失，法官只能根据彭宇和徐某兰双方陈述以及相关证人证言，运用经验法则这一中介推定事实，判断是否有侵害行为存在。

法官在判决书中总结了四点原因认定彭宇撞倒了徐某兰。第一，根据日常生活经验分析，本案发生地点在人群众多的公交车站，发生时间则为视线良好的上午，事故发生时间短促，撞倒原告的人逃逸可能性较小，而彭宇自认

其为从公交车上下车的第一人，故认定彭宇与徐某兰相撞可能性较大。如果被告彭宇是见义勇为做好事，应该帮忙抓住撞倒原告徐某兰之人；如果是做好事，根据情理，被告可以等原告徐某兰的家人到达后离开，被告行为显然与常理相悖。并且根据城中派出所提交的电子文档和誊抄材料，可以相互印证，因此予以认定原告徐某兰是因被告彭宇撞倒致伤。第二，被告申请的证人陈某春的证言只是陈述了徐某兰倒地后的情形，并不能排除被告撞倒原告的可能性。第三，彭宇在第二次庭审中才提及自己是见义勇为，如果是真的见义勇为，应当在第一次庭审中提出。第四，彭宇在案发当日给付徐某兰200元未要求返还。根据日常经验，如果是借款，彭宇应当请无利害关系人作证明或事后向徐某兰亲属要求返还。如果是撞伤情形，彭宇的给付行为即符合情理。

这份判决书有着鲜明的特点，即法官将其自由心证的全过程一一铺陈。在现有证据下，仍有一些事实处于真伪不明的状态，如原告是否与被告相撞等。法官需要通过对案情细致分析，运用经验法则和逻辑规则，根据自己的理性和良心对证据进行取舍判断，最终形成内心确信，作出判决。所谓经验法则，是指人们基于对日常生活经验的总结而取得的与事物因果关系或属性状态相关的所有法则或知识。[2] 可以看出，运用经验法则判断的过程必然受到客观环境和法官主观意识的制约。法官个人经验的形成离不开其个人的文化知识、生活阅历和价值观念的影响，因而不同的法官对同一事件的个人认识和理解也存在差异。

彭宇案的一审判决之所以令公众哗然，最重要的一点便是法官个人认为合理的经验法则背离了社会公众所认可的经验法则。除了第二点的证人证言外，其余三点都是法官的个人经验分析。从法官根据日常生活经验所列出的“三个如果”分析，第一，如果是做好事，彭宇应该帮助抓住撞倒徐某兰的肇事者而非扶起徐某兰。这一推理，无疑将好心者做好事的方法限制在一条途径上，将“扶起摔倒者”这一举动排除在善意行为外，这明显不符合公众对善意行为的认知。第二，如果是做好事，彭宇可以等家属到达后离开而非一起送徐某兰去医院。第三，如果是做好事，彭宇给付200元后应该要求返还。这些推理显然与社会公众一直以来所信奉的“乐善好施、乐于助人、无私奉献”

[2] 张中.论经验法则的认识误区与实践困境[J].证据科学,2011(2):144.

等道德行为准则相悖，不具有高度盖然性。诚然，在他人需要帮助时借款是一种行善方式，如果好心者不求回报，选择将钱财赠与，何尝不是一种行善方式？法官的个人判断不合理地限制了道德行为的方式，给好心者附上了"做好事需在界限内"的枷锁，致使法律与道德背离，让人们履行道德行为时时刻处于一种忌惮的心理状态。

其次，该法官的论证显然犯了先入为主的错误。站在预设的立场上进行事实认定，会不由自主地将自己的预设立场进一步证实。如果法官带着这种思维方式审判，那么必然无法以一种全面、客观的角度取舍证据材料，认定案件事实。通过法官判决书中对日常生活经验的分析，可以得出法官已经预设了彭宇撞到了徐某兰。根据城中派出所提交的询问笔录的电子文档以及目击者的证人证言，已经可以达到"足以证明"的程度，能够适用高度盖然性的证明标准。但是法官错误地适用了其自身的"日常生活经验"，试图置入其中以增强其推理论证的逻辑结构，使理由更加充分，反倒成了画蛇添足。正是法官错误理解、适用其经验推理认定事实的这一部分文字，在一些媒体的推波助澜下发酵，最终引发了舆论危机。

2. 电梯劝烟案的法律分析

不同于彭宇案的争议焦点在于案件事实的认定，郑州电梯劝烟案的争议焦点在于其法律适用。从侵权责任的构成要件看，在郑州电梯劝烟案中，杨某的劝烟行为显然是正当的劝阻行为。首先，在案件的全过程中，杨某的情绪始终处于冷静克制的状态，双方只是言语上的争执，并没有出现肢体冲突。因此，并不存在侵害行为。其次，虽然杨某的劝烟行为发生在前，段某立的死亡结果发生在后，但二者并非引起与被引起的关系，本案也就不存在法律上的因果关系。段某立未能够控制自身情绪致使心脏病发作猝死属于一般生活风险。最后，杨某是出于保护社会公共利益的目的实施的劝阻行为，也根本无法预见段某立心脏病发作死亡的结果，并不存在主观过错。一审法院判决对于本案的事实判断也是如此，认定杨某的劝烟行为与段某立的死亡结果间不存在法律上的因果关系。

然而，在法律适用上，一审法院适用的是《侵权责任法》第 24 条的规定，即受害人和行为人对损害的发生都没有过错的，可以根据实际情况，由双方分担损失。该条款即《侵权责任法》中的公平责任原则。不同于过错责任原则和无过错责任原则，公平责任原则是作为一种补充性的准则存在的，其源于民法中的公平原则，根据损害事实和双方经济状况确定补偿额，体现了法律的仁慈，对维护社会公平具有重要意义。然而，由于其适用的灵活性，加之一些法官为平息事端“和稀泥”的心理，出现了滥用该条款的现象，让做好事的好心者担责，反而造成了不公平，从而招致公众诟病。

二审法院纠正了一审判决中的法律适用错误，指出适用公平责任需要损害结果和行为间具有因果关系，而本案段某立的死亡与杨某的劝烟行为并无法律上的因果关系，并且强调一审判决将会挫伤公民维护社会公共利益的积极性，违背了民法的立法宗旨，从而撤销了一审判决。尤其值得指出的是，本案在程序上是原告提起上诉，被告杨某并未上诉，但二审法院在全面审理后，最终判决驳回原告诉讼请求。二审判决表面上超出了当事人上诉范围，但其更大的意义在于确立鲜明的价值导向及摒弃“和稀泥”的做法。电梯劝烟案写入了最高人民法院的工作报告，并且被评为“2018 年推动法治进程十大案件”之一，产生了重大的社会影响。

在本案及其他案件的影响下，如今的《中华人民共和国民法典》（以下简称《民法典》）侵权责任编对原公平责任条款进行了修改。《民法典》第 1186 条规定：受害人和行为人对损害的发生都没有过错的，依照法律的规定由双方分担损失。两相比较，可以看出《民法典》第 1186 条删去了“可以根据实际情况”这一用语，一方面是为了修正公平责任原则的滥用；另一方面，《民法典》的修改严格限缩了公平责任的适用范围，符合公众对“公平正义”的价值追求。正如清华大学法学院程啸教授评论，《侵权责任法》以过错原则为最基本的归责原则，应当严格限制公平责任的适用，最好是法定化其适用范围，以免因滥用公平责任而彻底破坏《侵权责任法》的归责原则体系，损害《侵权责任法》的补偿和预防功能，甚至将《侵权责任法》变为社会保障法。

（二）案件影响与意义

2006 年的彭宇案在声势浩大的舆论磁场影响下引爆了社会公众的道德信仰危机，更有甚者称彭宇案使中国社会道德倒退 50 年。虽然媒体用词不免夸张，但不可否认的是，彭宇案过后，人们在做好事时总会不由自主地在“扶不扶”这一问题上摇摆。彭宇案、许云鹤案、小悦悦案，无一不折射出道德缺失的困境。人们担忧道德行为反而招致负面的法律后果，从而在面对相关事件时畏首畏尾。而十年后，电梯劝烟案中二审法院的改判则给了迷失在道德选择中的公众一把火炬，让民众重新点燃了对司法的光明信心，感受到我国法治的不断进步，也引导着民众在道德信仰的重建之路上迈进了一大步。

这也让我们看到了象征着公正庄严的判决书应当是具有良好法律效果与社会效果的有机结合。英国哲学家培根说：“一次不公正的裁判，其恶果甚至超过十次犯罪。”因为犯罪虽是无视法律——好比污染了水流，而不公正的审判则毁坏法律——好比污染了水源。换言之，一次公正的审判，不仅能够使水流清澈，更为水源注入了强劲的生命力。亚里士多德在《政治学》中指出：“法律也会有其不完善之处，因而需要不断地修正，修正的依据便是道德。”法律与道德如同鸟之两翼、车之双轮，相辅相成，对国家和社会的发展发挥着不可或缺的作用。党的十八届四中全会《中共中央关于全面推进依法治国若干重大问题的决定》提出，建设中国特色社会主义法治体系，建设社会主义法治国家，必须坚持依法治国和以德治国相结合。在建设法治国家的时代背景下，更应当重视法院个案裁判的作用。司法裁判仿佛一枚指南针，它不仅仅关乎当事人之间的利益纷争，更是有着教育指引作用。良好的司法裁判，应当符合社会公众的道德准则，达到情与理的统一，如此才有利于引导教化公众有所为有所不为，引领遵守法律、崇尚道德的社会风尚。相反，如果一个法院判决与公众朴素的正义观背道而驰，不仅会受到社会公众质疑，损害司法公信力，还会使行善者陷入尴尬的境地。因此，应当充分发挥法律的规范、引导作用，使正确的行为得到鼓励，错误的行为受到谴责，惩恶扬善，在全社会形成“好人有好报”的正向效应。所以，司法裁判绝不应该简单地“和稀泥”，息事宁人，让好人失掉了对司法的信心。多一些严谨的裁判，民众便多一份勇气，也多一份底气。当前社会需要多一些如电梯劝烟案二审判决这样的符合主流价值的严谨司法裁判，弘扬和传播正能量，努力使人民在每一个案件中都沐浴着公平正义的光辉，接受社会主义核心价值观的熏陶，作出正确的价值判断和价值选择，从而在全社会形成全民守法的良好氛围，推动我国建设成为社会主义法治强国的进程。

02 杨某诉卫某、孟某赠与合同纠纷案[1]

核心价值：民事活动不得违反公序良俗

事实概要

杨某与卫某于 2009 年 1 月 17 日登记结婚，婚后育有一女。2018 年 4 月，卫某通过网络结识孟某，并与孟某发展为婚外情关系。2018 年 6 月至 2019 年 5 月，卫某通过银行转账、微信转账、代为支付房屋租金等方式，共计赠与孟某人民币 943 897 元。

2019 年 6 月 26 日，杨某与卫某登记离婚。离婚时双方达成“《离婚协议书》补充协议”一份，内容是：“双方离婚的原因系男方出轨，而且男方在出轨期间陆续给与“第三者”90 余万元财物。出于为男方考虑，该部分财产未在离婚协议书中写明。现针对男方给与“第三者”的财物，双方达成如下补充协议：男方在婚姻存续期间给与孟某的财物归女方一方所有，由女方自行追讨。”

据此，杨某以卫某、孟某为被告向法院提起诉讼，请求：一、确认 2018 年 6 月 11 日至 2019 年 5 月 12 日期间卫某赠与孟某人民币 943 897 元的行为无效；二、判令孟某返还杨某、卫某 943 897 元。理由是：卫某的赠与行为未经原

[1] 改写自(2019)沪 0104 民初 21893 号民事判决书。撰写人：严桂珍，同济大学法学院教授。

告同意，其与孟某恶意串通损害原告作为夫妻一方对于共同财产的所有权和平等的处分权，该行为与社会公序良俗相悖，因而该赠与行为无效，孟某应当将上述钱款全额返还。

法院查明，杨某另持有卫某签字的保证书一份："本人卫某，身份证号(略)，自 2018 年 4 月至 2019 年 5 月通过网络结识孟某，维持了一段感情，其间孟某以还网贷、还房贷、经营等各种理由，接受了我通过银行转账、微信转账、房屋租赁及各类礼品，总计约人民币九十万元。我深知这件事对我的家庭、妻子及孩子都造成了巨大且难以弥补的伤害，是我一时糊涂造成了这样的局面。我在此保证，从今日起，回归家庭，和孟某彻底了断，再不犯类似的错误。"除上述补充协议、保证书外，尚有渤海银行客户业务回单、微信及支付宝转账截图、快递面单、淘宝及京东订单截图等证据对原告主张的事实予以证实。

被告卫某、孟某均未作答辩。

判决结果

法院认为，根据查明的事实，卫某在与杨某婚姻关系存续期间与案外人孟某发生婚外情，并通过银行、微信转账、支付租金、购买家电等方式陆续赠与孟某多笔现金与实物，该赠与行为损害了杨某作为配偶的合法权益，违背了社会公序良俗，应当认定为无效。根据法律规定，民事法律行为无效后，因该行为取得的财产，应当予以返还；不能返还或者没有必要返还的，应当折价补偿。对于原告主张的赠与金额 943 897 元，因相关证据充分，且证据之间能够相互印证，法院予以确认。根据杨某、卫某之间的"《离婚协议书》补充协议"，卫某在婚姻关系存续期间给与孟某的财物归杨某一方所有，由杨某自行追讨。鉴于杨某在本案中诉请将财产返还其与卫某二人，法院尊重杨某的意愿，予以支持。至于杨某、卫某如何分配取得的财产，法院不予干涉。卫某、孟某经法院传票传唤无正当理由拒不到庭，视为放弃诉讼权利。

据此，法院依照《中华人民共和国民法总则》(以下简称《民法总则》)第

153条第2款、第157条,《中华人民共和国民事诉讼法》(以下简称《民事诉讼法》)第144条之规定作出判决:一、卫某赠与孟某价值人民币943 897元财产的行为无效;二、孟某于判决生效之日起十日内返还杨某、卫某人民币943 897元。

案件评析

本案中,法院以公序良俗作为认定赠与合同效力的依据。

公序良俗是公共秩序和善良风俗的简称。《民法总则》第8条规定:“民事主体从事民事活动,不得违反法律,不得违背公序良俗。”公序良俗原则是我国民法的基本原则之一。《民法总则》第153条第2款规定:“违背公序良俗的民事法律行为无效。”此款是对民法基本原则的落实,其适用范围仅针对民事法律行为。

“法律行为是落实私法自治理念最主要的机制,但自治的另一面,就是公共利益的维护,立法者即使在处理民事问题时,也不可能放弃维护公共利益的宪法责任。”“法律行为成立要件的规定大概都是属于自治最核心的部分,而另一组有关行为效力的规范,则是代表法律秩序基于公共利益考量,对自治结果所划出来的底线。”[2]法律行为违反公序良俗无效是大部分大陆法系国家民法的规定。如《德国民法典》第138条规定:“法律行为违背善良风俗的,其为无效。”《法国民法典》第6条规定:“任何人均不得以特别约定违反涉及公共秩序和善良风俗的法律。”《瑞士债务法》第2条规定:“以不能或不法或违反善良风俗为内容之契约,无效。”《日本民法典》第90条规定:“以违反公共秩序或善良风俗为标的的法律行为,为无效。”英美法系则使用“公共政策”(Public Policy)一词。民法规定法律行为违反公序良俗无效的目的,主要是为了矫正契约自由之弊害。“契约之成立,固以当事人之合意为必要,然如内容为不合法,亦足影响于社会之健全。故近世各国民法,为矫正契约自由之

[2] 苏永钦.民法物权争议问题研究[M].北京:清华大学出版社,2004:28.

弊害起见，多设不得违反强行法规及公序良俗之限制。”[3]法律行为有悖于公序良俗无效，“其判断法律行为无效者，不是具体的法律规范，而是存在于法律本身的价值体系（公共秩序），或法律外的伦理秩序（善良风俗）。善良风俗系伦理秩序与法律相关联的部分，法律行为有悖于公共秩序和善良风俗者无效的规定，非在于为伦理秩序而服务，使道德的义务成为法律的义务；其目的乃在不使法律行为成为违反伦理的工具。简言之，即不能使违反法律本身价值体系或违反伦理者，在法律上具有强制性”[4]。

公序良俗是一个不确定的概念，需要法官在司法中结合具体行为进行认定。“民法使用甚多带有价值、不确定的规范性概念，如公共秩序及善良风俗……此等不确定法律概念及概括条款的主要机能在于使法律运用灵活，顾及个案，适应社会发展，并引进变迁中的伦理观念，使法律能与时俱进，实践其规范功能，从而涉及立法及司法、法官与法律的关系。”“就法官与法律的关系而言，使法官更能创造地参与法律的适用，实践个案正义。”[5]查明公序良俗的内容是法官适用法律的过程，即法官对某一法律行为是否违反公序良俗的认定。“在现代多元化开放的社会，关于公共秩序或者善良风俗，难期有定于一尊的见解。在审判上终究有赖以法官个人的认知。”[6]

在我国司法实务中，也有部分法官认为，丈夫赠与“第三者”财产行为是有效的。其理由是婚外情有违公序良俗，但双方之间的赠与合同并不违反公序良俗，应与其他民事法律行为一样受法律保护。

产生这一现象的原因是学界及实务界对《民法典》第 153 条规定的因违反法律、行政法规的强制性规定或违反公序良俗而“不法”是否包括“原因不法”存在不同的观点。《民法典》第 153 条规定：“违反法律、行政法规的强制性规定的民事法律行为无效。但是，该强制性规定不导致该民事法律行为无效的除外。违背公序良俗的民事法律行为无效。”此条仅笼统规定法律行为违反法律、行政法规强制性规定或违反公序良俗构成“不法”而无效。一般的理解是，这里的“不法”是指法律行为的内容违反法律、行政法规强制性规定及公

[3] 胡长清. 中国民法总论[M]. 北京：中国政法大学出版社，1997：5.

[4] 王泽鉴. 民法总论[M]. 北京：中国政法大学出版社，2002：289.

[5] 王泽鉴. 民法总论[M]. 北京：中国政法大学出版社，2002：55.

[6] 王泽鉴. 民法总论[M]. 北京：中国政法大学出版社，2002：291.

序良俗。但是,《法国民法典》将“债的合法原因”作为契约生效的要件,规定欠缺原因或原因不法的债,不发生效力(《法国民法典》第 1108 条规定:“契约之有效性应具备四项根本条件:1. 负担债务的当事人的同意;2. 其订立契约的能力;3. 构成义务承诺之内容的确定标的;4. 债的合法原因。”第 1131 条规定:“无原因之债,或者基于错误原因或不法原因之债,不发生任何效力。”)此即为合同效力原因理论的依据。原因理论在实务中经历了从客观原因理论向主观原因理论的发展过程,其区别主要在于主观原因理论将动机纳入原因的范畴,认为原因与目的是同义词,目的之中融合了动机,那些决定性的并且为双方当事人所共有的动机应属原因的范畴。[7]

同属于大陆法系的《德国民法典》《瑞士民法典》等并未将原因合法作为法律行为生效的要件,但是,德国法系对要因行为和无因行为的区分,本身就暗含着一种以原因理论来解释各种法律行为效力之正当性的方案,且司法实务中也认可“原因理论”。如在一起与我国“泸州遗赠二奶财产案”类似的案件中,德国联邦最高法院指出,如果被继承人立其情妇为继承人旨在酬谢其满足自己的性欲或者旨在决定或加强这种两性关系的继续,那么这种行为通常被认为是违反善良风俗的。相反,如果被继承人旨在给情妇提供生活保障,则这种行为通常就是有效的。[8] 可见德国联邦最高法院对法律行为违反公序良俗的认定接受了包含动机的原因理论。

我国虽未确立原因理论体系,《民法典》第 153 条也未明确规定原因不法,但是,运用社会主义核心价值观解释法律、解释法律行为,是贯彻落实社会主义核心价值观融入司法的路径之一。丈夫赠与“第三者”财产,虽不同于支付卖淫嫖娼款,但也不同于单纯以无偿给付财产为目的的赠与,此种赠与实际上含有旨在保持不正当关系的内心动机,因为依据一般生活观念,丈夫不会无缘无故赠与“第三者”财产。因此,如果法院欲以《民法总则》第 153 条第 2 款作为裁判依据,需要通过法律、法律行为的解释来认定赠与合同的效力,即将《民法典》第 153 条第 2 款规定的违背公序良俗的民事法律行为无效,解释为不仅包含内容不得违反公序良俗,还包含法律行为的原因不得违背公序良俗,从而将丈夫赠与“第三者”财产的行为解释为因动机违反公序良俗而

[7] 李永军,李伟平. 论不法原因给付的制度构造[J]. 政治与法律,2016(10):116.
[8] 迪特尔·梅迪库斯. 德国民法总论[M]. 邵建东,译. 北京:法律出版社,2013:516.

无效。

当然，在丈夫赠与“第三者”财产时，双方明示约定以“保持关系”为条件的也并非不见，此时可以直接适用条件不法理论进行裁判。所谓公共秩序或善良风俗，指社会一般利益及整个法秩序的价值，或一般道德观念。丈夫赠与“第三者”财产案件涉及性与道德的问题，“因性关系的自由化，在何种情况始构成违背良俗，应斟酌法律行为之目的、附随情状及当事人动机等，就行为时的社会通念加以认定”[9]。丈夫为维持与“第三者”的同居关系而赠与房屋，此一条件，衡诸社会道德观念，以及我们社会所提倡的社会主义核心价值观，应认定为不法。

需要进一步分析的是，附条件的法律行为，如果条件不法，是否导致整个法律行为的无效。不法条件对法律行为之影响，应分情形判断。法律行为所附条件违反公序良俗，致整个法律行为本身亦违反公序良俗的，不论其所附条件系停止条件或解除条件，整个法律行为应归无效。不法条件尚未足致整个法律行为具有不法性时，其效果如何尚有争议。德国通说认为在附停止条件的情形，由于停止条件系法律行为不可分离的部分，故条件不法者，整个法律行为不生效力。但在附解除条件的情形，因为解除条件具有不同的功能，为了保护因不法条件而受不当约束一方当事人的利益，应当适用《德国民法典》第 139 条部分无效的规定进行处理。[10] 例如劳动合同约定，受雇人结婚时该劳动合同即失其效力，此项解除条件，违反法律规定无效，但无效者仅该不法条件而已，雇佣合同并不因此而受影响，仍然继续有效存在。以同居为条件而为赠与之情形，基本上应认为不法条件使整个法律行为亦具有不法性，无效。[11]

《民法典》第 1041 条规定：“婚姻家庭受国家保护。实行婚姻自由、一夫一妻、男女平等的婚姻制度。”可见，一夫一妻制是《中华人民共和国婚姻法》(以下简称《婚姻法》)规定的基本原则。《民法典》第 1042 条第 2 款“禁止重婚。禁止有配偶者与他人同居”的规定是从反面对一夫一妻制的重申。《民法典》第 1043 条又规定了夫妻之间的忠实义务：“夫妻应当互相忠实，维护平等、和

---

[9] 王泽鉴. 民法总论[M]. 北京：中国政法大学出版社，2002：298.

[10] 《德国民法典》第 139 条：“法律行为部分无效的，如不能认定无此无效部分仍将实施该法律行为，整个法律行为无效。”

[11] 王泽鉴. 民法学说与判例研究(第 3 册)[M]. 北京：中国政法大学出版社，1998：140.

睦、文明的婚姻家庭关系。”一夫一妻制是婚姻家庭和谐稳定的基石，而夫妻承担相互忠实的义务是维护一夫一妻制的要求。丈夫通过赠与“第三者”财产，保持与“第三者”之间的婚外情的行为违反了夫妻间的忠实义务，必定会破坏婚姻家庭关系的稳定，与《婚姻法》基本原则相悖，有违社会的公共秩序与善良风俗，是不符合社会主义核心价值观的行为。将此类赠与解释为原因不法或者条件不法，让违法失德者人财两空，具有社会警示效果，可以发挥具体案件的裁判结果在社会治理中的价值导向作用。因此，法院适用《民法总则》第 153 条第 2 款认定卫某赠与孟某财产的行为违背公序良俗无效的结论是正确的，如果在说理部分加上法律及法律行为的解释，将赠与合同解释为因赠与原因违反公序良俗而无效则更加具有说服力。如此判决，可以发挥司法裁判在社会治理中的评价、教育、引领作用，有利于弘扬社会主义核心价值观。

03 李某茹与西安闻天科技实业集团有限公司确认合同无效纠纷案[1]

核心价值：诚实守信、严守契约

事实概要

2016 年 4 月 25 日，西安闻天科技实业集团有限公司(以下简称“闻天公司”)与李某茹签订《紫杉庄园内部认购合同》一份，由李某茹(乙方)认购闻天公司(甲方)开发建设的位于西安市长安区兴隆街办西沣路以西紫杉庄园项目商品房，双方在该认购合同中对于认购房源的基本情况、付款方式及内部认购优惠价格、双方当事人权利义务等内容进行了约定，李某茹依约支付了全部房款，闻天公司向李某茹出具收据。2016 年 8 月 3 日，西安市长安区住房保障和房屋管理局对案涉项目进行检查，发现该项目未办理销售手续，涉嫌无证销售，遂于同年 8 月 9 日作出处理决定，责令原告闻天公司停止一切销售行为及和房屋销售相关的广告宣传活动；立即进行企业经营整改，并对违规销售的房屋逐一清退；尽快办理相关建审手续。后原告闻天公司仍未办理

[1] 改写自(2018)陕 01 民终 8145 号民事判决书。本案例入选最高人民法院发布的“人民法院大力弘扬社会主义核心价值观十大典型民事案例”。撰写人：陈洁蕾，同济大学法学院助理教授。

商品房预售许可证。2018 年 3 月 1 日，西安市长安区住房保障和房屋管理局因原告闻天公司在案涉项目未取得商品房预售许可证的情况下擅自违规销售之行为，对原告闻天公司予以行政处罚。另查明，案涉项目现已取得土地使用权证、建设用地规划许可证、建设工程规划许可证、建筑工程施工许可证。

2018 年 2 月 12 日，原告闻天公司以案涉房屋未取得商品房预售许可证为由将被告李某茹起诉至西安市长安区人民法院，请求确认双方签订的《紫杉庄园内部认购合同》无效。一审法院作出(2018)陕 0116 民初 2519 号判决，认定案涉合同无效。

被告李某茹不服，提起上诉。

判决结果

一审法院认为，依法成立的合同，受法律保护。《最高人民法院关于审理商品房买卖合同纠纷案件适用法律若干问题的解释》(以下简称《商品房买卖合同纠纷解释》)第 2 条规定："出卖人未取得商品房预售许可证明，与买受人订立的商品房预售合同，应当认定无效，但在起诉前取得商品房预售许可证明的，可以认定有效。"第 5 条规定："商品房的认购、订购、预订等协议具备《商品房销售管理办法》第 16 条规定的商品房买卖合同的主要内容，并且出卖人已经按照约定收受购房款的，该协议应当认定为商品房买卖合同。"本案争议焦点应为闻天公司和李某茹所签订的认购合同的性质。如案涉合同系商品房预售合同，则应适用《商品房买卖合同纠纷解释》第 2 条之规定确认该合同为无效合同，如案涉合同非商品房预售合同，则反之。本案中，闻天公司和李某茹签订的认购合同中约定了双方的名称、住所、房屋的基本情况、单价、总价款、付款方式、付款时间，未对交付使用条件及日期等项目予以约定，现闻天公司认为在签订合同当时已经告知李某茹，李某茹在庭审中亦认可该合同系事实上的商品房买卖合同，因此，应认为案涉合同应为商品房买卖合同。因闻天公司在本案起诉前仍未取得商品房预售许可证，故双方签订的认购合同应为无效合同。

二审法院认为案涉认购合同实质上是商品房预售合同，闻天公司与李某茹之间形成了商品房预售合同法律关系。李某茹在签订认购合同当日即支付了全额购房款，闻天公司在自身合同目的已经实现情形下，非但不积极履行应尽的合同义务，面对房地产市场出现价格大幅上涨，反而主张合同无效的做法，显然违背诚实信用原则。闻天公司作为房地产开发企业，对房屋预售所需符合的条件应当是清楚的，对自身不办理商品房预售许可证即预售商品房行为的违法性应当是明知的。现闻天公司以自身原因造成的违法事实为由提起本案诉讼，真正目的在于获取超出合同预期的更大利益，闻天公司的行为显然与社会价值导向和公众认知相悖。为弘扬社会主义核心价值观，彰显司法公正，对此种行为不应予以支持。最后，闻天公司签约时未取得商品房预售许可证，虽然违反了有关“商品房预售应当取得商品房预售许可证明”的规定，但是并不必然导致其签订认购合同的民事法律行为无效。基于此，闻天公司与李某茹签订的认购合同有效，双方之间形成了有效的商品房预售合同法律关系。李某茹的部分上诉理由成立。一审判决认定事实部分不清，适用法律错误，依法应予改判。

案件评析

（一）本案判决思路

本案中，当事人之间的争议焦点在于未取得商品房预售许可证，开发商与买受人之间签订商品房预售合同的效力问题。一审法院的判决思路为，当事人双方签订的合同虽然名为《内部认购合同》，但其实际上属于商品房预售合同。根据《商品房买卖合同纠纷解释》第2条，出卖人未取得商品房预售许可证明，与买受人订立的商品房预售合同，应当认定无效，但是在起诉前取得商品房预售许可证明的，可以认定有效。本案中，原告闻天公司于2018年2月9日提起诉讼，于2018年6月8日才取得商品房预售许可证，因此不符合合同效力补正的时间要件，故合同无效。

本案中，要求法院确认合同无效的，恰恰是负有取得商品房预售许可义务的闻天公司。作为房地产开发商，在与被告李某茹签订《内部认购合同》时，对其未办理商品房预售许可的事实应当是明知的，而当房地产市场出现价格大幅上涨的情况下，开发商"自我举报无证预售"，提起诉讼主张合同无效，以摆脱合同之约束，显然有悖于民法诚实信用的基本原则和诚信的社会主义核心价值观。

在本案二审中，西安市中级人民法院认为，案涉楼盘在一审诉讼前已经取得了除预售许可证之外的"四证"，工程主体已经建成，在李某茹上诉过程中，案涉楼盘也取得了商品房预售许可证，预售制度所欲避免的风险在本案中已经不存在。闻天公司签约时未取得商品房预售许可证的事实，并不必然导致其签订认购合同的民事法律行为无效。同时，公司为获取超出合同预期的更大利益，违背合同约定，提起本案诉讼主张合同无效，显然与社会价值导向和公众认知相悖，故而对开发商违背诚信的行为给予否定性评价。一方面能够保护商品房买受人的合法权益，维护了房地产交易的稳定性；另一方面也能够引导市场交易主体诚信经营、严守契约，践行诚信的社会主义核心价值观。

（二）相关法律规范、学理研究及司法实践状况

商品房预售是我国房地产交易的重要形态之一，根据《中华人民共和国城市房地产管理法》第 45 条第 1 款之规定，商品房预售，需要"取得商品房预售许可证明"。从性质上来说，商品房预售许可属于典型的行政许可，取得预售许可证是房地产开发企业进行商品房销售的前提条件。因此，未取得商品房预售许可证，开发商不得与消费者订立预售合同。这一条款同时规定，开发商进行房屋预售，除预售许可之外还应当满足三项条件，即：1. 已缴付全部土地使用权出让金，取得土地使用权证；2. 持有建设工程规划许可证；3. 按提供预售的商品房计算，投入开发建设的资金达到工程建设总投资的百分之二十五以上，并已经确定施工进度和竣工交付日期。以上条件实际上目的在于确保在建商品房进行预售之前，开发商已经取得了建设用地使用权，房屋建设行为正常进行且符合城市规划之相关要求，从而在一定程度上确保拟预售的商品房能够如期顺利交付。[2]《城市房地产管理法》第 68 条进一步规定，房地

[2] 常鹏翱. 行政许可与合同效力——以商品房预售为对象的分析[J]. 武汉大学学报，2020(4)：118.

产开发企业未取得预售许可而进行商品房预售活动，应由县级以上人民政府房产管理部门责令停止预售活动，没收违法所得，可以并处罚款。

以上规范并未明确，出卖人未取得商品房预售许可，而径直与买受人订立商品房预售合同时，合同效力如何。[3][4] 此一问题涉及公法和私法的衔接，也恰恰是本案争议焦点所在。根据《商品房买卖合同纠纷解释》第2条的规定，此种情形之合同应当认定无效，例外补正合同效力的条件则是开发商于起诉前取得商品房预售许可证明。本案一审判决恰恰是以此规范为基础，认定闻天公司与李某茹之间形成了商品房预售合同无效。《民法典》实施后，最高人民法院在整理司法解释时，并未对《商品房买卖合同纠纷解释》第2条之规定进行调整，但这并不意味司法解释之规定能够妥善解决实践中有关的纠纷。从司法实践经验的角度来看，开发商在未取得预售许可证时，司法裁判的结果并不一致。在(2020)黔04民终954号、(2020)冀01民终9456号民事判决中，类似本案一审，法官同样基于《商品房买卖合同纠纷解释》第2条之规定，认定预售合同无效；而在(2020)陕民申2022号、(2018)冀0123民初2593号民事判决书中，法官认为开发商自身的原因未取得案涉房屋的预售许可证，从而认定该《商品房买卖合同》无效，显然违背诚实信用和公平原则。(2019)最高法民申5661号中，法官同样认为如果因案涉房屋未办理预售许可证而机械地认定购房认购书无效，将导致房屋被查封拍卖的后果由房屋买受人承担，有失公平。

然而，应当认识到预售许可的目的在于规范房地产开发企业的行为，禁止开发商违法预售，维护预售房屋买受人之权利以及商品房交易市场的正常秩序。纵然，合同可能会因为违反法律强制性规范而归于无效，但是在类似商品房预售的情形中，由于开发商，即出卖人过错未办理预售许可证，而导致合同无效，并且开发商对于违法预售之行为存在明知。那么，面对这种过错，在一方当事人严重违反诚实信用原则，而要求商品房买受人承担合同无效的不利后果时，应当允许通过诚实信用原则在个案中对于当事人之间失衡的权利义务关系进行校正，实现个案正义。[5]

---

[3] 耿林. 论商品房预售合同的效力[J]. 法学家，2017(1)：124.

[4] 王轶. 论商品房预售许可证明对合同效力的影响[J]. 比较法研究，2018(6)：57-58.

[5] 夏昊晗. 诚信原则在“借违法无效之名毁约”案型中的适用[J]. 法学，2019(6)：153.

除了作为民法的基本原则之外,“诚信”也是公民基本道德规范之一,是从个人行为层面对社会主义核心价值观基本理念的凝练。它覆盖社会道德生活的各个领域,是公民必须恪守的基本道德准则,也是评价公民道德行为选择的基本价值标准。诚信即诚实守信,是人类社会千百年传承下来的道德传统,也是社会主义道德建设的重点内容,它强调诚实劳动、信守承诺、诚恳待人。

最高人民法院印发的《关于深入推进社会主义核心价值观融入裁判文书释法说理的指导意见》指出,有规范性法律文件作为裁判依据的,法官应当结合案情,先行释明规范性法律文件的相关规定,再结合法律原意,运用社会主义核心价值观进一步明晰法律内涵、阐明立法目的、论述裁判理由。社会主义核心价值观融入裁判文书释法说理是让人民群众在每一个案件中感受到公平正义的重要方式。在本案中,开发商因房价上涨,自我举报无证预售要求认定合同无效的背信之举,显然有悖于民法中任何人不得因违法行为而获利、禁止权利滥用之规则,有违诚实信用这一民法的基本原则,以及社会主义核心价值观中诚信的要求。纵然,法官不应当允许直接通过援引社会主义核心价值观作为案件裁判的依据,但是在此类案件裁判理由的论述中,具有重要的说明意义。

04 柳州市儿童福利院申请确定监护人纠纷案[1]

核心价值：未成年人保护、特困儿童救助

事实概要

绍某某自幼母亲下落不明，满月后不久，便被其父绍某甲抱送至大姑母绍某乙家中抚养。2013 年，绍某甲、绍某乙的丈夫相继去世，而绍某乙患有严重眼疾且无固定生活来源，无法继续照顾绍某某，绍某某被安置在其小姑母绍某丙家中生活。然而，绍某丙无暇照看绍某某，无法保障绍某某读书、吃饭等生活成长的基本需求，导致绍某某长期处于流浪状态。2018 年 1 月，绍某某在政府有关部门的帮助下进入柳州市救助站进行临时保护。2018 年 2 月，柳州市救助站以绍某某属困境儿童身份为由，将其转移至柳州市儿童福利院生活至今。2018 年 3 月 2 日，绍某某的小姑母绍某丙因病去世。绍某某的哥哥绍某丁亦无力担任绍某某的监护人。因绍某某的监护人、近亲属无能力抚养绍某某，绍某某又到了义务教育年龄，为保障其合法权益，遵循被申请人绍某某意愿。同年 8 月，柳州市民政局和儿童福利院、柳北区政府与绍某某所在

[1] 改写自(2018)桂 0205 民特 71 号民事判决书。本案入选最高人民法院发布的"人民法院大力弘扬社会主义核心价值观十大典型民事案例"。撰稿人：刘颖，同济大学法学院助理教授。

街道社区多次协商后，书面确认由柳州市儿童福利院担任绍某某合法监护人，并向法院提交了指定监护人申请书。本案由柳州市柳北区政府督办，柳北区人民检察院支持起诉。

判决结果

柳州市柳北区人民法院认为，对绍某某有监护资格的人员均已丧失监护能力或不愿意担任监护人，儿童福利院作为民政局下属的事业单位，对未成年人负有社会救助职责。为切实保障绍某某的合法权益，使其能在有合法监护人监护的情况下，尽快解决落户及正常上学等实际问题，该院依法判决，指定柳州市儿童福利院为绍某某的合法监护人。

案件评析

（一）本案判决思路

1. 有无监护人？监护人是否丧失监护能力？是否愿意承担监护职责？

本案中，绍某某的身份情况缺乏合法有效的户籍身份证明予以证实，仅能依据公安部门、社区居委会调查取证的证明材料予以认定，而公安部门、社区居委会的调查取证的主要信息来源均为绍某甲、绍某丙等人的陈述。现绍某甲已去世，而绍某某的母亲身份不明，且经柳州市公安局胜利派出所的民警多方调查走访仍无法找到。根据本案现有证据，曾与绍某某有监护关系的人员均已丧失监护能力或不愿意担任其监护人。

2. 柳州市儿童福利院是否具备监护资格？

柳州市儿童福利院作为柳州市民政局下属的事业单位，主要职能为收养全市孤儿，对健全儿童实行养与教结合，使其全面发展成为自食其力的劳动者。柳州市儿童福利院具有较好的监护能力和条件，能够妥善解决绍某某的落户及读书问题。

3. 尊重被监护人意愿原则、最有利于被监护人原则

事实上，绍某某曾长期在外流浪，无人照顾监护，无法落户更不能正常上学，其合法权益无法得到保障。故为保障绍某某的合法权益，根据绍某某本人的意愿，在没有证据证明绍某某有能承担监护责任的近亲属的情况下，柳州市儿童福利院申请法院指定其为绍某某的监护人，柳州市柳北区人民检察院同意其意见并决定支持起诉，绍某某所在柳州市柳北区××社区居委会亦同意柳州市儿童福利院作为其监护人。从最有利于被监护人原则出发，为使绍某某合法权益得到有效保障和落实，故柳州市柳北区人民法院判决柳州市儿童福利院担任绍某某的监护人。

（二）相关法律规范、学理研究及司法实践状况

儿童作为弱势群体，本身行为能力欠缺。维护儿童合法权益的职责，也就落在了监护人身上。然而现实生活中一些儿童却处于事实上无人监护的状态，流离失所、遭受虐待等情况时有发生。家庭监护的缺失，使得部分儿童并未得到正确引导，致使其最终走上犯罪的道路。困境儿童不仅仅是家庭问题，更是社会问题。对困境儿童的救助帮扶工作迫在眉睫，以下前置问题更是需厘清。

1. 困境儿童如何认定？

困境儿童即是未能处于有效监护之下的特殊群体。党的十八大以来，关于特困人群的救助帮扶工作引起了党中央、国务院的高度重视。习近平总书记多次就相关问题作出指示，强调要落实对特殊困难群体的权益保障工作。国务院领导也多次作出指示，明确救助工作要求。随着我国法治化进程的不断推进，我国关于困境儿童的认定也在进一步细化。

2013年民政部发布《关于进一步开展适度普惠型儿童福利制度建设试点

工作的通知》[2],对困境儿童进行了分层次、分类型、分标准、分区域的界定,将儿童群体分为孤儿、困境儿童、困境家庭儿童、普通儿童四个层次。其中困境儿童分为残疾儿童、重病儿童和流浪儿童三种,困境家庭儿童包括父母重度残疾或重病的儿童、父母长期服刑在押或强制戒毒的儿童、父母一方死亡另一方因其他情况无法履行抚养义务和监护职责的儿童、贫困家庭的儿童四类。

2016 年 6 月国务院发布的《关于加强困境儿童保障工作的意见》(以下简称《意见》)[3],将困境儿童界定为包括因家庭贫困导致生活、就医、就学等困难的儿童,因自身残疾导致康复、照料、护理和社会融入等困难的儿童,以及因家庭监护缺失或监护不当遭受虐待、遗弃、意外伤害、不法侵害等导致人身安全受到威胁或侵害的儿童。《意见》中将我国儿童福利保障内容由基本生活、基本生存向教育、医疗、救护、康复、服务拓展。

2021 年 5 月民政部发布新修订的《特困人员认定办法》第 4 条规定,城乡老年人、残疾人以及未满 16 周岁的未成年人,同时具备以下条件的,应当依法纳入特困人员救助供养范围:无劳动能力;无生活来源;无法定赡养、抚养、扶养义务人或者其法定义务人无履行义务能力。

本案中绍某某曾长期在外流浪,更未享受义务教育,事实上处于无人监护的状态,应当认定为困境儿童。

2. 困境儿童由谁监护?

我国关于未成年人的监护主要分为亲权监护与非亲权监护。理论上而言,未成年人的父母是其法定监护人,即使在父母缺位的情形下也应当由其他具有监护资格的主体担任监护人。但在实际生活中存在部分未成年人缺乏有效监护、合法权益受到侵害的情况,对于这些困境儿童的监护问题需要

---

[2] 民政部关于进一步开展适度普惠型儿童福利制度建设试点工作的通知[EB/OL].(2014-04-18)[2021-08-26]. https://www.pkulaw.com/chl/776fba16c9084f3abdfb.html? keyword=民政部关于进一步开展适度普惠型儿童福利制度建设试点工作的通知 &way=listView.

[3] 中华人民共和国中央人民政府网. 国务院印发《关于加强困境儿童保障工作的意见》[EB/OL].(2016-06-16)[2021-08-28]. http://www.gov.cn/zhengce/content/2016-06/16/content_5082800.htm.

进一步细化讨论。

《民法典》对未成年人的监护人作出了明确规定。第 27 条规定，父母是未成年子女的监护人。未成年人的父母已经死亡或者没有监护能力的，由下列有监护能力的人按顺序担任监护人：祖父母、外祖父母；兄、姐；其他愿意担任监护人的个人或者组织，但是须经未成年人住所地的居民委员会、村民委员会或者民政部门同意。第 32 条规定，没有依法具有监护资格的人的，监护人由民政部门担任，也可以由具备履行监护职责条件的被监护人住所地的居民委员会、村民委员会担任。

立法者通过法条内容清晰地表明了其态度，民政部门、福利机构对无事实监护人的困境儿童负有监护职责。此种立法观点更是在新修订的《中华人民共和国未成年人保护法》（以下简称《未成年人保护法》）中体现得淋漓尽致。《未成年人保护法》积极倡导全社会应当培育关爱未成年人的良好风尚，对留守未成年人、困境未成年人应当建立信息档案进行关爱帮扶。对困境儿童进行区分情形处理，分别由民政部门担任临时监护人或长期监护人。民政部门承担临时监护或者长期监护职责的，财政、教育、卫生健康、公安等部门应当根据各自职责予以配合。县级以上人民政府及其民政部门应当根据需要设立未成年人救助保护机构、儿童福利机构，负责收留、抚养由民政部门监护的未成年人。《最高人民法院、最高人民检察院、公安部、民政部关于依法处理监护人侵害未成年人权益行为若干问题的意见》中，对民政部门的监护资格也是予以肯定的。

目前我国司法实践中困境儿童的监护人主要由福利院、村民委员会、居民委员会等机构担任。如鹤岗市流浪乞讨人员救助站与被申请人耿某、马某申请撤销监护人资格案[4]，法院指定福利院担任困境儿童耿某的监护人。也有部分案例中法院指定由村民委员会、居民委员会担任困境儿童的监护人。例如，最高人民法院发布 12 起侵害未成年人权益被撤销监护人资格典型案例：林某某被撤销监护人资格案[5]；最高人民法院发布 98 例未成年人审判

---

[4] 改写自(2015)兴民特字第 1 号民事判决书。

[5] 最高人民法院发布 12 起侵害未成年人权益被撤销监护人资格典型案例之一：林某某被撤销监护人资格案[EB/OL].(2016-05-31)[2021-08-28]. https://www.pkulaw.com/chl/873d36f5bc5df647bdfb.html.

工作典型案例之八十二：林丽某被撤销监护权案[6]；未成年人权益保护与少年司法制度创新典型案例之九：林某被撤销监护人资格案[7]。

本案中，根据现有证据无法明确绍某某的法定顺位监护人。在此情形下，从充分保护和落实未成年人合法权益的角度出发，柳北法院通过法定程序，指定社会福利机构作为困境儿童绍某某的监护人。这是人民法院在维护未成年人权益方面所做的有益探索，符合我国家事审判改革的工作要求。

儿童是家庭的希望，是国家和民族的未来，确保儿童健康成长是全社会共同的责任。为困境儿童营造安全无虞、生活无忧、充满关爱、健康发展的成长环境，更需要家庭、政府和社会的共同努力。做好困境儿童保障工作，关系儿童切身利益和健康成长，关系千家万户安居乐业、和谐幸福，关系社会稳定和文明进步，关系全面建成小康社会大局。本案系广西壮族自治区首例由检察机关支持起诉的困境儿童指定监护人案件，审理法院从充分保护未成年人合法权益的角度出发，通过法律程序指定社会福利机构作为监护人，这是人民法院在家事审判改革中进行的有益探索和实践。本案判决依法保护了未成年人的合法权益，充分体现了司法的人文关怀。

[6] 最高人民法院发布98例未成年人审判工作典型案例之八十二：林丽某被撤销监护权案[EB/OL].(2014-11-24)[2021-08-28]. https://www.pkulaw.com/pfnl/a25051f3312b07f3e045058243725847a07ea49cf4ca0deabdfb.html? keyword=林丽某被撤销监护权案 &way=listView.

[7] 未成年人权益保护与少年司法制度创新典型案例之九：林某被撤销监护人资格案——指定村民委员会担任监护人，保护被监护人健康成长[EB/OL].(2019-07-26)[2021-08-28]. https://www.pkulaw.com/pfnl/a6bdb3332ec0adc459ef5c03bc7a4dfcff5ec54b2c4c8249bdfb.html? keyword=未成年人权益保护与少年司法制度创新典型案例之九 &way=listView.

05 赵某甲与尚某禄、张某娥监护权纠纷案[1]

核心价值：家庭美德、公正法治

事实概要

1995年赵某甲与尚某禄、张某娥夫妇之女尚某云结婚，1996年10月20日生育一女，名赵某乙。2000年9月19日，尚某云病逝，赵某乙随尚、张两人共同生活。同年9月28日，赵某甲向尚、张两人出具了代为看护孩子的委托书，载明："同意孩子先暂由岳父、岳母抚养，我每月给抚养费三百元整。允许我自由探望，待孩子到16岁成人后，其家庭归属，由孩子自行选择决定。"因抚养赵某乙问题双方当事人发生矛盾，2001年4月，赵某甲诉至法院要求尚某禄、张某娥归还赵某乙，恢复其抚养权。同年5月10日金昌市金川区人民法院作出判决，确认赵某甲对赵某乙具有法定监护权。2014年1月16日，尚某禄、张某娥起诉要求赵某甲支付抚养赵某乙的各项垫付费用共计246 930.68元，金昌市金川区人民法院作出(2014)金民一初字第40号民事判决，判决赵某甲给付尚某禄、张某娥为抚养赵某乙垫付的抚养费143 179.81元，医药费7 720.34元，共计150 900.15元。宣判后，赵某甲不服上诉，金昌市中级人民法院作出(2014)金中民一终字第93号民事判决，驳回上诉，维持原判。

[1] 改写自(2016)甘民再40号民事判决书。撰稿人：刘春彦，同济大学法学院副教授。

2015年10月9日，原告赵某甲又向金昌市金川区人民法院起诉请求：依法确认被告尚某禄、张某娥的行为侵害了其监护权；判令两被告赔偿原告精神损害抚慰金100 000元。一审判决认为无法认定赵某甲放弃了对赵某乙的监护权，判决确认尚某禄、张某娥拒绝将赵某乙交由赵某甲监护抚养的行为侵害了赵某甲的监护权，并由两人赔偿赵某甲精神损害抚慰金50 000元。

尚某禄、张某娥不服上述一审民事判决，向金昌市中级人民法院提起上诉。二审法院对一审判决结果予以纠正，撤销金昌市金川区人民法院(2015)金民一初字第1266号民事判决并驳回赵某甲的诉讼请求。

赵某甲不服，向甘肃省高级人民法院申请再审。

判决结果

本案中查明的事实不仅涉及诉讼当时家庭间产生的法律纠纷，更涉及被监护人成长的各个时间段，各级法院在审理过程中予以充分考量，作出了合理的判决。同时，在本案中，一审法院在审理过程中查明的事实确实、清楚、充分，是本案中可圈可点之处。

金昌市金川区人民法院一审认为，赵某甲的妻子病逝后，赵某甲书面委托尚某禄、张某娥抚养赵某乙，并承诺由其承担抚养费。后双方当事人因抚养问题协商未果，赵某甲起诉恢复监护权诉讼，法院作出的生效判决认定赵某甲具有法定的监护权。因其两人拒不履行生效判决，经法院多次执行，其两人均拒绝将赵某乙交由赵某甲监护抚养，客观上阻碍和侵害了赵某甲的监护权。该侵权行为直接造成赵某甲与赵某乙父女亲情疏离，对赵某甲的精神造成了伤害，故两人应赔偿对赵某甲的精神损害。赵某甲给付赵某乙生活垫付费用一案，虽与本案的监护权不属同一法律关系而得以支持，但不能以此认定赵某甲放弃了对赵某乙的监护权。一审法院判决：一、确认尚某禄、张某娥拒绝将赵某乙交由赵某甲监护抚养的行为侵害了赵某甲的监护权；二、尚某禄、张某娥赔偿赵某甲精神损害抚慰金50 000元，于判决生效后10日内履行。

金昌市中级人民法院二审认为，赵某甲作为赵某乙的父亲，对赵某乙负有法定的抚养义务，但赵某甲即使在委托抚养期间也不履行抚养义务，直到赵某乙成年后，在人民法院作出判决后才承担支付抚养费的义务，因此赵某甲对其与赵某乙父女感情疏远负有主要责任。尚某禄、张某娥抚养赵某乙的行为本身并无过错，故赵某甲要求两人赔偿对其精神损害抚慰金的诉讼请求，不予支持。尚某禄、张某娥的上诉理由成立，应予以支持。一审认定基本事实清楚，但适用法律不当，予以纠正，判决：一、撤销金昌市金川区人民法院(2015)金民一初字第1266号民事判决；二、驳回赵某甲的诉讼请求。

甘肃省高级人民法院再审认为，自2000年9月28日尚某禄、张某娥受托对赵某乙行使监护权至委托抚养关系解除后，赵某乙与其两人共同生活十四余年，期间，赵某甲未支付过抚养费，其行为是导致赵某乙与其感情疏离的重要原因，赵某甲对造成父女感情疏离负有责任。本案应否赔偿赵某甲精神损害抚慰金的问题，再审法院认为，尚某禄、张某娥的行为侵害了赵某甲的监护权，使赵某甲对女儿的法定监护权受到了侵害，造成父女关系受损，赵某甲本人也因此遭受了精神痛苦，尚某禄、张某娥对损害事实和损害后果有过错，但其两人在对赵某乙抚养成人的十四余年间，所倾注的大量心血，从社会层面、家庭层面、公民个人层面而言，赵某甲也已得到了相应的补偿。鉴于两人现已年老体迈，衡平其两人的过错程度，在充分考虑现实情况的基础上，让其两人承担对赵某甲精神损害抚慰金不符合公正、法治的社会主义核心价值观，应免除侵权人精神损害的赔偿责任。最终，维持金昌市中级人民法院(2011)金中民一终字第93号民事判决。

案件评析

(一) 本案判决思路

本案涉及监护权纠纷，但实质上关于侵权责任的论述成为本案的核心。一审法院在审理过程中认为，在已经存在要求尚某禄、张某娥归还监护权的判决情况下，两人仍将赵某乙留在家中进行抚养的行为，实际上损害了赵某甲的监护权，导致其遭受了精神上的痛苦折磨。该侵权行为直接造成赵某甲与赵某乙父女亲情疏离，对赵某甲的精神造成了伤害，故两人应赔偿对赵某甲的精神损害。在严格按照侵权责任逻辑行事的思考中，这样的判罚不无道理，因为尚某禄、张某娥两人客观上实施了该行为，主观上存在拒绝交还监护权的故意，同时造成了赵某甲遭受精神痛苦的结果，因此作出支持赵某甲的部分诉讼请求的判决。

但是，一审法院的判决思路，忽视了尚某禄、张某娥两人对抚养赵某乙所付出的努力，同时也忽视了造成父女两人感情疏离的真实原因。二审法院认为，赵某甲作为赵某乙的父亲，对赵某乙负有法定的抚养义务，但赵某甲即使在委托抚养期间也不履行抚养义务，直到赵某乙成年后，在人民法院作出判决后才承担支付抚养费的义务，因此，赵某甲对其与赵某乙父女感情疏远负有主要责任。尚某禄、张某娥抚养赵某乙的行为本身并无过错，故赵某甲要求两人赔偿对其精神损害抚慰金的诉讼请求，二审法院不予支持。该判决思路基本正确，但是在说理上仍有待进一步加强，甘肃省高级人民法院在判决中进行了更详细的阐明。

甘肃省高级人民法院再审认为，本案中被监护人赵某乙在 3 岁时生母病故，赵某甲为赵某乙的法定监护人，但其在赵某乙长达十几年的成长教育中未尽到父亲的法定监护责任，没有给予抚养、教育，更没有通过自己的行为努力维系、增进和加深父女亲情，造成父女情感疏离。本案双方当事人之间因赵某乙的抚养发生的抚养权等系列纠纷，赵某甲未通过合法有效的途径解决，未与尚某禄、张某娥及赵某乙进行良好的沟通交流，未主动担负起父亲的法定监护职责，未承担赵某乙每月的抚养费，以消除双方的矛盾，而是懈怠、消极地对待上述问题。赵某乙自幼受尚某禄、张某娥即外祖父母的抚养，共同生活，祖孙之间感情深厚，并于 2014 年 9 月考入大学。尚某禄、张某娥抚养赵某乙不仅仅是费用问题，耗费的精力之大、投入的感情之深都是无法用金钱衡量的。同时，在本案中，赵某甲与赵某乙同处一个城市，在监护权受阻碍的情况下本可以继续尽到自己对孩子抚养的义务，但他仍然采取了消极的态度。这成了父女两人关系在再审时都无法得到缓和的最关键因素。相反，尚某禄、张某娥两人对赵某乙的成长起到了关键作用，尽管其行为存在过错，但其两人在对赵某乙抚养成人的十四余年间，所倾注的大量心血，从社会层面、家庭层面、公民个人层面而言，赵某甲也已得到了相应的补偿，从衡平过错的角度出发，也不应由两人承担精神损害赔偿。最终，该赔偿应得到免除。

（二）相关法律规范、学理研究及评析

赵某甲与尚某禄、张某娥两人监护权纠纷案涉及监护权，也涉及赵某甲与尚某禄、张某娥两人间是否存在侵权责任关系。因此在本案中涉及的法条涵盖关于监护权的规定、关于侵权责任的规定，同时也涉及《未成年人保护法》。本案已于 2016 年由甘肃省高级人民法院作出再审终审判决，彼时依照之法律为《中华人民共和国民法通则》（以下简称《民法通则》）、《未成年人保护法》等，考虑法律条文修正的与时俱进和新法出台对旧法的吸收，如《侵权责任法》被《民法典》侵权责任编吸收，本文所列法律为现行法律。《民法典》第 26 条规定："父母对未成年子女负有抚养、教育和保护的义务。成年子女对父母负有赡养、扶助和保护的义务。"第 27 条规定："父母是未成年子女的监护人。未成年人的父母已经死亡或者没有监护能力的，由下列有监护能力的人按顺序担任监护人：（一）祖父母、外祖父母；（二）兄、姐；（三）其他愿意担任监护人的个人或者组织，但是须经未成年人住所地的居民委员会、村民委员会或者民政部门同意。"第 1165 条规定："行为人因过错侵害他人民事权益造成损害的，应当承担侵权责任。依照法律规定推定行为人有过错，其不能证明自己没有过错的，应当承担侵权责任。"最后，《未成年人保护法》第 22 条规定："未成年人的父母或者其他监护人因外出务工等原因在一定期限内不能完全履行监护职责的，应当委托具有照护能力的完全民事行为能力人代为照护；无正当理由的，不得委托他人代为照护。未成年人的父母或者其他监护人在确定被委托人时，应当综合考虑其道德品质、家庭状况、身心健康状况、与未成年人生活情感上的联系等情况，并听取有表达意愿能力未成年人的意见。"

首先考虑本案中有关"监护权"的问题。虽然以"权利"命名，但是监护并非完全是一种权利，监护是为被监护人利益而存在的制度，因此就其内容而言，监护主要表现为义务[2]，也即对未成年人有"抚养、教育和保护的义务"，在本案中，看似赵某甲的监护权遭受了侵害，然而这并没有阻碍其对自己的未成年子女进行抚养。相反，在无法拿回监护权，女儿无法待在自己身边的

[2] 朱庆育.民法总论[M].北京:北京大学出版社,2016:399.

情况下，其并未履行自己的抚养义务，而是由尚某禄、张某娥两人对赵某乙进行抚养。按理说，作为同在一座城市的中学教师，赵某甲对孩子完全可以进行抚养，但其在爱人去世后直接将孩子委托尚某禄、张某娥两人照看，看似委托抚养的关系背后，更像是委托监护，因为不可忽略的是，监护更多地体现为监护人对被监护人的法定照管义务，依理不得由义务人自由转承他人。因此，我国法律的态度保持了即便不禁止委托监护，亦须得到严格限制，否则极易损害被监护人之利益。从本案的家庭关系来看，受害最大的仍然是赵某乙。

厘清监护是权利还是义务后，本案值得关注的重点在于对尚某禄、张某娥两位老人过错的衡平，在此甘肃省高级人民法院也援用社会主义核心价值观进行了补充论述，其认为父女感情的疏离是赵某甲在本案中认为自己遭受精神侵害的最关键因素，然而经过审理发现，真正导致父女感情难以修复的原因不是老人的拒绝放手，而是赵某甲自身的义务未尽，同时赵某乙也更倾向于和老人们待在一起，由此甘肃省高级人民法院再审中也对过错问题进行了衡平与考虑，“行为人因过错侵害他人民事权益造成损害的，应当承担侵权责任”。在本案中，需要考虑尚某禄、张某娥两人的过错，但是更要看到两人的行为本身是对孩子的抚养、监护，同时这样的抚养是在赵某甲未能尽到自己抚养义务的情况下，为此甘肃省高级人民法院指出，鉴于两人现已年老体迈，衡平其两人的过错程度，在充分考虑现实情况的基础上，让其两人承担对赵某甲的精神损害抚慰金不符合公正、法治的社会主义核心价值观，应免除侵权人精神损害的赔偿责任。

仍需指出的是，本案中援用社会主义核心价值观的说理略显单薄。考虑本案涉及家庭美德和公正法治，对社会主义核心价值观的运用仅在“本院认为”部分，同时本案涉及社会主义核心价值观也并非仅有公正、法治的要求。笔者认为，甘肃省高级人民法院在说理时还可考虑涉及家庭层面的和谐、友善等社会主义核心价值观，使得涉及家庭的案件在说理时更“接地气”。司法机关在裁判文书中引用社会主义核心价值观，主要目的在于增强裁判的说理性和信服度，最终使得当事人认可裁判结论，从而进一步树立司法权威。在社会主义核心价值观深入人心的当下，法院说理可以更多、更自信地援用并进行补充说理，相信这在解决基层纠纷等问题时更可产生弘扬社会主义核心价值观的作用。

06 罗某甲、谢某某诉陈某代孕子女监护权纠纷案[1]

核心价值：保护儿童等弱势群体

事实概要

罗某甲、谢某某系夫妻，育有二女一子。儿子罗乙与被告陈某于2007年4月28日登记结婚，双方均系再婚，再婚前，罗乙已有一子一女，陈某未曾生育。婚后，罗乙与陈某通过购买他人卵子，并由罗乙提供精子，通过体外受精联合胚胎移植技术，出资委托其他女性代孕，生育一对异卵双胞胎，即罗某丙(男)、罗某丁(女)，两名孩子出生后随罗乙、陈某共同生活。2014年2月7日罗乙因病去世。2014年12月29日，罗某甲、谢某某以陈某为被告提起监护权之诉。

罗某甲、谢某某诉称，罗乙为罗某丙、罗某丁的生物学父亲，陈某并非生物学母亲；以非法代孕方式生育子女违反国家现行法律法规，陈某与罗某丙、罗某丁之间未形成法律规定的拟制血亲关系；罗某甲、谢某某系罗乙之父母，即罗某丙、罗某丁之祖父母，在罗乙去世而孩子生母不明的情况下，应由其作为法定监护人并抚养两名孩子。故诉请判决：1.罗某甲、谢某某为罗某丙、罗

[1] 改写自(2015)沪一中少民终字第56号民事判决书。撰写人：严桂珍，同济大学法学院教授。

某丁的监护人；2. 陈某将罗某丙、罗某丁交由罗某甲、谢某某抚养。

陈某辩称，不同意罗某甲、谢某某之诉请。其与罗乙登记结婚后，因患有不孕不育疾病，故向罗乙表示希望抚养与罗乙有血缘关系的子女。嗣后，其夫妻就购买卵子及委托代孕事宜协商一致，由罗乙一手操办并支付了包括购买卵子、体外受精及胚胎移植、代孕分娩的全部费用。两名孩子出生后即随罗乙、陈某共同生活。2014 年 2 月 7 日罗乙因病去世后，孩子随陈某共同生活至今。陈某认为，采用代孕方式生育子女系经夫妻双方同意，孩子出生后亦由其夫妻实际抚养，故应推定为罗乙与陈某的婚生子女，陈某为孩子的法定监护人；如无法认定罗某丙、罗某丁为罗乙与陈某的婚生子女，则基于两名孩子自出生之日起就由其夫妻共同抚养的事实，应认定陈某与之形成了事实收养关系；如无法作出上述认定，则应在卵子提供人或代孕人二者中确定孩子的生母，即法定监护人，在不能确定生母是否死亡或丧失监护能力的情况下，应驳回罗某甲、谢某某要求作为监护人的诉讼请求。

判决结果

一审法院认为本案的争议焦点是：陈某是否与罗某丙、罗某丁形成了父母子女关系，对罗某丙、罗某丁是否享有法定监护权。

一审法院认为，罗乙与陈某在婚姻关系存续期间通过买卖卵子、委托第三方代孕的方式孕生罗某丙、罗某丁，陈某既非卵子提供者而形成生物学上的母亲，又非分娩之孕母，现其请求认定以买卖卵子、代孕方式生育的孩子为其婚生子女之主张，法院不予采纳。

对于陈某与罗某丙、罗某丁是否存在拟制血亲关系，法院认为，《婚姻法》确认的拟制血亲有两类：一是养父母与养子女以及养子女与养父母的其他近亲属；二是在事实上形成抚养关系的继父母与继子女、继兄弟姐妹。根据法律规定，养父母子女关系的形成应当符合法律规定的条件，并办理收养登记手续。本案中，陈某与罗某丙、罗某丁之间因欠缺法定的必备要件而不能成立合法的收养关系。拟制血亲关系必须依据法律规定加以认定，对于代孕过程中产生的“基因母亲”“孕生母亲”“养育母亲”各异的情况，“养育母亲”是否构成拟制血亲，法律并无规定，亦不符合现行法律规定的拟制血亲条件。代孕行为本身不具合法性，难以认定因此种行为获得对孩子的抚养机会后，双方可以形成拟制血亲关系，故认定陈某与罗某丙、罗某丁之间不存在拟制血亲关系。

一审法院认为，陈某与罗某丙、罗某丁既不存在自然血亲关系，亦不存在拟制血亲关系，陈某辩称其为罗某丙、罗某丁的法定监护人之理由，不予采信。在罗某丙、罗某丁的生父罗乙死亡、生母不明的情况下，为充分保护未成年人的合法权益，现罗某甲、谢某某作为祖父母要求抚养罗某丙、罗某丁，并作为其法定监护人之诉请，合法有据，予以支持。因此，法院依照《民法通则》第 16 条之规定，于 2015 年 7 月 29 日作出判决：一、罗某丙、罗某丁由罗某甲、谢某某监护；二、陈某于判决生效之日将罗某丙、罗某丁交由罗某甲、谢某某抚养。

被告陈某不服一审判决，提起上诉。

二审法院认为，本案实体方面的争议为代孕所生子女的法律地位及其监护权之确定。对此问题，目前我国法律没有明确规定，尽管如此，法院基于不得拒绝裁判之原则，得依据民法等法律的基本原则及其内在精神，结合社会道德和伦理作出裁判。

本案中作为代孕所生子女的罗某丙、罗某丁，其法律上的亲生母亲应根据“分娩者为母”原则认定为代孕者；关于生父的认定，罗乙与两名孩子之间具有血缘关系，故法律上的亲生父亲应为罗乙。由于罗乙与代孕者之间不具有合法的婚姻关系，故所生子女当属非婚生子女。原审判决否定了陈某提出的两名孩子系其夫妻之婚生子女的主张，法院予以认同。罗某丙、罗某丁的出生证明及户籍登记已记载罗乙、陈某为父母，且亦被罗乙、陈某实际抚养，表明罗乙作为生父已作出实际的自愿认领行为。罗某甲、谢某某系罗乙的父母，故为罗某丙、罗某丁的祖父母。

对于陈某与罗某丙、罗某丁之间是否成立拟制血亲关系，二审法院认同原审判决关于陈某与罗某丙、罗某丁之间不成立事实收养关系的意见。对于是否形成有抚养关系的继父母子女关系，二审法院认为，两名孩子出生后，一直随罗乙、陈某夫妇共同生活近三年之久，罗乙去世后又随陈某共同生活达两年，迄今为止陈某与孩子共同生活已有五年，其间，陈某已完全将两名孩子视为自己的子女，并履行了作为一名母亲对孩子的抚养、保护、教育、照顾等诸项义务，故应认定双方之间已形成有抚养关系的继父母子女关系，其权利义务关系应当适用父母子女关系的有关规定。该拟制血亲的继父母子女关系一旦形成，并不因夫妻中生父母一方的死亡而解除，亦不容继父母随意放弃监护权，仅在生父母与继父母离婚时，继父母不同意抚养的，方仍由生父母抚养，故罗乙的死亡并不能使陈某与两名孩子之间已存在的有抚养关系的继父母子女关系自然终止。

对于本案中罗某丙、罗某丁的监护权归属问题，二审法院提出，联合国《儿童权利公约》第 3 条确立了儿童最大利益原则，我国作为该公约的起草参与国和缔约国，亦应在立法和司法中体现这一原则，法院在确定子女监护权归属时，理应尽可能最大化地保护子女利益。就本案而言，无论是从双方的监护能力，还是从孩子对生活环境及情感的需求，以及家庭结构完整性对孩子的影响等各方面考虑，将监护权判归陈某更符合儿童最大利益原则。首先，从纠纷双方的年龄及监护能力考虑，陈某正值盛年，有正当工作和稳定收入，亦有足够的精力和能力抚养照顾好两名孩子；而罗某甲、谢某某分别已至耄耋、古稀之年，身体状况及精力均不足以抚养照顾两名年幼的孩子，一审中其表示将委托远在美国的女儿帮助抚养照顾，表明其亦意识到自身监护能力之不足。其次，从生活环境的稳定性、与孩子的亲密程度及孩子的情感需求考虑，罗某丙、罗某丁出生后一直随罗乙、陈某夫妻共同生活，罗乙去世后由陈某抚养照顾，已与陈某形成了难以割舍的母子感情，而与罗某甲、谢某某并未共同生活过，能否适应环境的改变以及与老人共同生活的状态尚属未知。更何况，对于幼儿来说，母爱是无法替代的，孩子的这一情感需求不能不予考虑。最后，从家庭结构关系的完整性考虑，认定陈某与两名孩子为有抚养关系的继父母子女关系，则对罗某丙、罗某丁来说，其家庭结构关系仍是完整的，不因其是代孕所生而有异于常人。人皆有父母，父母子女之情是人类最基本的情感元素，维护正常的亲子关系和家庭内部结构，对幼儿人格的形成具有重要意义。

二审法院认为，根据《民法通则》第 16 条的规定，未成年人的父母是未成年人的监护人，其监护顺序处于第一顺位。本案中陈某虽非罗某丙、罗某丁的生母，但已与两名孩子形成了有抚养关系的继父母子女关系，根据《婚姻法》第27条第2款，应适用父母子女关系的规定，从监护顺序而言，陈某优先于作为祖父母的罗某甲、谢某某。其次，根据儿童最大利益原则，从双方的监护能力、孩子对生活环境及情感的需求、家庭结构完整性对孩子的影响等各方面考虑，监护权归陈某更有利于孩子的健康成长。

据此，二审法院作出判决：一、撤销上海市闵行区人民法院(2015)闵少民初字第2号民事判决；二、驳回被上诉人罗某甲、谢某某的原审诉讼请求。

案件评析

本案涉及的主要法律问题是代孕子女监护权的认定，而亲子关系的认定则是监护权归属确定的前提。一审法院认定陈某与罗某丙、罗某丁之间既不存在自然血亲关系，亦不存在拟制血亲关系，在罗某丙、罗某丁的生父罗乙死亡、生母不明的情况下，基于血缘关系，将罗某丙、罗某丁的监护权判归祖父母罗某甲、谢某某。但是，二审法院认为通过代孕生育的罗某丙、罗某丁系罗乙的非婚生子女，已与陈某形成拟制血亲关系。理由是，罗某丙、罗某丁的出生证明及户籍登记已记载罗乙、陈某为其父母，且他们亦被罗乙、陈某实际抚养，罗乙作为生父已对两名非婚生子女作出实际的认领行为。两名孩子出生后，一直随罗乙、陈某夫妇共同生活，罗乙去世后又随陈某共同生活，陈某已将两名孩子视为自己的子女，并履行了作为一名母亲对孩子的抚养、保护、教育、照顾等诸项义务，故应认定双方之间已形成有抚养关系的继父母子女关系。

监护是为保护无民事行为能力人和限制民事行为能力人的人身、财产及其他合法权益而设置的一项民事法律制度。其目的在于弥补无民事行为能力人和限制民事行为能力人行为能力的不足，使他们的合法权益得到充分保障。根据《民法通则》第18条、《民法典》第34条，监护人的职责包括代理被监护人实施民事法律行为，保护被监护人的人身权利、财产权利以及其他合法权益等。

我国民法没有明确区分监护与亲权，而是统一使用监护的概念。根据《民法通则》，设立监护主要有两种方法：法定监护和指定监护。《民法典》在法定监护、指定监护的基础上又增加了遗嘱监护和成年意定监护。

涉及未成年子女的监护，首先是法定监护。法定监护是指由法律直接规定监护人的范围和顺序。《民法通则》规定的法定监护人的范围与《民法典》规定的法定监护人的范围基本一致。《民法典》总则编第27条规定："父母是未成年子女的监护人。未成年人的父母已经死亡或者没有监护能力的，由下列有监护能力的人按顺序担任监护人：（一）祖父母、外祖父母；（二）兄、姐；（三）其他愿意担任监护人的个人或者组织，但是须经未成年人住所地的居民委员会、村民委员会或者民政部门同意。"可见，父母为未成年人的第一顺序法定监护人。只有在未成年人的父母已经死亡或者没有监护能力时，才可能由祖父母、外祖父母担任监护人。

此案涉及代孕子女的监护问题。在罗乙去世后，相关人员对代孕子女的监护权产生了争议，此时应当适用指定监护。所谓指定监护，是指对监护人的确定有争议时，由有权指定的机关或者法院指定监护人。

根据《民法通则》第16条，对担任监护人有争议的，由未成年人的父、母的所在单位或者未成年人住所地的居民委员会、村民委员会在近亲属中指定。对指定不服提起诉讼的，由人民法院裁决。根据此条，对担任监护人有争议的，首先由未成年人的父、母的所在单位或者未成年人住所地的居民委员会、村民委员会进行指定，对指定不服的，由人民法院裁定。《民法典》对指定监护制度作了修改。《民法典》第31条规定："对监护人的确定有争议的，由被监护人住所地的居民委员会、村民委员会或者民政部门指定监护人，有关当事人对指定不服的，可以向人民法院申请指定监护人；有关当事人也可以直接向人民法院申请指定监护人。居民委员会、村民委员会、民政部门或者人民法院应当尊重被监护人的真实意愿，按照最有利于被监护人的原则在依法具有监护资格的人中指定监护人。"此条一是取消了未成年人的父、母的所在单位的指定权，二是规定当事人可以直接请求法院指定，三是增加了指定中的最有利于被监护人的原则。

在罗某甲、谢某某诉陈某代孕子女监护权纠纷案中，陈某与罗某丙、罗某丁没有血缘关系，但是，二审法院根据被监护人利益最大化原则，将监护权判给了陈某，这一判决是正确的。所谓被监护人利益最大化，是指在指定监护时，指定机构应当从被监护人的角度出发，考虑由谁担任监护人对其健康成长最为有利。联合国《儿童权利公约》第 9 条规定，法庭、福利机构或行政当局在处理儿童问题时，应将儿童的最大利益作为首要考虑事项。我国已于 1992 年正式加入了联合国《儿童权利公约》，应当承担国际条约规定的义务。保护儿童等弱势群体是人类共同的价值观，也是我国社会主义核心价值观的内容。鉴于此，我国《未成年人保护法》第 4 条规定，保护未成年人，应当坚持最有利于未成年人的原则。根据社会生活常识，监护人的监护能力对被监护人的健康成长影响巨大。《最高人民法院关于贯彻执行〈中华人民共和国民法通则〉若干问题的意见》（以下简称《民通意见》）第 11 条规定，认定监护人的监护能力，应当根据监护人的身体健康状况、经济条件，以及与被监护人在生活上的联系状况等因素确定。首先，就原被告双方的健康状况、经济条件而言，罗某甲及谢某某年龄较大，以他们的身体状况及精力要抚养照顾两名五岁儿童定会力不从心。他们在诉讼中承诺由孩子的姑姑帮忙照顾抚养孩子已经表明了二位老人的身体状况不能独立胜任监护职责；而陈某年纪轻，身体健康，有稳定的工作，年收入明显超过二原告的退休金之和，监护能力明显优于罗某甲及谢某某，由其承担监护职责明显有利于双胞胎的健康成长。其次，就与被监护人在生活上的联系状况而言，陈某虽与孩子无血缘关系，但从孩子出生起就一直承担抚养照顾他们的义务，相互之间已经建立起了母子之情，如果变更监护人，势必导致两名孩子离开已经熟悉的生活环境，这明显不利于孩子的身心健康。而罗某甲及谢某某未曾抚养过这两个孩子，难言已与双胞胎之间建立起了超越母子之情的祖孙感情，血缘关系不当然成为监护孩子的有利条件。最后，就孩子教育而言，陈某本人是幼教老师，由年轻的、从事幼教工作的母亲直接担任监护人，承担教育孩子的职责更有利于孩子的人格培养，而由老一辈抚养教育小孩，较易产生隔代抚养带来的溺爱弊端。

未成年人保护不仅涉及家庭利益，还涉及社会整体利益。青少年是国家的未来，国家的建设需要有健康成长、人格健全的年轻一代。保障青少年健康成长是全社会的义务。我国《未成年人保护法》第 6 条规定，保护未成年人，是国家机关、武装力量、政党、人民团体、企业事业单位、社会组织、城乡基层群众性自治组织、未成年人的监护人以及其他成年人的共同责任。而在涉及未成年人利益保护纠纷中贯彻子女利益最大化原则是落实全社会保护未成年人共同责任的基本要求。未成年人由于年龄的原因，缺少自我保护能力，在社会中处于弱势群体，需要特别的保护。因此，在确定未成年人监护权时，法院优先考虑子女利益最大化是正确的做法。

07 新疆海里行房地产开发有限公司与乌鲁木齐市农业技术推广中心物权保护纠纷案[1]

核心价值：诚实守信、公平正义

事实概要

2007年7月3日，新疆海里行房地产开发有限公司（以下简称“海里行公司”）经招拍挂程序受让乌鲁木齐市农业技术推广中心（以下简称“农业推广中心”）所使用的案涉土地使用权，并与乌鲁木齐市国土资源局签订了《国有土地使用权出让合同》，并分别于2014年7月30日、2016年6月21日取得案涉土地使用权证和房屋产权证。2007年9月，因海里行公司未按拆迁协议约定进行开发建设，使农业推广中心在过渡期满后无法回迁，农业推广中心搬入种子站办公至今，并在该宗土地上修建临时车库一间。2008年5月，农业推广中心起诉海里行公司，要求其继续履行房屋拆迁安置补偿合同，后双方于2010年4月8日达成调解协议。2011年5月19日，海里行公司向农业推广中心发出要求办理种子站的通知。2011年5月24日，农业推广中心回函

[1] 改写自(2018)新民初47号民事判决书、(2020)新民初5号民事判决书。撰写人：朱冰，同济大学法学院教授。

建议双方协商关于搬迁、补偿事宜。2011 年 8 月 19 日、2012 年 2 月 23 日，海里行公司向农业推广中心分别发出要求其搬离的通知。2012 年 4 月 25 日，海里行公司向农业推广中心发出通知，提出其为农业推广中心租下新疆长城电器工业制造有限公司办公楼作为临时过渡使用。2012 年 4 月 26 日，农业推广中心回函称该 500 平方米的办公场所无法满足其办公要求，双方商谈签订协议后可搬迁。2012 年 4 月 26 日、2014 年 7 月 21 日、2014 年 9 月 30 日，海里行公司分别向农业推广中心发出要求其搬离的通知。2014 年 8 月 14 日，海里行公司原法定代表人带人到农业推广中心闹事，并拆除农业推广中心办公楼内电线线路及开关，造成无法正常办公。

原告海里行公司以物权保护纠纷为由将被告农业推广中心起诉至新疆维吾尔自治区高级人民法院，请求停止侵害、返还违法所占房屋、场地，恢复原状，并赔偿经济损失。一审法院作出（2018）新民初 47 号民事判决，驳回海里行公司的所有诉讼请求。海里行公司不服，向最高人民法院提起上诉，最高人民法院作出（2019）最高法民终 1904 号民事裁定，撤销一审法院判决，发回重审。一审法院于 2020 年 12 月 8 日作出（2020）新民初 5 号民事判决，驳回海里行公司的所有诉讼请求。

判决结果

一审法院（2018）新民初 47 号民事判决书以农业推广中心占用种子站办公的行为主观上无过错，不构成侵权为由，对海里行公司的诉讼请求不予支持。二审法院认为，海里行公司的诉讼请求能否成立，应查清海里行公司对案涉土地及房屋是否具有物权、农业推广中心对案涉土地及房屋的占用是否属于无权占有、是否损害海里行公司的民事权益、农业推广中心是否存在过错、是否构成侵权等事实，一审法院并未查清前述事实而仅以主观无过错不构成侵权为由进行判决，属于认定事实不清，裁定发回重审。

一审法院重新审理后认为，农业推广中心的行为无过错不构成侵权，海里行公司要求农业推广中心返还种子站房屋、场地，恢复原状，并赔偿经济损失的请求权基础不成立，不予支持。物权保护系侵权之债，本案的核心问题在于农业推广中心在种子站办公是否对海里行公司构成侵权。农业推广中心因海里行公司未按拆迁协议约定进行开发建设导致过渡期满后无法回迁，遂于2007年9月使用种子站办公。彼时种子站并未登记在海里行公司名下，农业推广中心不具有侵害海里行公司物权的动机，属于保护自身合法权益防止损失扩大的自助行为。2010年双方达成调解协议时并未就另行提供周转用房进行约定，应视为海里行对农业推广中心占用种子站办公行为的客观认可。海里行公司取得种子站的权属来源于拆迁安置补偿协议，但其自订立协议以来长达14年未进行开发建设，怠于履行协议及生效调解书，亦未对其具有履约能力、积极开发案涉房产等提供有效证据证明，显然违反诚信原则，违背公平理念和社会正义，有悖于社会主义核心价值观。基于此，海里行公司的诉讼请求不应予以支持。

案件评析

（一）本案判决思路

本案中，当事人之间的争议焦点在于如何认定海里行公司与农业推广中心诉争的法律关系性质以及海里行公司的各项诉讼请求应否支持。为此，法院应当就海里行公司是否具有案涉土地及房屋的物权、农业推广中心的占用是否属于无权占有、是否存在过错等问题展开审理，查清事实。一审法院（重新审理）的判决思路为，物权保护系侵权之债，行为人存在过错是承担侵权责任的前提条件。农业推广中心与海里行公司签订拆迁安置补偿协议，将其拥有的土地使用权交由乌鲁木齐市国土资源局挂牌出让，原办公楼进行搬迁并交由海里行公司开发建设，全面履行了合同义务。但海里行公司未按约完成开发建设，致使农业推广中心在过渡期满后无法回迁、无法正常办公。于是使用当时并未登记在海里行公司名下的种子站进行办公。该行为属于农业推广中心的自助行为且未超过必要限度，不应认定其具有侵害海里行公司物权之故意。客观上，海里行公司在明知农业推广中心搬至种子站办公而并未在相关诉讼中提出抗辩或反诉,双方所达成的调解协议中也并未就周转用房另行约定,应视为其对农业推广中心在回迁之前使用种子站办公的认可。由此,农业推广中心不存在过错,不构成侵权。

海里行公司作为营利法人,秉持诚信、恪守承诺是其立足之本。本案中,海里行公司与农业推广中心依法成立拆迁安置补偿协议,应对农业推广中心进行妥善合理的安置并积极进行开发建设。然而,海里行公司自订立协议后长达 14 年仍未进行开发建设,亦未对农业推广中心进行妥善适当的临时安置,该行为已严重妨害社会公共利益与他人利益发展。为此,对海里行公司违背诚信的行为予以否定性评价,一方面是从维护公共利益和社会安定的角度出发,给予被拆迁人(农业推广中心)为维护自身权益所为之自助行为的特别保护;另一方面也是引导契约双方严守契约精神,讲仁爱、重民本、守诚信、崇正义、尚和合、求大同,践行诚实守信、公平正义的社会主义核心价值观。

(二)相关法律规范、学理研究及评析

物权的保护对于维护稳定的社会秩序具有重大意义。《民法典》第 235 条规定:“无权占有不动产或者动产的,权利人可以请求返还原物。”第 238 条规定:“侵害物权,造成权利人损害的,权利人可以依法请求损害赔偿,也可以依法请求承担其他民事责任。”第 1167 条规定:“侵权行为危及他人人身安全、财产安全的,被侵权人有权请求侵权人承担停止侵害、排除妨碍、消除危险等侵权责任。”依据物权妨害形态的不同,可以将物权保护的请求权分为三类:一是因无权占有他人之物而产生的返还原物请求权;二是因侵害物的圆满状态而产生的排除妨害请求权;三是因物受到侵害危险之时而产生的停止侵害请求权。实践中,物权保护纠纷大多集中于不动产,且前述三种请求权经常相伴相随。[2]

具有争议的是,当物权受到侵害或有侵害之虞时,其请求权基础是物上请求权还是侵权责任的问题。一种观点认为系物上请求权乃至绝对权请求权,无论行为人有无过错,无论该行为是否构成侵权,绝对权人均有权行使此类请求权或通过诉讼机制使自己保持或恢复至圆满状态,该观点主张侵权责

[2] 包晓丽.物权保护请求权在《民法典》中的体例选择问题研究[J].法律适用,2015(10):52.

任方式应当限定于损害赔偿的范畴之内[3][4];另一种观点则认为《民法典》中关于返还原物、排除妨害、消除危险等规定系侵权责任的承担方式,应当坚持以侵权责任形式对物权加以保护[5]。从司法实践而言,法院更习惯基于侵权责任形式赋予物权的保护,因而多运用《侵权责任法》的思路予以说理。本案正是以《侵权责任法》的思路进行审理,要支持海里行公司的诉讼请求,首先应当认定农业推广中心具有可指责的行为,而仅是无权占有并不当然地构成可指责的行为;再结合双方间存在的拆迁安置补偿协议以及生效的调解协议,发现农业推广中心的占有属于自主行为,从而认定其不具有过错,不承担相关责任。与之类似,(2019)最高法民再283号、(2018)最高法民申4228号民事判决书,法官均采《侵权责任法》的思路,从而判定是否应当承担相应的责任。

本案中的特别之处在于,当事人双方关于物权的争议涉及拆迁安置补偿协议。拆迁涉及被拆迁人安身立命之重大利益,被拆迁人的合法利益无法得到有效保护可能引致严重的社会问题。《商品房买卖合同纠纷解释(2003)》第7条按照对被拆迁人利益侧重保护的原则,规定了特定情形下被拆迁人享有的债权作为特种债权赋予其物权的优先效力,即债权物权化。遗憾的是,学界就司法解释能否创设物权一直持较大争议,此次《民法典》出台后,为保持体系统一,2020年版的司法解释删除了这一规定。但最高人民法院(2021)最高法民申45号民事判决书仍然持相同的观点,认可了被拆迁人对拆迁安置房产的优先权。本案中,海里行公司虽然是种子站土地及房屋的权利登记人,但一方面农业推广中心占用种子站办公先于海里行公司的登记行为,另一方面农业推广中心在种子站办公系海里行公司怠于履行拆迁安置补偿协议的自助救济,且该行为在双方达成调解协议时得到了海里行公司的客观认可,因而从维护公平正义和社会安定的角度出发,应当对农业推广中心继续使用种子站办公的行为予以特殊保护。

诚实守信、严守契约不仅是民法的基本原则,还是企业的立身之本。本

[3] 崔建远.绝对权请求权抑或侵权责任方式[J].法学,2002(11):41.
[4] 王洪亮.原物返还请求权:物上请求权抑或侵权责任方式[J].法学家,2014(1):96.
[5] 魏振瀛.论返还原物责任请求权兼与所有物返还请求权比较研究[J].中外法学,2011(6):1180.

案中，海里行公司不顾拆迁安置补偿协议，一味要求农业推广中心返还种子站房屋、场地、拆除地上车库并恢复原状，而不为其提供合理的临时安置场所，是严重的背信之举，违背公平理念和社会正义，也有悖于社会主义核心价值观。社会主义核心价值观融入裁判文书的释法说理之中，一方面作为立法目的与法律原则的指引，另一方面也加强了社会主义核心价值观的培育和弘扬。本案判决中多次提及诚信、公平、正义等价值理念，意在强调当事人间应当恪守承诺、严守契约，共同寻求现实合理的解决方案，彻底化解纠纷，从而使各自的利益得到最大的保护与实现，也充分发挥了民事判决书对于践行社会主义核心价值观的法治环境的培育和营造功能。

08 郭某淑、张某喜与汪某亭、张某峰物权确认纠纷案[1]

核心价值：公平正义、公序良俗

事实概要

原告郭某淑和张某喜系夫妻，被告汪某亭和张某峰系夫妻，二原告系被告张某峰的父母。二被告于2016年9月9日登记结婚，2018年8月20日被告汪某亭起诉离婚，后被判决驳回其全部诉讼请求。2019年7月2日，被告汪某亭再次起诉离婚，被判决准许，判决书于2020年1月5日生效。2016年4月23日，二被告与重庆金科房地产开发有限公司签订《重庆市商品房买卖合同》，购买了位于重庆市南岸区的×号房屋。案涉房屋购买总价为995 195元，首付205 195元，以二被告名义办理银行按揭贷款790 000元，被告汪某亭为主贷人，从2016年7月起，其名下中国农业银行卡（尾号×）每月还款4 882.39元。案涉房屋登记在二被告名下，由二被告各占50%的份额。另查明，案涉房屋的首付款、团购费、首付款、契税、大修基金及按揭还款均由二原告全额支付。案件审理过程中，二原告主张其具有购房需求和能力，但因年龄原因无法办理房屋按揭贷款，因而借用二被告名义购买；而被告汪某亭则主张案涉房屋系二原告为二被告缔结婚姻关系所做的赠与，因而登记在二被

[1] 改写自(2020)渝05民终3851号民事判决书。撰写人：朱冰，同济大学法学院教授。

告名下。

原告郭某淑和张某喜以物权确认纠纷为由将被告汪某亭和张某峰起诉至重庆市南岸区人民法院，请求确认该房屋为二原告所有。一审法院作出(2019)渝0108民初27595号民事判决，驳回二原告全部诉讼请求。

二原告不服，提起上诉。

判决结果

一审法院认为，不动产物权的设立以登记为准，当事人对自己所主张的事实有举示证据予以证明的义务。本案案涉房屋登记在二被告名下，由二被告各占50%份额。二原告诉称其与二被告有代持房屋的口头协议，但并未举证证明。就房屋按揭还款而言，自2016年7月开始偿还案涉房屋的按揭贷款后，二原告仅在个别月份向二被告转过账；转账金额从100元至86 000元不等，金额高于万元的转账均发生在2017年5月之后，与此期间所应支付的按揭款相距甚远；二原告的转账均未转至被告汪某亭名下的还款账户，与常理不符；且二原告未举示相应证据证明其转账款项系用于支付房屋按揭款而非其他开支，因而对二原告的主张不予采信。被告张某峰虽称案涉房屋的首付款及按揭款均由二原告支付且该房屋应归二原告所有的意见，但鉴于其与二原告间的亲属关系且无相应证据佐证，亦不予采信。由此，二原告举示的证据不足以证明案涉房屋应归其所有，一审法院驳回其诉讼请求。

二审法院认为，不动产物权经依法登记而设立，不动产权属证书及不动产登记簿载明的权利人为不动产物权的所有权人。首先，就登记生效的物权变动而言，法律推定不动产登记簿上记载的不动产权属状况以及权利限制事项与真实情况保持一致。二被上诉人签订购房合同，以其名义办理银行按揭贷款，被上诉人汪某亭为主贷人，案涉房屋又登记在二被上诉人名下，二被上诉人依法享有案涉房屋的所有权，具有对外公示效力。其次，本案二上诉人认为其与二被上诉人之间系借名买房，但从其举示的还款证据来看，转账的时间及金额没有规律性、转入账户也非还贷账户，与常理不符；其所提交的其他证据也证明力不足，不能作为定案依据。基于双方之间的父母子女关系，案涉房屋首付款虽由二上诉人支付，但购房款来源并非认定房屋所有权的依据，该款项只能证明二上诉人对二被上诉人的债权债务关系，无法证明其直接享有物权。由此，上诉人应承担举证不能的不利后果，一审法院判决驳回其诉讼请求并无不当，维持原判。

此外，二审法院特别指出，本案系物权确认纠纷，二上诉人虽因证据不足无法取得案涉房屋的物权，但案涉房屋系二上诉人大部分出资，从公序良俗、维护社会主义核心价值观的角度，在父母出资未明确表示赠与的情况下不宜径行认定为赠与，故二上诉人享有对案涉房屋的债权可另行主张。

案件评析

（一）本案判决思路

本案中，当事人之间的争议焦点在于双方是否存在借名买房的事实，即案涉房屋登记簿的记载是否与真实权利不符。一审法院的判决思路为，不动产物权的归属以登记为准。案涉房屋登记在二被告名下，应当推定二被告为其所有权人，除非二原告能够提出相反的证据。二原告主张案涉房屋由其购买并负责按揭还款，但综合其所提交的证据，二原告向被告汪某亭转账的时间无明显规律；转账金额具有不确定性，并非与还款金额一一对应，存在某一时期内转账金额与应支付按揭款相距甚远的情况；转账款项的性质无法确定，由此判定二原告承担举证不能的不利后果。此外，基于被告张某峰与二原告间的亲属关系，其所提供的有利于二原告的当事人陈述不足以为本案提供佐证。综上，案涉房屋的登记簿上载明权利人系二被告，而二原告又无法举示相反的证据（证明力不足），因此判定驳回二原告的诉讼请求。

在本案的二审中，重庆市第五中级人民法院认为，不动产登记簿具有对外公示效力，应当推定其与真实情况保持一致。诉讼中若当事人就不动产登记簿上记载的不动产物权归属发生争议，则登记簿上记载的不动产物权人首先被推定为真实权利人，该当事人无须对此举证。除非当事人有证据证明不动产登记簿的记载与真实权利不符,其为该不动产物权的真实权利人,法院才予以支持。基于此,二审法院主要审查二上诉人是否提供了充分的证据证明其诉讼请求。二上诉人所提供的证人证言因存在亲属关系且属于传来证据,证明力不足,不能作为定案依据;其所提交的转账证明等证据,只能证明二上诉人与二被上诉人间的债权债务关系,而无法证明其直接享有物权。由此,二审法院认定二上诉人无法达到证明目的,应承担举证不力的后果,维持原判。就二上诉人所主张的借名买房的事实,二审法院从公序良俗及维护社会主义核心价值观的角度认为,在父母出资未明确表示赠与的情况下,不宜径行认定为对子女的赠与,二上诉人可通过债权的路径另行予以主张。

(二)相关法律规范、学理研究及评析

不动产物权登记是不动产法的核心内容,其具有物权公示效力、物权变动的根据效力、权利正确性推定效力、善意保护效力及警示、监管效力。[2]依据《民法典》第209条规定:"不动产物权的设立、变更、转让和消灭,经依法登记,发生效力;未经登记,不发生效力,但是法律另有规定的除外。"第216条规定:"不动产登记簿是物权归属和内容的根据。"第217条规定:"不动产权属证书是权利人享有该不动产物权的证明。不动产权属证书记载的事项,应当与不动产登记簿一致;记载不一致的,除有证据证明不动产登记簿确有错误外,以不动产登记簿为准。"基于此,案涉房屋登记在被告汪某亭、张某峰名下,并载明各占50%的份额,因此应当推定汪某亭与张某峰按份共有该房屋,除非有证据证明该登记确有错误。

本案中,原告主张案涉房屋系"借名买房"。所谓"借名买房",指房屋的实际出资人借用他人名义购房,并以他人名义登记房屋所有权的行为,房屋的实际出资人为事实购房人,出名之人为登记购房人。借名人与出名人间通常为亲友关系,借名协议的效力会因购买房屋的性质不同而有所区分,但总体而言,只要当事人间意思表示真实,且协议内容不具有法律规定的无效合同的情形,应当认定为有效。[3]"借名买房"中较有争议的,往往是案涉房屋的归属问题。在不涉及第三人利益的情况下,法律以保护事实物权为基本出

[2] 孙宪忠.论不动产物权登记[J].中国法学,1996(5):57.
[3] 冉克平,黄依畑.借名买房行为的法律效果研究[J].财经法学,2020(2):67.

发点，借名人的事实物权可以对抗出名人的法律物权。[4] 借名人若想终局地保有不动产物权，则应当尽早进行变更登记，实现事实物权与法律物权的统一。在司法实践中，当借名人与出名人间产生权属争议时，若借名人能够提供充分证据证明与出名人间存在借名登记的约定，则可依据约定要求出名人办理不动产所有权的转移登记；否则，法院在认定借名买房成立与否时，除了考察相关书证的持有情况外，还要结合案涉房屋的出资情况、占有使用情况、借名买房的必要性等内容予以综合判断，类似的案例如（2020）最高法民再 378 号、（2020）最高法民再 328 号、（2020）苏 09 民终 3372 号等。本案中，原告未提供借名协议，主张“借名买房”的原因是“因年龄原因无法办理房屋按揭贷款”，但无充分证据表明其具有购买房屋的刚性需求；案涉房屋的产权登记在二被告名下；按揭还款账户系被告汪某亭所有，原告主张按揭系由其转账至被告汪某亭账户后由汪某亭代为还款，但转账流水呈现无规律性，不符合常理；本案虽发生在父母子女之间，但究其根本，系由被告汪某亭、张某峰之间的婚姻家庭财产纠纷引起，存在借此之名转移共有财产之可能性。由此，法院依据产权证书登记情况、借名买房的理由、购房款支付、按揭还款情况及当事人双方的父母子女特殊关系的考量，最终并未予以认可当属合理。

二审法院在判决中特别提及父母出资为子女购房未明确表示赠与，不宜径行认定为赠与。依据《最高人民法院关于适用〈中华人民共和国婚姻法〉若干问题的解释（二）》第 22 条规定：“当事人结婚前，父母为双方购置房屋出资的，该出资应当认定为对自己子女的个人赠与，但父母明确表示赠与双方的除外。当事人结婚后，父母为双方购置房屋出资的，该出资应当认定为对夫妻双方的赠与，但父母明确表示赠与一方的除外。”《最高人民法院关于适用〈中华人民共和国婚姻法〉若干问题的解释（三）》（以下简称《〈婚姻法〉司法解释（三）》）第 7 条规定：“婚后由一方父母出资为子女购买的不动产，产权登记在出资人子女名下的，可按《婚姻法》第 18 条第（三）项的规定，视为只对自己子女一方的赠与，该不动产应认定为夫妻一方的个人财产。”现实生活中，父母出资买房分为两种情形：一是购买目的是“为子女”而非自身，此时应当理解为父母对子女的“赠与”；二是基于子女购房的优惠政策或者将来可能发生的遗产税等因素的考量，父母可能将自己出资购买的不动产直接登记在子女

---

[4] 马一德. 借名买房之法律适用[J]. 法学家，2014(6)：144.

名下，但并无赠与子女的意思表示，此时则应当理解为“挂名”。在司法实践中，应当区别前述两种情形，否则离婚时因挂名登记导致的父母子女争夺产权可能损害父母的切身利益。[5] 本案中，被告汪某亭主张该笔购房款系二原告为二被告缔结婚姻关系而购买房屋所作的赠与，而原告则主张“挂名”。法院在审理时应当结合各方证据，探求其真意，而不可径行作出认定。特别强调的是，在相关证据的认定和采信上，应当运用逻辑推理和日常生活经验法则，对证据有无证明力及证明力的大小进行判断，从而准确认定法律关系的性质。基于现实国情，子女刚参加工作缺乏经济能力，难以独自负担购房款，父母给予亲情出资为子女购置房屋符合常理。因此，若父母主张该笔款项为“借款”或案涉房屋为“挂名”，则应当由父母承担举证责任。

从另一角度可以思考，父母出资为子女购房时未明确赠与或未明确赠与何方的情形下，子女离婚应当如何认定房产归属呢？由于子女离婚而损失一半财产，许多父母都无法接受，因此司法实践中可能产生伪造合同、虚假诉讼等乱象。父母出资购房是为了解决或改善子女的居住条件，希望其更加幸福，但离婚时若直接将不动产认定为夫妻共同财产，显然有悖于法律的公平原则。由此，在审理此类案件时，更要求法官应当运用公序良俗、公平正义等社会主义核心价值观予以综合衡量，将法律评价与道德要求有机结合，增强裁判的公信力和权威性，使人民群众在每一个司法案件中都能感受到法理与情理的融合。

[5] 吴晓芳.《婚姻法》司法解释(三)适用中的疑难问题探析[J].法律适用，2014(1):70.

09 田某右、田某黄相邻关系纠纷案[1]

核心价值：和谐友善、团结互助

事实概要

原告田某右与被告田某黄系同村邻居。村级硬化公路于2018年修至田某黄房屋东侧30米，连接村级硬化公路至田某右家道场（本地习惯在宅基地房屋四周，主要在房屋门前修正一块平地，用于晾晒、通行等以方便生产生活，俗称“道场”）有两条乡村沙土公路供车辆通行。第一条（俗称下线）从村级硬化公路上接线经村民田某生家道场至田某右家；第二条从村级硬化公路延伸经过田某黄道场，过田某应道场，串连田某清、吴某文、田某林门口入户路及至田某玉、田某伍、田某兵家的入户公路后到田某右家。第一条路路程较远，从2008年开始通行。第二条路路程较近，从2012年开始通行。第一条路和第二条路连接形成环线。2019年，田某黄与田某右产生邻里矛盾。2019年11月，田某黄认为田某右等八户都从田某黄道场经过，造成田某黄道场和房屋出现裂缝。故将自家道场西侧堆砌砖块不准从自家道场通行，经村、镇调解未果。另查明，位于田某黄房屋东侧、从田某兰家至田某黄家的这一入户路段，包括田某黄的道场堡坎及道场边的涵洞在内，系田某黄用自己

[1] 改写自(2020)鄂05民终2437号民事判决书。撰写人：朱冰，同济大学法学院教授。

的地块置换他人的地块所修。

2020年6月23日，原告田某右以恢复原状纠纷为由将被告田某黄起诉至湖北省长阳土家族自治县人民法院，请求被告排除通道上的妨碍，维护其与家人的正常通行权。一审法院作出(2020)鄂0528民初596号民事判决书，判决被告田某黄停止对经其住房道场简易公路通行的妨碍，恢复道路原状，保持路面有效宽度3米。

被告田某黄不服，提起上诉。

判决结果

一审法院认为，本案属于不动产权利人和相邻权利人因通行产生的纠纷，应按照有利生产、方便生活、团结互助、公平合理的原则处理。相邻权利人都应当从方便生活的角度出发，合理限制或延伸自己的相邻权利，同时尽量减少对相邻权利人带来的不便。乡村公路作为发展生产和经济、消除贫困、改善民生、实现乡村振兴的重要保障，其经过不动产权利人的道场的情况比比皆是，是相关不动产权利人顾全大局、发扬风格、克服困难的结果。被告田某黄为减少对自己生活和房屋的影响，而将原告田某右等八户村民住房的最短通道堵塞的行为不值得提倡。经被告田某黄道场至原告等八户的通道系现有行程最短的通道，被告田某黄应当提供必要的便利允许相关相邻权利人通行，其是否承诺允许并非相邻权利人行使相邻通行权的前提条件。由此，一审法院判决被告田某黄停止通行妨碍，恢复原状。

二审法院认为此类案件应当遵循法律关于处理相邻关系的原则性规定，充分考虑相邻权利人的生活方便，合理限制或延伸自己的权利，方便相邻权利人的生产、生活，合理安排和处理通行、排水、采光等相邻关系问题。案涉入户道路虽系被告田某黄所修建，但原告田某右等八户村民已经通行多年，形成习惯，且该入户道路与另一条入户道路形成通畅闭环。为此，上诉人田某黄应当排除妨害，保持道路通畅，充分发挥所修道路的便民作用。同时，被上诉人田某右等人利用相关道路通行时，应当尽到合理的注意义务，不得对通行道路造成损害。当发生损害时应当自觉进行维修养护，不能只使用不维护。一审法院虽然遗漏了上诉人用自己地块置换他人地块修建入户道路的事实，但判决结果并无不当，予以维持。

案件评析

（一）本案判决思路

本案中，当事人间的争议焦点在于田某黄是否应当将道路恢复原状。一审法院的判决思路为，当事人双方关于道路通行所产生的纠纷，实质上属于相邻关系纠纷，应当依照法律规定处理相邻关系的原则予以处理，即“有利生产、方便生活、团结互助、公平合理”。一审法院对此原则性规定的内涵予以具体阐述，认为四项原则为有机整体，兼顾国家利益和社会利益、局部利益和个人利益，体现了和谐友善、公平正义的社会主义核心价值观。具体到本案，一审法院通过对乡村公路的重要性以及该县乡村公路建设情况的论述，表明乡村公路经过不动产权利人的道场是常有之事，不动产权利人应当顾全大局、发扬风格，为相邻权利人提供必要的便利。最后，一审法院指出相邻通行关系属于法定权利，不以权利人之承诺允许为前提，从而肯定了原告田某右在道路上的通行权利，要求被告田某黄停止妨碍、恢复原状，保持路面的有效宽度。

在本案的二审中，宜昌市中级人民法院认为，不动产的相邻权利人应当依照四项基本原则合理限制和延伸自己的权利，合理安排和处理通行、排水等相邻关系问题。田某黄在上诉中提出入户道路系自己所修建虽属事实，但为给相邻相亲的同组村民保持良好的道路通行条件，该条道路应当充分发挥其便民作用。从道路通行情况而言，田某右等八户村民在此条入户道路上通行多年，已形成通行习惯；从道路的建设情况而言，案涉道路与村内的另一条道路形成通畅闭环；由此，田某黄应当排除妨害，保持道路通畅，维持了一审判决。基于相邻关系互惠互利、公平合理的原则，二审法院也在判决中对田某右等相邻关系人作出了义务的提醒和倡导，认为其在使用道路时应当尽到注意义务,并自觉进行维修和养护。

(二)相关法律规范、学理研究及评析

当前,在农村相邻关系纠纷案件中,因相邻通行问题引发的纠纷呈上升趋势。由于相邻通行问题大多关涉当事人的重大个体利益,因而往往容易引发矛盾纠葛,甚至影响地方稳定。妥善合理地处理此类纠纷,对于规范农村利益格局、实现乡村振兴具有重要作用。就相邻关系的处理而言,依据《民法典》第288条规定:"不动产的相邻权利人应当按照有利生产、方便生活、团结互助、公平合理的原则,正确处理相邻关系。"第291条规定:"不动产权利人对相邻权利人因通行等必须利用其土地的,应当提供必要的便利。"第296条规定:"不动产权利人因用水、排水、通行、铺设管线等利用相邻不动产的,应当尽量避免对相邻的不动产权利人造成损害。"

相邻关系纠纷处理的实质是"谋共同生活之调和,对于双方所有权之全能加以限制,或禁止一方于其土地为一定行为或令邻人容忍他方为一定之行为"。[2] 在司法实践中,其应当秉持"有利生产、方便生活、团结互助、公平合理"四项原则。有利生产提倡顾全大局、发扬风格、克服困难、不因小失大;人类社会生活是相互依赖的关系,改善生存环境、提高生活质量是基本发展需求,因而应当从方便生活的角度合理限制或延伸自己的相邻权利,尽量减少对相邻权利人带来的不便;团结互助要求我们遵循和谐友善的社会主义核心价值观,坚持与邻为善、与邻为伴、互利共赢,相互替对方着想,同时保持克制和忍让,不人为地激化矛盾;公平合理作为法律价值追求,要求权利义务的平等,要求权利之行使应当保持合理限度。本案中,一审法院和二审法院在审理过程中均以前述四项原则作为指引,主张相邻权利人应当为相邻关系人提供必要的便利,同时也要求相邻关系人在利用道路通行时尽到合理的注意义务,不得对相邻权利人造成损害,主动对道路进行维修和养护,从而协调相邻权人之间的利用关系。

本案的二审法院认定田某黄应当排除妨害、保持道路通畅的另外一项重要依据在于,田某右等八户村民在案涉道路上通行多年已形成习惯。这实际上体现法院在审理此类纠纷案件时应当兼顾民情与法度,要有审判效果理

[2] 史尚宽.物权法论[M].北京:中国政法大学出版社,2000:87-88.

念，而不拘泥于相邻关系的法律规定。[3] 习惯的形成与民情具有重大关联，也是影响审判效果的至关重要的因素。通行习惯的存在意味着此种相邻关系在诉讼之前已经形成多年，具备一定的历史性和合理性。除非提供道路通行便利的一方具有重大的利益需求或者必须变更的理由，否则应当维持既有状态，以维护公共利益与社会稳定。本案中，被告田某黄主张原告田某右等八户从其道场经过导致道场和房屋出现裂缝，并不能构成前述重大理由，单纯地将前述裂缝的出现归责于村民的通行显然不合理。倘若认可田某黄的诉讼请求，反而有构成权利滥用之虞，甚至对社会道德观、公序良俗皆产生较大负面影响。从这个意义上而言，本案的审判结果也可以理解为对可能出现的权利滥用作出的必要干预。

最后，应重点说明的是，“友善”作为公民基本道德规范，是构建和谐人际关系和社会关系的道德纽带、维护健康良好社会秩序的伦理基础。邻里和睦需要每个人都尊重他人的相邻权，从而使相邻权利人能够合理地使用或限制使用彼此的不动产，为相邻关系人提供方便，由此构建团结互助的邻人共同体。妥善处理相邻关系，能够使群众在自己生活的周围环境中感受到法律所包含的公正、诚信的道义价值，培养对法律信仰的情感，促使财产所有人和使用人正当行使权利。从相邻关系确立的伦理基础而言，其核心要义在于容忍义务，即权利人或有正当利益的人有义务不提反对或异议。[4] 现代民法一般都遵循容忍义务的法定主义，而相邻关系则是其具体体现。换言之，作为浓厚的公共利益的考量，相邻关系是调和权利冲突、实现社会和谐的重要因素。因此，在相邻关系纠纷的解决中，应当更加注重援引“和谐友善”“团结互助”等社会主义核心价值观进行释法说理，把握相邻关系制度所预设的价值追求，实现资源财产的最大化利用。

---

[3] 刘俊. 农村相邻权纠纷案件的审理要点[J]. 人民司法，2020(2):55.

[4] 张鹤. 地役权研究：在法定与意定之间[M]. 北京：中国政法大学出版社，2014:95.

10 左某某、林某某与张某、林某某相邻关系纠纷案[1]

核心价值:友善互助、公平合理

事实概要

左某某、林某某是广州市越秀区一德路 392 号 1903 房的产权人,该房屋建筑面积 55.33 平方米。张某、林某某是一德路 392 号 1902 房的产权人,该房屋建筑面积 117.442 6 平方米。两房屋相邻,左某某、林某某 1903 房的房门位于张某、林某某 1902 房进门的左侧走廊墙体上,两房门相距约 60 厘米。张某、林某某在 2018 年 9 月更换 1902 房房门,将房门安装为绕进门的左轴,从右向左开,该房门完全打开时,会碰到 1903 房房门。两家因房门的问题,多次协商调解未果。2019 年 2 月 19 日,原告左某某、林某某以相邻关系纠纷为由将被告张某、林某某起诉至广东省广州市越秀区人民法院,要求被告停止侵害、排除妨碍并赔偿原告精神损失费 1 元。

被告张某、林某某在本案一审中提供了 1902 房房门丈量尺寸图,显示只要张某、林某某房门打开角度不超过 60°,左某某、林某某可以打开 1903 房房门,张某、林某某陈述愿意控制好 1902 房房门打开的角度,不影响左某某、林

[1] 改写自(2019)粤 01 民终 21326 号民事判决书。撰写人:陈洁蕾,同济大学法学院助理教授。

某某出入 1903 房，如需要完全打开 1902 房房门，会征得左某某、林某某同意。左某某、林某某对上述丈量图不予确认，坚持要张某、林某某更改房门打开方向。

一审法院作出(2019)粤 0104 民初 8875 号民事判决书，驳回原告左某某、林某某的全部诉讼请求。

原告左某某、林某某不服，提起上诉。

判决结果

一审法院认为，原告与被告是邻居，双方应按照方便生活、团结互助等原则处理相邻关系。虽然被告 1902 房房门打开方向与原告 1903 房房门打开方向存在一定冲突，但原告并无证据证明被告对 1903 房房门的使用会长期、持续不间断地对原告造成不利影响，令原告无法进出 1903 房，且被告同意今后控制好 1903 房房门打开的范围，保证不影响原告 1903 房房门的使用。在此情况下，原告宜按照上述处理原则在合理限度内允许被告继续按现状使用 1902 房房门，互相理解，维持团结和睦的邻里关系，故对原告提出的诉讼请求，一审法院不予支持。

二审法院认为，由于房屋原来规划设计的原因，1902 房和 1903 房两房屋的房门距离较近，两房门如果同时开启或多或少会相互影响，在现有房屋设计无法更改的情况下，双方均应从方便生活的原则出发，选择更加适合的开门方向，以尽量减少对相邻方的影响。张某、林某某 2018 年 9 月更换 1902 房房门后，将开门的方向改为进门从右向左开，当房门完全打开时，会碰到 1903 房房门。如果 1902 房房门进门由左向右开，房门完全打开后只是会碰到 1903 房房门对面的墙壁，对 1903 房的影响会相对现在的开门方向要小。1903 房房门现状是进门由右向左开的，房门打开后不会碰到 1902 房房门，可见 1903 房已经选择了对邻居影响较小的开门方式，按照团结互助、公平合理的原则，1902 房也应当选择对 1903 房影响较小的开门方向，即由左向右开。当然，即使 1902 房房门开门方向维持现状，也只是与 1903 房房门打开方向存在一定冲突，不会令左某某、林某某无法进出 1903 房。二审法院认为，虽然处理邻里关系有时需要相互容忍，但是容忍并不是无条件的，在客观条件允许的情况下，应当尽可能地采取有效措施，改善相邻的环境，选择更加舒适、方便的通行方式，最大限度地减少彼此之间的相互影响。在穷尽所有改善措施后，仍然存在不便情况的，此时才涉及相互容忍的问题。从现有客观条件而言，1902 房房门进门从左往右开以及 1903 房房门进门从右往左开的开门方式相对而言对彼此的影响较小，因此 1902 房房门的开门方式尚有改善的余地，故支持左某某、林某某要求 1902 房房门改为进门从左侧往右侧开启的诉请。左某某、林某某要求张某、林某某赔偿精神损失费 1 元欠缺事实和法律依据，不予支持。

案件评析

（一）本案判决思路

本案中一审与二审的争议焦点均在于，张某、林某某是否应当将其房门的开门方式恢复原状。一审法院裁判思路在于，本案属于相邻关系纠纷，原告与被告是邻居，双方应按照方便生活、团结互助等原则处理相邻关系。虽然被告 1902 房房门打开方向与原告 1903 房房门打开方向存在一定冲突，但原告并无证据证明被告对 1903 房房门的使用会长期、持续不间断地对原告造成不利影响，换言之本案一审法院认为，此种不利影响尚在相邻不动产权利人即本案原告所应当容忍的义务范围内，原告应当在邻里和睦、团结互助基础上，允许被告按照现状继续使用房门，因此对于原告请求改变开门方向的诉讼请求不予支持。二审法院同样认可本案系相邻关系纠纷，原被告分别居住于两套相邻房屋内，由于规划设计原因两房屋的房门距离较近，如果同时开门无法避免相互影响，因此，在现有房屋设计无法更改的情况下，双方均应从方便生活的原则出发，选择对相邻方影响更小的开门方式。虽然在通行上，应当为邻人提供便利，但应当尽量避免对相邻不动产权利人造成损害。虽然邻里关系有时需要相互容忍，但是容忍并不是无条件的，在客观条件允许情况下，应当尽可能地采取有效措施，改善相邻环境，选择更加舒适、方便的通行方式，最大限度地减少彼此之间的影响。相比当前的开门方式，改变被告方房门走向对于双方的影响更小，因此二审法院支持左某某、林某某要求将 1902 房房门改为进门从左侧往右侧开启的诉请。

（二）相关法律规范、学理研究及司法实践状况

《民法典》第 288 条规定："不动产的相邻权利人应当按照有利生产、方便生活、团结互助、公平合理的原则，正确处理相邻关系。"这一规定实际上是《民法通则》第 83 条以及《中华人民共和国物权法》（以下简称《物权法》）第 84 条的延续。"有利生产、方便生活、团结互助、公平合理"构成了我国民法体系中调整相邻关系的基本原则，也应当是法官作出裁判的依据。"有利生产"强调民法"物尽其用"的精神；"方便生活"要求邻里之间为了生活便利有时需要相互容忍相邻不动产权利人的行为，但这种利用应当以不对邻人造成过多的不便为限；"团结互助"是我国传统文化中邻里和睦的体现，也是社会主义核心价值观中友善和谐的直接体现；"公平合理"强调在平衡相邻关系中所涉不动产权利人权利义务关系时，应寻求一种平衡，以实现公平的结果。

相邻关系从法律性质上来说，并非权利，而是不动产权利本身在一定程度上的扩张与限制，基于相邻关系而产生的权利义务大都表现为容忍义务，即相邻关系并不使不动产权利人负有向邻人作为的义务[2]，这也是《民法典》第 291 条规定的"应当提供必要的便利"所应有之义。相邻关系中的容忍义务，可以理解为对于来自相邻不动产权利人的行为对所有权的妨害，如果该干涉是轻微的或为当地通行的，则所有权人不得就该妨害提起诉讼。[3] 应当说，容忍义务是相邻关系制度的核心，它为相邻不动产一方所有权的扩张和另一方所有权受限制划定了一定的动态界限。[4] 因此，确定容忍义务的界限，是解决相邻关系纠纷中的重要一环，权利人超出合理范围，妨害他人物权或者可能妨害物权的，其他权利人可以请求排除妨害或者消除危险。判断容忍义务合理限度的标准，学界存在不同观点，如实质性损害标准、过错判

[2] 刘家安. 物权法论[M]. 2 版. 北京：中国政法大学出版社，2015：113-114.
[3] 鲍尔·施蒂尔纳. 德国物权法（上册）[M]. 张双根，译. 北京：法律出版社，2004.
[4] 王利明. 论相邻关系中的容忍义务[J]. 社会科学研究，2020(4)：10.

断标准和利益衡量标准等。[4]结合《民法典》第289条的规定，法律、法规对处理相邻关系有规定的，依照其规定；法律、法规没有规定的，可以按照当地习惯。

虽然相比《民法通则》第83条的规定，《物权法》和《民法典》均从邻地利用、管线铺设、用水排水、相邻建筑物通风采光和日照、不可量物侵害等方面对相邻关系作出了更为细致的规定，但相比司法实践中的具体纠纷，仍过于抽象。司法实践中的相邻关系纠纷，可以表现为相邻不动产损害纠纷，如当事人因实施用水、排水、通行、铺设管线、挖掘土地、建造建筑物、安装设备等行为，也可能表现为因为房屋装修、改建等造成相邻不动产损害而引发的纠纷等。相邻关系纠纷往往涉及自然人正常生产生活的继续，公平合理地解决有关纠纷可以更好地营造和谐友善的邻里关系与社会生活秩序，因此，除了考虑法律法规的直接规定以及习惯在纠纷解决中的作用外，社会主义核心价值观中所包含的友善、和谐、法治、公平、诚信等元素都可以并且应当纳入个案中进行考量。[5] 在本案中，一审和二审判决结果的分歧其实也在于一审、二审法院对于一审被告改变房门开门走向是否超过了相邻不动产权利人即一审原告的容忍义务持不同意见。一审法院强调原告并无证据证明被告对1903房房门的使用会长期、持续不间断地对原告造成不利影响，即改变开门方向所带来的不利影响尚在相邻不动产权利人即本案原告所应当容忍的义务范围内；相反二审法院认为，相邻关系中的容忍义务不是无限制的，应当最大限度地减少彼此之间的影响，如果在有影响更小的选择时，应当认为影响相对较大的选择超出了当事人的容忍义务的界限。在司法实践中，涉及是否超出容忍义务的判断可以参考（2017）京02民终3268号、（2019）苏民申6805号、（2020）吉民申2162号、豫10民终992号、（2021）辽06民申30号等。

常言道，远亲不如近邻。营造安全、舒适、文明、和谐的居住环境是相邻各方共有的义务。邻里关系的好坏不仅关系到个人生活的幸福感指数，更是社会和谐的关键因素。不动产的相邻各方应当按照有利生产、方便生活、团结互助、公平合理的精神，正确处理相邻关系，给相邻方造成妨碍的，应当停止侵害，排除妨碍；造成损失的，应当赔偿相应的损失。社会主义核心价值观中的“友善”要求公民之间应当互相尊重、互相关心、互相帮助、和睦友好，努

---

[5] 高富平，晏夏．论相邻不动产损害纠纷的法律适用——以请求权为视角[J]．中国不动产法研究，2018(1)：232-233.

力形成社会主义新型人际关系，促进社会和谐，使全体公民共享幸福生活。因此，本案件的判决鲜明宣扬了邻里之间应和谐友善相处的价值理念，对于弘扬和践行社会主义核心价值观有着积极倡导意义。

11 庞某宁、陈某珍共有物分割纠纷案[1]

核心价值:诚实守信、意思自治

事实概要

2019 年 3 月 26 日,庞某宁、陈某珍经婚介网站介绍认识并通过微信联系,4 月 24 日确定恋爱关系。期间,陈某珍主动向庞某宁提出为了小孩读书要购房。2019 年 5 月 22 日,当事人双方作为共同买方与卖方签订购房合同,并于 5 月 24 日办理过户手续。过户时,因双方无夫妻或亲属关系,案涉房屋登记为"按份共有",又因案涉房屋带有学位,庞某宁将案涉房屋的 50%产权份额挂在陈某珍名下,以帮助其女儿入学。案涉房屋登记附注部分载明"该房屋满 2 年后方可转让或办理析产手续,从 2019 年 5 月 24 日起"。2019 年 9 月,双方因性格不合分手,遂就案涉房屋分割产生纠纷。双方均确认案涉房屋的总房价款 1 230 万元及中介费、税金的数额,其中中介费及税金均由庞某宁支付。至于购房款,庞某宁主张部分由其银行账户直接支付,部分由其转账给陈某珍后再由陈某珍转账给原业主,购房款由其全额支付;陈某珍则主张其分次多笔就购买案涉房屋共出资 245. 5 万元,超出房产总价值 50%的购房款系庞某宁的赠与,且该赠与是带有社会道德性质的情谊赠与,双方虽未

[1] 改写自(2020)粤 01 民终 18942 号民事判决书。撰写人:朱冰,同济大学法学院教授。

签订书面协议，但有微信聊天记录可以证明。法院查明：案涉房屋除因庞某宁申请诉讼保全被查封外，无其他被查封情况，亦无抵押登记情况；案涉房屋购买后，一直由陈某珍居住使用至今，庞某宁无居住使用该房屋；双方均表示不对案涉房屋进行实物分割，而以购房投入数额分割。

2019 年 12 月 10 日，原告庞某宁以共有物分割纠纷为由将被告陈某珍起诉至广州市天河区人民法院，请求以 50%的比例分割案涉房屋，并主张被告陈某珍补偿其所投入的购房款及利息。一审法院作出（2019）粤 0106 民初 41765 号民事判决，判定被告陈某珍向原告庞某宁支付部分款项，并驳回原告的其他诉讼请求。

原告庞某宁与被告陈某珍均不服，提起上诉。

判决结果

一审法院认为，原告庞某宁明确其系基于共有物分割提起诉讼，并明确分割的具体方案，但案涉房屋自 2019 年 5 月 24 日起的两年内不允许办理转让或析产手续，原告请求对案涉房屋进行析产的诉请与房地产管理部门的管理要求相违背，不予支持。陈某珍主张部分购房款为庞某宁对其的赠与，但庞某宁对此不予确认，且陈某珍并未提交充分证据予以证明，应当自行承担举证不能的法律后果，对陈某珍的主张不予确认。至于利息问题，庞某宁的要求并无不当，利息的计算标准结合资金占用的利息损失及陈某珍的相关抗辩，一审法院酌情予以调低，按照全国银行间同业拆借中心公布的同期同类贷款市场报价利率的标准计付。对于庞某宁超出上述部分的诉讼请求不予支持。

二审法院认为，案涉房屋由当事人双方按份共有，且已明确各自享有的产权份额，庞某宁有权请求分割。本案系案涉房屋登记的共有权人内部的共有物分割纠纷，不涉及房屋共有人与第三人之间的转让或析产，因而案涉房屋关于转让或办理析产手续的限制并不影响本案的处理，一审法院依此不处理庞某宁要求分割案涉房屋诉请的理据并不充分。综合考虑购房目的、房屋使用情况及双方当事人意愿，案涉房屋的分割方式以全部产权份额归陈某珍一方所有，陈某珍向庞某宁支付取得其50%产权份额的补偿款更符合物尽其用的原则。双方就案涉房屋出资款的主张，庞某宁要求陈某珍返还与其产权份额相应的出资差额的合理性在于等价有偿原则，陈某珍要求认定其系恋爱期间赠与行为的合理性在于意思自治原则。法院出于对双方当事人各自主张的合理性优位顺序的衡平考量，认为本案中庞某宁的出资行为明显有别于一般市场交易行为，不宜优先考虑等价有偿原则。鉴于社会主义核心价值观中的自由、诚信，庞某宁要求陈某珍返还购房出资款差额及利息的诉讼请求不符合意思自治及诚信原则，一审法院的认定及处理失当，依法予以改判。

案件评析

（一）本案判决思路

本案系因男女双方分手而产生的对恋爱期间共同购房的共有物分割纠纷，当事人之间的争议焦点在于案涉房屋能否分割、如何分割，以及购房出资款如何处理。一审法院的判决思路为，当事人双方就案涉房屋的共有情况并无争议，但原告要求分割共有房屋的诉请与该房屋登记簿上所载明的房地产管理部门的管理要求相违背，不能进行分割，因而案涉房屋的分割事宜不予支持。双方就购房出资款各执一词，陈某珍主张部分购房款系庞某宁对其的赠与，但并未提交充分证据予以证明。依据“谁主张，谁举证”的原则，陈某珍承担举证不能的法律后果，即其主张不予采信；庞某宁主张购房款由其全额支付，并提供了银行转账记录、微信聊天记录等证明，相关证据形成完整的证据链，法院予以采信。基于此，一审法院确定了利息的计付标准并作出判决。

本案二审中，广州市中级人民法院认为，双方当事人的恋爱关系破裂，不具有共同使用案涉房屋的可能性或意愿，在此情形下提出共有房屋的分割系属合理。案涉房屋登记簿上所记载的对转让和办理析产手续的时间限制应是针对房屋共有人与第三人间的转让或析产关系，而不影响共有权人内部的纠纷。在制定分割方案时，由于双方均同意房屋归边处理，不要求实物分割，考虑物尽其用原则，结合双方的户籍、工作生活等情况，认定将案涉房屋分割归陈某珍一方所有，由其补偿庞某宁 50%产权的对价的处理方式更为合理。至于购房出资款的处理问题，双方的购房出资行为基于恋爱关系产生，而并非纯粹的经济利益的考虑，应当有别于一般的市场经济关系，等价有偿原则不宜作优先考虑。双方在恋爱过程中存在款项往来且互不计较更符合常理，具有对陈某珍赠与的可能性，因而认可双方对于案涉房屋的购房出资情况及产权登记份额。案涉房屋的购买、出资及产权登记等行为均已完成，在无证据证明其违法或违反公序良俗、损害他人合法权益的情况下，不应支持当事人予以随意变更、撤销或解除，这既是交易稳定性的保障，也是自由、诚信等社会主义核心价值观的具体体现。

（二）相关法律规范、学理研究及评析

共有物分割纠纷中，采取何种方式进行分割是裁判分割的核心问题。依据《民法典》第 303 条规定："共有人约定不得分割共有的不动产或者动产，以维持共有关系的，应当按照约定，但是共有人有重大理由需要分割的，可以请求分割；没有约定或者约定不明确的，按份共有人可以随时请求分割，共同共有人在共有的基础丧失或者有重大理由需要分割时可以请求分割。因分割造成其他共有人损害的，应当给予赔偿。"第 304 条规定："共有人可以协商确定分割方式。达不成协议，共有的不动产或者动产可以分割且不会因分割减损价值的，应当对实物予以分割；难以分割或者因分割会减损价值的，应当对折价或者拍卖、变卖取得的价款予以分割。"

本案情形属于按份共有，共有人可以随时请求分割。共有人之间均同意归边处理，而不采取实物分割，那么究竟归哪边所有即具体的分割方式就有赖于法院的自由裁量，这也是本案最核心的争议焦点。事实上，法院对于共有物分割的裁判并不以共有人主张分割方法为必要，亦不受其主张之拘束。[2] 该法院对于共有物分割方式的选择是以维护共有人的最大利益、充分发挥共有物分割后的经济效益为出发点进行的。[3] 本案二审法院通过对双方户籍、生活与工作状态、对案涉房屋的依赖程度等内容的考量，认为将案

[2] 房绍坤. 共有物分割之诉审理的若干问题[J]. 当代法学,2016(5):45.
[3] 谢在全. 民法物权论(上册)[M]. 北京:中国政法大学出版社,2011:383.

涉房屋分割归于陈某珍一方所有更为合适，对庞某宁则以相应产权的对价予以补偿。二审法院的做法实质上就是对共有物分割后经济效益的权衡，是基于公平和适当的原则作出的裁判。由此不难看出，司法实践中法院对于共有物分割方式的裁判方法并不局限于法定分割方法，只要能够最大限度地满足共有人的利益需求，在斟酌当事人的具体情况、共有物的性质与效用等内容后亦可采用非法定的分割方式。

本案的另一特殊之处在于，案涉房屋系当事人双方在恋爱关系期间购置。恋爱关系不同于稳定的婚姻关系及其他家庭关系，其不必然以永久共同生活为目的，并不隐含着"共有财产"对共同关系中的共同目的的达成[4]，因而不属于共同共有关系。一旦双方恋爱关系解除，未形成婚姻关系，双方所登记共有的房屋则应当按照按份共有处理。至于如何具体分割，司法实践的做法有："约定分割"，如（2020）内 02 民终 2687 号；"出资比例分割"，如（2014）乌中民四终字第 1189 号；"登记分割"，如（2016）桂 02 民终 184 号；"多方因素综合分割"，如本案情形。当然，前述做法并无明显的优劣之分，此类案件的核心在于对恋爱关系中当事人双方利益的公平衡量。本案中，二审法院基于当事人双方主张的合理性，认为庞某宁的购房出资行为系在恋爱过程中为增进与陈某珍的感情而自愿为之，并非出于经济利益的考虑，无获得对价之意思表示，从而排除了等价有偿原则的优先适用，而采意思自治原则，并将自由、诚信的社会主义核心价值观引入释法说理之中，最终予以改判。社会主义核心价值观的引入意在强调当事人意思自治的自由及民事行为的稳定性，不因客观条件的变化而随意变更。

最后值得一提的是，在恋爱关系中，当事人双方所承担的义务远不及婚姻关系或其他家庭关系当事人，依理其所应得之利益也不应与婚姻关系或其他家庭关系当事人的应得利益相当。[5] 本案中，双方当事人购买案涉房屋时确实身处热恋期，但作为理性的成年人，原告庞某宁是否会因短短四五个月的恋爱而赠与陈某珍大额钱款及案涉房屋的 50%产权份额，则有待商榷。因此，本案二审法院的裁判结果是否合理，也有待进一步思考和讨论。

---

[4] 戴永盛. 共有释论[J]. 法学，2013(12)：32.

[5] 宴夏. 恋爱关系解除后登记共有房屋分割之诉的法律适用[J]. 贸大法学，2018(3)：274.

12 刘某好诉刘某勇、周某容共有房屋分割纠纷案[1]

核心价值：家庭美德、中华孝道

事实概要

被告刘某勇、周某容系夫妻，原告刘某好系二被告的独生女。2012 年 11 月，刘某勇、周某容、刘某好购买万盛经开区房屋一套，合同约定刘某好占 90%，刘某勇、周某容各占 5%。2014 年 5 月，该房屋交付使用，同年 8 月办理房屋产权证（213 房地证 2014 字第 032××号），载明该房屋权利人为刘某勇、周某容、刘某好，但未对产权份额予以明确。刘某好与刘某勇、周某容因房屋装修发生争议，刘某好于 2014 年 6 月 2 日书面通知二被告停止装修该房屋未果。另查明：1. 二被告仅有与刘某好共有的一套房屋居住，现暂住他人房屋；2. 二被告可以到苏州与原告刘某好共同居住，或以每月 7 000 元左右的退休金租房居住（原告主张）；3. 二被告不同意向刘某好转让其享有的份额，并承诺有生之年不转让处分享有的份额，待去世后其份额归原告所有（二被告主张）；4. 房地产管理部门对该房屋重新颁发的 213 房地证 2015 字第 016××号房屋产权证载明案涉房屋系刘某勇、周某容及刘某好按份共有，刘某勇和

[1] 改写自(2015)渝五中法民再终字第 00043 号民事判决书。撰写人：朱冰，同济大学法学院教授。

周某容各占产权的5%,刘某好占产权的90%;5.该房屋的购房款大部分系刘某勇、周某容出资。

原告刘某好以共有房屋分割纠纷为由将被告刘某勇、周某容起诉至重庆市綦江区人民法院,请求依法分割案涉房屋,以金钱补偿的形式换取二被告10%的房屋产权份额,并要求二被告赔偿损失。一审法院作出(2014)綦法民初字第04573号民事判决,驳回其诉讼请求。原告刘某好不服,上诉至重庆市第五中级人民法院。二审法院作出(2014)渝五中法民终字第06040号民事判决,驳回上诉,维持原判。

上诉人刘某好不服二审判决,提起再审。

判决结果

一审法院认为,案涉房屋系原、被告基于居住目的而购买,该房屋系成套住宅,具有不可分性。原、被告作为按份共有人有权转让自己享有的份额,但不能未经他人同意而强行购买他人享有的份额,二被告不同意转让自己享有的份额符合法律规定,原告应当予以尊重。案涉房屋作为唯一可行使居住权的场所,二被告为安度晚年生活,有权居住。原、被告间系父母子女特殊关系,从赡养关系而言,原告刘某好亦应支持二被告居住案涉房屋,且二被告装修房屋的行为并未造成原告损失。原告所提出分割案涉房屋及赔偿损失的诉讼请求,从法律和道义上均不成立,不应予以支持。

二审法院认为,213房地证2014字第032××号房屋产权证载明了案涉房屋的权利人,但并未载明共同共有还是按份共有,故案涉房屋应为共同共有。各权利人之间虽在房屋买卖合同中约定了各自的权利份额,但该约定只能视为权利人的内部约定,不具有公示效力。依据法律规定,共同共有人在共有基础丧失或者有重大理由需要分割时可以请求分割,但原告刘某好无法证明其请求分割案涉房屋符合法律规定,因此上诉理由不成立,维持原判。

再审法院认为,案涉房屋系原、被告按份共有。因原告刘某好占份额90%,依照法律规定,其有权决定案涉房屋的处分。但本案原、被告系父母子女关系，且大部分购房款由二被告出资，只是将大部分的财产份额登记在原告刘某妤名下，具有赠与性质，系父母爱子的善良风俗的体现。二被告对居住地和居住方式的选择应予尊重，由于原、被告双方目前缺乏基本的信任，其担心原告取得完全产权后变卖案涉房屋使其无房居住，具有一定合理性。相反，原告担心二被告将财产份额转让他人无事实依据，且目前要求二被告转让其份额无实际意义，不符合精神上赡养父母的伦理道德要求，导致双方亲情关系继续恶化。为弘扬社会主义核心价值观，倡导中华民族优秀传统美德，对原告的诉请不应予以支持，维持原判。

案件评析

（一）本案判决思路

本案中，当事人之间的争议焦点在于原告是否有权请求分割案涉房屋。一审法院的判决思路为，当事人之间就案涉房屋的产权份额作了约定，应认定为按份共有。原告请求分割房屋并将房屋归边处理（归原告所有），由原告补偿二被告份额价金，法院认为该项诉讼请求属于“未经按份共有人同意而强行购买他人享有的份额”，不符合法律规定。且从原、被告间的父母子女特殊关系角度认为原告应当支持二被告居住该房屋，从而驳回其诉讼请求。

二审法院则对于当事人间的共有类型提出不同的意见，其认为当事人间产权份额的约定系“权利人的内部约定，不具有公式效力”，从而认定案涉房屋应为共同共有。基于此，二审法院主要审查上诉人是否具备共同共有人请求分割共有物的条件，即“共有的基础丧失或有重大理由需要分割”。显然，刘某妤无法提供前述条件，因而二审法院认为其诉讼请求不符合法律规定，维持原判。

在本案的再审中，重庆市第五中级人民法院认为，案涉房屋应当认定为按份共有（纠正二审法院的错误认定），并依据处分共有不动产的法律规定，得出刘某妤有权决定案涉房屋的处分这一初步结论。随后，再审法院从购房款的出资比例认定案涉房屋具有赠与性质，其本身是善良风俗的具体体现，并引入“百善孝为先”“孝敬父母乃天之经、地之义、人之行、德之本”等社会主义核心价值观推翻前述初步结论，否定刘某妤的权利主张。最后，再审法院通过利益衡量，认为刘某妤“目前要求其父母转让财产份额无实际意义，徒增其父母的担忧”，并依据援引“物权的取得和形式，应当遵守法律，尊重社会公德，不得损害公共利益和他人合法权益”之规定，维持原判。

（二）相关法律规范、学理研究及评析

共有类型的区分是判断共有人是否有权请求分割共有物及以何种方式分割共有物的前提。《民法典》第301条规定：“处分共有的不动产或者动产以及对共有的不动产或者动产作重大修缮、变更性质或者用途的，应当经占份额三分之二以上的按份共有人或者全体共同共有人同意，但是共有人之间另有约定的除外。”第303条规定：“共有人约定不得分割共有的不动产或者动产，以维持共有关系的，应当按照约定，但是共有人有重大理由需要分割的，可以请求分割；没有约定或者约定不去明确的，按份共有人可以随时请求分割，共同共有人在共有的基础丧失或者有重大理由需要分割时可以请求分割。因分割造成其他共有人损害的，应当给予赔偿。”通说认为，按份共有与共同共有的区别在于是否区分“份额”。[2] 但有学者提出共同共有也存在份额，因而不能作为区分二者的标准。[3] 故有学者将通说之标准予以进一步完善，即按份共有与共同共有的区别在于是否区分“所有权量上的分割意义上的份额”；共同共有中即便存在份额，也只是“总财产价值比例意义上的份额”，仍存在区别。[4] 此外，共同共有一般还应当具有合伙关系、家庭关系等特定关系。当然，此处的“家庭关系”并非广泛意义上的家庭关系，而应当限缩为“家庭共同生活关系”。[5] 本案中，当事人间就案涉房屋的产权份额作出了明确约定，二审法院将此种约定界定为权利人的内部约定显然不合理。原、被告双方虽然存在父母子女特殊关系，但双方分居两地，也不应认定具备

---

[2] 全国人大常委会法制工作委员会民法室.《中华人民共和国物权法》条文说明、立法理由及相关规定[M].北京：北京大学出版社，2007：217.

[3] 裴桦.关于共同共有两个基本问题的思考——兼评《物权法》相关条款[J].甘肃政法学院学报，2008(4)：31-32.

[4] 戴永盛.共有释论[J].法学，2013(12)：34.

[5] 崔建远.物权法[M].北京：中国人民大学出版社，2014：250.

"家庭共同生活关系",因此本案之共有类型应当认定为按份共有。

"按份共有人可以随时请求分割共有物",那么该种请求权是否有所限制,则是界定共有类型后的核心问题。按份共有人之间基于共有物份额联结而产生利益关系,是典型的"人以物聚",其共有之目的在于保存共有物的价值而进行的管理,而非有共同追求之目的。[6] 当按份共有人无法与其他共有人"共处"时,分割共有物便是其唯一出路。基于此,法律允许按份共有人单独作出分割共有物之请求,而无须取得其他共有人的同意。当然,共有物之分割不应当对其他共有人造成损害,否则可能造成严重的利益失衡。本案中,原告刘某好请求分割共有房屋,但分割该房屋可能直接导致二被告对房屋权利的丧失,严重影响二被告的权益。二被告作为案涉房屋的共有人,无论其份额大小,均有权决定房屋的利用,该房屋为其提供了物权之保障。倘若案涉房屋被分割,即便原告给予二被告相当的金钱补偿,此种补偿也无法与房屋价值相提并论;案涉房屋作为二被告的唯一居所,分割房屋将使其陷入不稳定的居住状态,造成财产和精神的双重不利影响,属于严重的利益失衡。为此,原告的按份共有物分割请求权应当受到限制。

事实上,依据按份共有物分割请求权的分析路径,本案结果也与既定的裁判结果一致。而反观本案的判决思路,则均存在着一定的不足。一审法院将原告刘某好的诉讼请求曲解为"强行购买他人享有的份额",但原告诉请之核心在于分割共有房屋并将取得全部所有权(归边处理),其所主张的补偿金额是对二被告失去相应份额的金钱补偿,而非购买该分割的价金,二者具有本质区别,一审法院依此驳回原告诉讼请求显然不合理。二审法院则将按份共有界定为共同共有,从而错误地适用共同共有物分割之规定作出裁判。再审法院纠正了二审法院的认定,但其将原告消灭按份共有关系的诉讼目的仅仅理解为对共有物之处分,并适用共有不动产之处分的法律规定作为审理依据,显然属于适用法律错误。再审法院援引大量的道德规范作为否定原告权利主张的依据,虽然最高人民法院倡导将社会主义核心价值观融入裁判文书释法说理,但直接以道德规范作为本案衡量依据,则有混淆道德与法律之嫌。

值得肯定的是,本案对于家庭美德、孝道、诚信等价值理念的宣扬具有积

---

[6] 杨旭.论共有物分割请求权的限制——"刘某好诉刘某勇、周某某共有房屋分割案"评释[J].政治与法律,2017(4):154.

极意义。子女不仅应在物质上赡养父母，也应当在精神上慰藉父母。父母支付大部分购房款且将房屋的大部分份额登记在子女名下，即便提出共有物之分割，也应当以物尽其用为标准。共有物之分割不应对共有人的财产权益和生活安宁造成严重损害，否则有违社会主义核心价值观而不应被允许。

13 交通银行股份有限公司许昌分行与赵某宁等执行异议纠纷案[1]

核心价值：诚实守信

事实概要

2017年7月24日，河南省许昌市中级人民法院受理交通银行股份有限公司许昌分行（以下简称"交通银行"）申请执行其与河南鼎盛包装纸品有限公司、陈某军、孔某平、赵某宁、任某娇金融借款合同纠纷一案，执行案号为(2017)豫10执79号，于2017年8月24日对被执行人赵某宁名下的两辆车牌号为豫K开头的车辆予以查封。杨某龙（执行案件案外人）分别于2017年6月14日、7月19日出资购买上述车辆，双方签订有书面购车协议并于购车当日支付了车款，赵某宁于同日将上述车辆交付于杨某龙，但并未办理车辆过户登记手续。

另查明，案涉车辆购车发票及完税凭证显示，赵某宁分别在2016年10月12日花费17.9万元购买了车牌号为豫K开头的别克小客车，于2017年7月19日将该车以14万元卖给了杨某龙；在2017年5月11日花费54.5万元购买了车牌号为豫K开头的迈特威小客车，于2017年6月14日将该车以45万

[1] 改写自(2018)豫民终1383号民事判决书。撰写人：刘春彦，同济大学法学院副教授。

元卖给了杨某龙，上述购车价格都是裸车价格，不含购置税。

再查明，转账凭证显示，赵某宁与杨某龙交易的卖车款并没有打到赵某宁本人银行账户，而是打到了第三人马某军的账户，两笔交易都通过马某军的账户完成。赵某宁称马某军是其表弟。卖车款没有用于偿还交通银行的债务。

因执行标的（案涉车辆）上存在可能足以排除强制执行的民事权益导致执行不能，交通银行提起执行异议诉讼，请求恢复对登记在赵某宁名下两辆车牌号为豫 K 开头的车辆的执行。河南省许昌市中级人民法院一审驳回原告交通银行的诉讼请求。交通银行不服，向河南省高级人民法院提起上诉。

判决结果

一审法院认为，当事人对自己提出的主张，有责任提供证据证明。证据不足以证明当事人主张的，由负有举证责任的当事人承担不利后果。《最高人民法院关于人民法院民事执行中查封、扣押、冻结财产的规定》第 17 条规定，被执行人将其所有的需要办理过户登记的财产出卖给第三人，第三人已经支付部分或者全部价款并实际占有该财产，但尚未办理产权过户登记手续的，人民法院可以查封、扣押、冻结；第三人已经支付全部价款并实际占有，但未办理过户登记手续的，如果第三人对此没有过错，人民法院不得查封、扣押、冻结。综合本案证据材料，被告杨某龙于 2017 年 6 月 14 日、7 月 19 日在与赵某宁签订购车协议当日即支付全部车款并实际占有上述两辆汽车，上述行为均发生于人民法院查封之前，被告杨某龙对上述车辆所有权的取得并无过错，被告杨某龙应当是上述案涉车辆的实际权利人，其享有足以排除强制执行的民事权益，故判决驳回原告交通银行的诉讼请求。

二审法院认为，本案争议的焦点是杨某龙对案涉车辆是否享有真实合法的民事权益，足以排除强制执行。被上诉人杨某龙提出对执行标的排除强制执行的请求，故杨某龙应当举证证明其对案涉车辆享有合法真实的权利，足以排除强制执行。杨某龙称其分别于 2017 年 6 月 14 日、7 月 19 日与赵某宁签订购车协议购买案涉车辆，交通银行则对上述交易的真实性提出异议。该交易存在以下疑点:赵某宁在 2017 年 5 月 11 日花费 54.5 万元(裸车价格,不含购置税)购买车牌号为豫 K 开头的迈特威小客车,2017 年 6 月 14 日将该车以 45 万元卖给了杨某龙,一个月内交易价格比购车价格低了 11 万元,赵某宁和杨某龙对此问题的解释是购车一个月后经营困难、车型特殊、不好卖等,该解释不符合日常生活逻辑,难以被社会公众接受;交易的卖车款并没有打入赵某宁的个人账户,而是进入了马某军的账户;杨某龙称自己对案涉车辆已实际占有,但是案涉车辆分别在 2017 年 10 月份、2018 年 5 月份交强险到期后,其并没有为案涉车辆购买交强险。

二审法院认为,根据《机动车登记规定》第 18 条规定,已注册登记的机动车所有权发生转移的,现机动车所有人应当自机动车交付之日起三十日内向登记地车辆管理所申请转移登记。就本案而言,杨某龙应当至迟于 2017 年 8 月 17 日对车牌号为豫 K 开头的别克汽车向登记地车辆管理所申请转移登记,至迟于 2017 年 6 月 9 日对车牌号为豫 K 开头的迈特威小客车向登记地车辆管理所申请转移登记。2017 年 8 月 24 日,河南省许昌市中级人民法院对案涉两车辆进行查封时,案涉车辆仍登记在赵某宁名下。杨某龙解释车辆未及时办理过户原因是为了帮助赵某宁继续享受案涉两辆车牌号,其无过错。该解释是为了赵某宁的利益,其未向登记地车辆管理所及时申请转移登记的风险应自行承担,而不能将此风险分配给申请执行人交通银行。综上,杨某龙所举证据不能排除对交易的合理怀疑,其证据达不到证明其对案涉车辆享有真实合法的民事权利、足以排除强制执行的证明标准,对其要求排除人民法院强制执行的请求,依法不予支持。

二审法院认为,法律具有价值评价和导向功能。具体到本案,如果排除对案涉车辆的执行,会给社会公众传达一种价值理念:赵某宁在明知已经是案件的被执行人,法院已向其发出执行通知书、报告财产令等执行法律文书的情况下,仍可以将案涉车辆低价出卖给他人,并不用于偿还债务,这样的价值理念不符合社会主义核心价值观中诚信理念的要求,这样的行为侵害了债权人的利益,不应得到法律的肯定性评价。

综上所述,河南省高级人民法院认为一审法院认定事实清楚,但适用法律错误,判决撤销一审判决,改判恢复对登记在赵某宁名下两辆车牌号为豫 K 开头车辆的执行。

案件评析

（一）本案判决思路

本案一审法院在裁判中重点审查了杨某龙对案涉车辆享有所有权的合法性，即受让案涉车辆的时间节点是否早于法院的查封时间，用以证明当事人受让车辆所有权并无过错，以此认定杨某龙已经实际取得了案涉车辆的所有权，享有足以排除强制执行的民事权益。但仔细分析案情可以发现，一审法院的判决说理存在两点不足之处：第一是没有仔细审查案涉车辆的过户登记情况。我国对于车辆所有权的公示采取登记对抗主义，交付虽然是机动车所有权转移的标志，但并不直接产生对抗第三人的法律效力，只有经过登记才产生对抗第三人的效力。具体到本案而言，案涉车辆仍然登记在赵某宁名下，在过户登记至杨某龙名下前，仍然不产生对抗第三人的法律效力，一审法院未对该问题进行阐释，即认可杨某龙取得的所有权拥有足以对抗强制执行的效力，存在瑕疵。第二是没有仔细审查杨某龙受让案涉车辆所有权的“合理性”或“真实性”。尽管从合法性的角度来说，案涉车辆的交付时间早于法院查封时间，并且杨某龙对未办理车辆过户不存在过错，法院则不得查封该动产，却没有考虑车辆交易的时间点是在作为执行依据的判决作出后，临近执行案件立案之时，且交易价格相较市场价偏低。另外，被执行人赵某宁取得购车款后，并未用以清偿其对于交通银行的债务，可见该车辆转让行为存在恶意对抗法院强制执行的嫌疑，一审法院亦未阐释本问题即驳回了交通银行的恢复执行请求，存在瑕疵。

二审法院考虑得则较为全面，在争议焦点的总结上旗帜鲜明地指出：“本案的争议焦点在于，被上诉人杨某龙是否对案涉车辆享有真实合法的民事权益，足以排除法院的强制执行。”该争议焦点蕴含了双重含义：一方面是排除强制执行的民事权益具有“真实性”，另一方面是该民事权益的“合法性”，二者缺一不可，否则该民事权益将无法对抗法院的强制执行。二审法院的说理较为完整地评价了整个车辆交易过程，并回答了上段提到的两点问题。关于车辆过户登记的问题，法院认为根据《机动车登记规定》第 18 条规定，已注册登记的机动车所有权发生转移的，现机动车所有人应当自机动车交付之日起三十日内向登记地车辆管理所申请转移登记。但杨某龙与赵某宁并未如期办理过户，直至河南省许昌市中级人民法院对案涉两车辆进行查封时，案涉车辆仍登记在赵某宁名下。杨某龙未向登记地车辆管理所及时申请转移登记的风险应自行承担，而不能将此风险分配给申请执行人交通银行。关于车辆交易“真实性”问题，法院认为该交易存在疑点，如其中一辆车在一个月内交易价格比购车价格低了 11 万元，且杨某龙和赵某宁不能提供符合日常生活逻辑且能为社会公众接受的理由；又如交易的卖车款并没有打入赵某宁的个人账户，而是进入了马某军(案外人)的账户等。由于杨某龙未能提供相应证据和理由，达不到证明其对案涉车辆享有真实合法的民事权利、足以排除强制执行的证明标准，二审法院对其要求排除人民法院强制执行的请求，依法不予支持。

二审法院对此案还进行了进一步的说明，认为法律具有价值评价和导向功能。如果排除对案涉车辆的执行，会给社会公众传达一种价值理念：赵某宁在明知已经是案件的被执行人，法院已向其发出执行通知书、报告财产令等执行法律文书的情况下，其仍将案涉车辆低价出卖给他人，并不用于偿还债务。这样的价值理念不符合社会主义核心价值观中诚信理念的要求，并且侵害了债权人的利益，不应得到法律的肯定性评价。

(二) 相关法律规范、学理研究及司法实践状况

本案涉及的主要法律规范为《最高人民法院关于人民法院办理执行异议和复议案件若干问题的规定》(法释〔2015〕10 号，以下简称《执行异议规定》，《民法典》生效后，法释〔2020〕21 号对该解释的部分用词进行了修正)第 24 条：“对案外人提出的排除执行异议，人民法院应当审查下列内容：(一)案外人是否系权利人；(二)该权利的合法性与真实性；(三)该权利能否排除执行。”本条对于案外人提出排除执行的执行异议之诉的司法审查内容进行了规定。《执行异议规定》第 25 条提供了典型的足以排除强制执行的民事权益类别，主要由不动产、特定动产、存款与有价证券、股权四类，并以“其他权利”作为兜底条款，其中对于特定动产(已登记的机动车、船舶、航空器等)的权利

人的判断方法是以公示登记判断为主。此外，本案涉及的另一法律依据为《最高人民法院关于人民法院民事执行中查封、扣押、冻结财产的规定》(法释〔2004〕15 号，2008 年《民事诉讼法》修改后，法释〔2008〕18 号对其条文引用序号进行了调整，《民法典》生效后，法释〔2020〕21 号对该解释的部分用词进行了修正)第 15 条："被执行人将其所有的需要办理过户登记的财产出卖给第三人，第三人已经支付部分或者全部价款并实际占有该财产，但尚未办理产权过户登记手续的，人民法院可以查封、扣押、冻结；第三人已经支付全部价款并实际占有，但未办理过户登记手续的，如果第三人对此没有过错，人民法院不得查封、扣押、冻结。"本条的规定主要从保护债权人的角度出发，除了第三人支付全部价款并实际占有且对于未办理过户登记没有过错的情况，其余情况申请执行人均可请求法院对执行标的进行保全。

通过对上述规定的研判，可以发现在执行异议领域，对于足以排除执行的民事权益的判断主要采取外观主义，即主要以权利公示之结果判断权利之归属，但此种做法毕竟是立法之选择，能否恰当地平衡债权人与第三人权利义务仍有探讨之余地。例如有学者认为，在执行申请人与被执行财产之间的关系方面，不属于基于法律行为而生的物权变动，执行申请人指认的拟执行标的是归被执行人所有还是归属于第三人，不应运用外观主义，而应遵循实事求是的原则，只要有充分、确凿的证据证明拟执行的财产不属于被执行人而属于第三人，该第三人就有权对抗强制执行。[2] 而在司法实践中，不同法院对是否采取外观主义也存在不同观点。以不动产为例，北京市丰台区人民法院(2016)京 0106 民初 4990 号民事判决认为，不动产办理变更登记后才发生物权变动效力，系外观主义的表现。但泸州市纳溪区人民法院(2015)纳溪民初字第 1830 号民事判决书则与该观点不同，认为不动产的物权变动是因法律行为以及其他法律事实而发生，应当根据对物权变动原因的法律事实的审查进行判断，系属对于实体的审查。从实体上审查问题，一方面能够保护确实享有排除执行权益的案外人之合法权益，例如(2018)桂民再 10 号判决书，广西壮族自治区高级人民法院再审认为，二审法院确定当事人分割财产系以合法形式掩盖非法目的的论证缺乏证据，撤销二审判决，支持排除执行的诉讼请求，有效维护了案外人的合法权益。另一方面有助于减少恶意转让执行

[2] 崔建远. 论外观主义的运用边界[J]. 清华法学，2019(5)：11.

标的，利用执行异议诉讼排除执行的情况发生，例如本案的当事人即意图通过转让执行标的物的方式规避执行，达到赵某宁保有卖车款、杨某龙低价获得车辆的目的，从而损害债权人交通银行的合法权利。这显然违反了社会主义核心价值观中对于诚信的要求，若支持排除执行的请求，无异于给利用非法的方式损害他人合法权益的行为开了绿灯，这不仅损害了司法对于公平正义的追求，也损害了司法的公信力，更是对于社会主义核心价值观的严重背离，这样的行为必然得不到法律积极的评价。

14 柴某等与袁某兰房屋买卖合同纠纷[1]

核心价值:诚实信用、善良习俗

事实概要

案涉房屋位于北京市丰台区×××层 1505 号,原系李某所有,后出售予柴某并办理了房屋过户登记手续。2018 年 11 月 8 日,柴某(甲方)与袁某兰(乙方)签订了《北京市存量房屋买卖合同》,袁某兰购买柴某所有的案涉房屋,成交总价为 308 万元。上述合同签订后,袁某兰依约支付了全部购房款,并另行支付居间费 66 528 元、契税及印花税 13 005 元。2019 年 2 月 21 日,柴某将案涉房屋所有权转移登记至袁某兰名下。

2019 年 4 月 10 日,袁某兰在装修过程中得知案涉房屋曾发生跳楼事件,应系凶宅,存在重大瑕疵,故向一审法院起诉,请求撤销其与柴某于 2018 年 11 月 8 日签订的《北京市存量房屋买卖合同》。一审法院查明李某之母田某琴确系于 2015 年 8 月 14 日自案涉房屋内坠落死亡。对此,北京市公安局丰台分局出具的《关于田某琴死亡的调查结论》亦载明:该人系符合高坠致创伤性休克而死亡。庭审中,袁某兰称其在签订《北京市存量房屋买卖合同》购买

[1] 改写自(2019)京 02 民终 11682 号民事判决书。撰写人:陈洁蕾,同济大学法学院助理教授。

案涉房屋时并不知晓田某琴自案涉房屋内坠亡一事；柴某称其在购买及出售案涉房屋时对此亦不知情，故未告知袁某兰上述事实；李某称其在将案涉房屋出售予柴某时亦不知田某琴是否自案涉房屋内坠亡，故亦未向柴某提及上述事实。

二审中，当事人没有提交新证据。柴某对田某琴是否从案涉房屋内坠落提出异议，对其他事实未提出异议。关于田某琴是否从案涉房屋内坠落，有《北京市公安局丰台分局东铁匠营派出所110接处警记录》《关于田某琴死亡的调查结论》《丰台公安分局鉴定结论书》、2019年6月17日《调查笔录》等在案佐证。经询问，坠落地点位于案涉房屋窗户的下方位置。二审法院认为相比其他位置，案涉房屋应是最为可能的地点，在无其他证据推翻的情况下，一审法院认定田某琴自案涉房屋内坠落死亡，二审法院予以确认。

判决结果

一审法院认为，根据《中华人民共和国合同法》（以下简称《合同法》）的相关规定，因重大误解订立的合同，当事人一方有权请求人民法院予以撤销。田某琴自案涉房屋内坠亡一事，符合社会普通民众所接受的意外死亡观念，案涉房屋亦因此成为一般俗称的“凶宅”。无论社会公众对于凶宅的避讳心理是否合理，但该事实确系影响房屋买受意愿及交易价格的重要事项。因袁某兰并未举证证明柴某对这一事实在缔约时即已知悉，柴某亦否认出售房屋时已知情，且袁某兰亦自认对于该事实在缔约时并不知情，存在认识上的显著缺陷，故袁某兰在签订《北京市存量房屋买卖合同》时确系存在重大误解，现其要求撤销该合同，于法有据，法院应予支持。

二审法院认为柴某的上诉请求不能成立，应予驳回。裁判理由如下：首先，案涉房屋应认定为凶宅。凶宅并非法律概念，无法从法律规范中搜寻其明确定义，但交易实践中对凶宅的认定标准已相对形成共识。是否认定为凶宅主要考虑两个因素，一是死亡地点，二是死亡形式。一方面，田某琴自案涉房屋内坠落，虽最终的坠落地点在案涉房屋外，但坠落的起点在案涉房屋内，所以从死亡地点上，不能排除案涉房屋为凶宅。另一方面，田某琴之死并非正常的生老病死，无论是自杀或者意外，均不能否认田某琴为非正常死亡的高度可能性，死亡形式亦可纳入凶宅认定的范围内。据此，案涉房屋应认定为凶宅。其次，袁某兰对案涉房屋产生错误认识。袁某兰向柴某购买案涉房屋时，完全有理由相信案涉房屋是正常房屋，不影响其使用，既包括房屋质量客观上不存在问题，也包括房屋不会对一般人产生使用上的主观障碍，后者与房屋存在质量问题对使用人的影响无差。本案中，袁某兰在交易成功后知晓案涉房屋曾发生非正常死亡事件，从田某琴死亡之日到袁某兰知晓之日相隔不足四年，该非正常死亡事件的影响并未消失殆尽，对袁某兰使用房屋仍会造成主观的障碍。所以袁某兰知晓案涉房屋为凶宅后，应认定订立合同时相信案涉房屋是正常房屋是错误认识，且该错误认识不应归责于袁某兰。最后，袁某兰基于重大误解订立合同。袁某兰对房屋产生错误认识，并非轻微而未造成实际损失。一方面，当其内心存在使用的主观障碍时，必然会影响其正常使用房屋，无法使房屋的使用功能发挥到最大；另一方面，房屋再次交易时价值也极有可能会受到影响。袁某兰对房屋产生错误认识，使订立合同的行为与其真实意思相悖，客观上也对其造成较大的损失，所以应认定袁某兰系基于重大误解订立合同。进而，袁某兰要求撤销合同理由正当。

案件评析

（一）本案判决思路

本案中，当事人之间的争议焦点有二：其一，案涉房屋是否构成凶宅；其二，如果构成凶宅，双方当事人可否请求撤销合同。“凶宅”并非法律概念，一审法院在判决中，并未对于凶宅的具体构成作出认定，仅概括表述田某琴自案涉房屋内坠亡一事，符合社会普通民众所接受的意外死亡观念，案涉房屋亦因此成为一般俗称“凶宅”的房屋；二审法院则从死亡地点和死亡形式两个方面来论证案涉房屋“凶宅”的属性，一方面田某琴坠楼死亡的事件始于案涉房屋，另一方面，坠楼死亡无论是自杀还是意外，在很大程度上都应当被理解为“非正常死亡”，因此案涉房屋属于“凶宅”的范畴，这样一种说理方式相对更为充分。

在确定案涉房屋属于“凶宅”的前提下，需要解决的问题是，法院是否应当支持原告解除合同的诉讼请求，其法律依据何在。在本案中，撤销合同的法理基础在于重大误解。重大误解属于意思表示瑕疵的一种类型，根据学理和实务理解，我国法律上重大误解的构成要件应当包括表意人有重大误解；表意人的意思表示以重大误解为原因，从而与自己获得正确认识条件下形成的意思相悖；造成较大损失。[2] 因此，如果法院以“重大误解”来撤销“凶宅”买卖合同，则需要在以下三点进行事实论证：一是要证明“凶宅”事件对案涉房屋的使用价值和市场价值造成了实质性影响；二是要证明购买者对标的物产生了错误判断；三是证明购买者的意思表示不真实。[3]

一审法院认为，在本案中原告自认在缔约时对案涉房屋中曾存在田某琴非正常死亡之事实并不知悉，因此双方对于房屋属性存在显著的认知缺陷。并且无论社会公众对于凶宅的避讳心理是否合理，但该事实确系影响房屋买受意愿及交易价格的重要事项，应当认定为构成重大误解。二审法院则进一步强调，案涉房屋中发生非正常死亡事件距离买方知晓这一事实间隔不足四年，因此该事件仍会对其使用案涉房屋带来心理障碍。以此来证明对于买房者而言存在房屋属性上的认识错误，并非轻微而未造成实际损失，因此符合重大误解的构成要件。至于损害赔偿，一审、二审均认定，无证据证明本案被告即卖方对这一事实在缔约时即已知悉，因此不应认定其承担损害赔偿责任。

应当认定对于“凶宅”的避讳属于中国传统的善良风俗，除了社会大众对“凶宅”的情感障碍之外，房屋中发生“非正常死亡”事件将在客观上影响房屋的交易价格和交易意愿。如果当事人在交易时对于“凶宅”之属性不存在明知，那么购买此类房屋将有悖于公众对安居乐业的感情需求和对美好生活的向往愿景。本案一审、二审法院在查明房屋中非正常死亡的事实后，以重大误解为由撤销双方的房屋买卖合同，体现了对社会生活中善良风俗的尊重，以及对经济交往中诚实信用、公平正义的追求。

---

[2] 龙卫球. 民法总论[M]. 北京：中国法制出版社，2002：496.

[3] 韦志明. “凶宅”类案件中的法律论证评析[J]. 法学评论，2015(3)：36.

（二）相关法律规范、学理研究及司法实践状况

我国民法体系中关于重大误解的规定始见于《民法通则》第 59 条，根据这一规定，行为人对行为内容有重大误解的，有权请求人民法院或者仲裁机关对法律行为予以变更或撤销。《合同法》第 54 条规定类似，即因重大误解而订立的合同，当事人一方有权请求人民法院或者仲裁机构变更或者撤销。在此基础上，《民法典》第 147 条规定，基于重大误解实施的民事法律行为，行为人有权请求人民法院或者仲裁机构予以撤销。从法理上来说，意思自治作为民法的基本原则，基于重大误解而实施的法律行为，无法真正体现行为人的真实意思，其法律效果应当得以校正。[4] 从规范本身来看，《民法典》关于重大误解规定的主要变化在于将重大误解的法律后果从法律行为“可变更、可撤销”变为“可撤销”，即法院或仲裁机构不能再根据当事人的请求，对当事人之间的合同进行变更。然而，根据《合同法》第 54 条第 3 款之规定，出现重大误解时，如果当事人请求变更的，法院或仲裁机构不得撤销。因此，《合同法》的规定实际上允许法官基于当事人的请求，对合同项下的权利义务径直进行调整。而这样的调整，往往并不能够完全符合双方当事人的意思，在一定程度上存在允许裁判机关过度干预当事人意思之嫌。因此，从尊重意思自治的角度来看，《民法典》这一规定的调整值得肯定。

至于“凶宅的买卖”的法律规制，除了意思自治之外，还应当考虑公众安居乐业的感情需求和对美好生活的向往愿景。在现实生活中，人们购买房屋时，除了考虑房屋的财产属性，使用房屋的主观感受、主观评价并非毫无意义，相反可能在很大程度上影响主体的购买意愿与安宁生活的权利。中华民族传统习俗中存在追求喜庆吉祥、忌讳死亡和趋利避害的心理，这并非封建迷信的范畴，而是社会传统遗留下来的一种善良无害的风俗，这一点从司法裁判中也能够得到证实，例如法院在（2020）粤 0111 民初 23912 号、（2019）鄂 01 民终 10421 号、（2019）闽 01 民终 5754 号等案件判决中均有类似的观点。值得注意的是，在此类案件中，特别是非正常死亡发生在案涉房屋范围内，如本案中的坠楼死亡，存在个案裁判结果不一致的情形，即是否认定属于“凶宅”存在不同意见，例如（2020）苏 01 民终 9790 号、（2015）珠横法民初字第

[4] 杨代雄.《民法典》第 147 条(重大误解)评注[J].师大法学,2019(2):147.

743 号，法官均认为虽然存在从案涉房屋坠楼身亡的事实，但死亡地点并非案涉房屋内而不应当认为其为“凶宅”。类似情形还表现在，如果案涉房屋内发生意外事件如煤气泄漏、火灾、意外坠楼等情况，应否认定为“凶宅”在司法实践中各方存在争议[5]，例如(2016)粤 1971 民初 2485 号、(2017)渝 01 民终 2361 号等。对此，在判断房屋是否构成“凶宅”时，本案中的认定标准值得借鉴，即死亡方式的非正常性以及死亡地点的关联性，当然从法律后果的角度来讲，还应当考虑房屋对人们心理感受的影响程度。总之，从保障社会大众对于安宁居住和美好生活的诉求出发，从“非正常死亡”事实影响房屋的交易价格、居住和交易意愿等角度出发，认定此类“凶宅”买卖合同存在瑕疵，体现了对于诚信、公正和善良风俗的尊重。

另外，在涉及“凶宅”的案件中，还有两类较为典型的纠纷。其一，涉及出卖人的告知义务以及合同的效力。在司法实践中，法院大多认可出卖人的告知义务，例如(2016)苏 01 民终 6179 号、(2015)浦民一(民)初字第 3599 号、(2015)廊民一终字第 854 号民事判决书等案件中，法院均认可非正常死亡等信息会对房屋交易价格、交易意愿等产生重大影响，而买受人往往无法直观获知，因此基于诚实信用原则的要求，出卖人应负有披露信息的义务，如出卖人违反这一义务，则可能构成欺诈。[6] 其二，涉及房屋中介机构及其信息披露义务。根据《民法典》第 962 条规定，中介人应当就有关订立合同的事项向委托人如实报告。中介人故意隐瞒与订立合同有关的重要事实或者提供虚假情况，损害委托人利益的，不得请求支付报酬并应当承担赔偿责任。如果在个案中出现，房屋中介机构未如实履行信息披露义务，同样应当承担相应的责任。

---

[5] 李永. 论“凶宅”贬值损害赔偿纠纷处理的法律适用[J]. 法律适用，2019(10):92.

[6] 尚连杰. 凶宅买卖的效果构造[J]. 南京大学学报(哲学社会科学版)，2017(5):44.

15 黄某禹、临沂商城众鑫干果商行网络购物合同纠纷案[1]

核心价值：诚实守信、市场秩序

事实概要

2017 年 7 月 12 日，黄某禹以其在淘宝网站上注册账户名为黄某禹并进行支付宝实名认证的淘宝账户，在淘宝网站上的众鑫干果商行处购买了10 份进口芒果干，每份 1 000 克，单价为 65 元，合计 650 元。黄某禹通过支付宝账户支付了上述款项。当日，众鑫干果商行通过百世快递发货到黄某禹指定的收货地址福建省福清市福清某大酒店。2017 年 7 月 15 日，黄某禹签收了上述货物。黄某禹收到上述产品第二天仅少量品尝后，大部分产品未进行食用。现黄某禹以众鑫干果商行上述产品及外包装不符合《中华人民共和国食品安全法》（以下简称《食品安全法》）的相关法律规定为由，诉至法院。

[1] 改写自(2018)闽 01 民终 4450 号民事判决书。本案例入选福建省福州市中级人民法院发布的“弘扬社会主义核心价值观十大案例”。撰写人：刘颖，同济大学法学院助理教授。

判决结果

福建省福清市人民法院认为，案涉芒果干为进口预包装食品，其预包装的标签上没有以中文载明食品的原产地以及境内代理商或进口商的名称等信息，不符合《食品安全法》关于预包装食品标签规定。但案涉芒果干属于无毒、无害、对人体健康无害的食品，不会对消费者造成误导，故对其主张价款十倍赔偿的诉请，依法不予支持，驳回原告黄某禹的诉讼请求。

福州市中级人民法院认为：一、在未经专业检测的情况下，一审法院对其安全性予以确认有失公允。二、关于消费者主张十倍赔偿的惩罚性赔偿责任是否应以损害结果为要件问题。《食品安全法》第 148 条第 1 款与第 2 款系分别对“消费者因不符合食品安全标准的食品受到损害”和“生产不符合食品安全标准的食品或者经营明知是不符合食品安全标准的食品”两种不同情形下，消费者权利主张及选择的规定，二者并非递进关系。第 1 款规定的是补偿性民事责任，而第 2 款既有补偿性民事责任，也有惩罚性民事责任。《食品安全法》属于特别法，当消费者主张惩罚性赔偿责任时，其权利依据应是《食品安全法》第 148 条第 2 款的规定，故该条款规定的惩罚性赔偿责任不属于特殊的产品责任，不应以损害结果为责任承担的构成要件。三、关于黄某禹是否属于上述第 2 款规定主张惩罚性赔偿责任的权利主体问题。《食品安全法》和《中华人民共和国消费者权益保护法》（以下简称《消费者权益保护法》）的立法本意是保护购买商品目的是为生活消费而非牟利的消费者。案涉芒果干网页上已有信息表述及包装图片，黄某禹明知案涉食品不符合食品安全标准而大量购买，其购买行为不具有生活消费之目的。另，众鑫干果商行明知是不符合食品安全而予以违法违规销售，应由有关行政管理部门进行处理、处罚。四、案涉网络购物合同违反了法律法规的强制性规定，系无效合同，众鑫干果商行因该合同取得的 650 元货款应当返还黄某禹。

案件评析

（一）本案判决思路

本案中，一审法院认为尽管案涉芒果干预包装的标签不符合《食品安全法》有关规定，但其属于无毒、无害、对人体健康无害的食品，不会对消费者造成误导，因此没有支持黄某禹的诉讼请求。

二审法院否定了一审法院对其安全性的认定，且阐明了本案的请求权基础为《食品安全法》第148条第2款而非第148条第1款，因而惩罚性赔偿责任不以损害结果为要件。黄某禹明知案涉食品不符合食品安全标准而大量购买，不属于《消费者权益保护法》和《食品安全法》所要保护的“消费者”，不满足第148条第2款主张惩罚性赔偿责任的权利主体要件，因此法院未支持其主张。众鑫干果商行明知不符合食品安全而予以销售的行为，属于行政责任的范畴。法院认定案涉网络购物合同因违反了法律法规的强制性规定而无效，众鑫干果商行应返还货款。

（二）相关法律规范、学理研究及司法实践状况

本案涉及食品领域惩罚性赔偿责任的认定问题，特别是主张惩罚性赔偿责任的购买方存在“知假买假”的情形：明知案涉食品不符合食品安全标准而大量购买。20世纪90年代在整治市场乱象的背景下，立法者引进了惩罚性赔偿制度，2009年《食品安全法》的出台确立了食品安全领域的惩罚性赔偿制度。食品领域消费者“知假买假”如何认定惩罚性赔偿责任，涉及消费者的范围、行为构成要件、与消费欺诈等关系以及是否须以实际损害结果为前提等问题，由于法律规定较为概括，学说理论和司法实践对于“知假买假”行为的效力存在不少争议。

《食品安全法》中的惩罚性赔偿责任被规定在第148条第2款，根据文义，生产者“生产不符合食品安全标准的食品”或经营者“经营明知是不符合食品安全标准的食品”，消费者可主张价款十倍或损失三倍的赔偿金。但书条款

规定了“食品的标签、说明书存在不影响食品安全且不会对消费者造成误导的瑕疵的”，生产者或经营者免于承担惩罚性赔偿。一审法院即以此作为判决依据，但对食品安全性的认定存在瑕疵。《消费者权益保护法》中的惩罚性赔偿条款为第 55 条，其第 1 款采用了“欺诈”的表述，由此可知《食品安全法》第 148 条第 2 款惩罚性赔偿责任的认定不以构成欺诈为前提。这一点也在《最高人民法院关于审理食品安全民事纠纷案件适用法律若干问题的解释(一)》第 7 条得到印证。[2] 从消费欺诈的构成要件来说，被欺诈人须因受欺诈而陷于错误判断，且基于该错误判断而作出意思表示，消费者“知假买假”系知道商品或服务存在瑕疵，因此不满足消费欺诈对于因果关系的要求。司法实践中，若消费者在购买商品且向销售者以及工商行政管理等部门进行了投诉之后，再次购买并主张惩罚性赔偿责任，法院将以购买行为并非基于误导、欺诈为由不支持诉讼请求。[3] 由此，消费者“知假买假”尽管得不到《消费者权益保护法》上的救济，但能否适用《食品安全法》第 148 条第 2 款，仍存在讨论的空间。

《食品安全法》的惩罚性赔偿制度的设立，是为了惩罚食品生产经营者生产或者经营不符合食品安全标准的食品这一性质比较严重的违法行为，更好地保护权益受到侵害的消费者的合法权益，补偿他们在财产和精神上的损失。[4] “退一赔十”的数额规定，也有着希望借高额的赔偿金奖励私人提起诉讼，将违规违法行为绳之以法，起到威慑食品领域不法行为的作用。随着该制度的发展，出现了专为获取惩罚性赔偿数额而进行购买的职业打假人群体，在促进市场规范化发展的同时也造成了不少负面影响。2013 年 12 月公布的《最高人民法院关于审理食品药品纠纷案件适用法律若干问题的规定》(以下简称《食药规定》)第 3 条回应了食品药品质量纠纷中购买者“知假买假”

---

[2] 《最高人民法院关于审理食品安全民事纠纷案件适用法律若干问题的解释(一)》第 7 条：“消费者认为生产经营者生产经营不符合食品安全标准的食品同时构成欺诈的，有权选择依据食品安全法第一百四十八条第二款或者消费者权益保护法第五十五条第一款规定主张食品生产者或者经营者承担惩罚性赔偿责任。”

[3] 重庆市高级人民法院(2016)渝民再 53 号：刘春生与浙江章华保健美发实业公司买卖合同纠纷案。

[4] 全国人民代表大会常务委员会法制工作委员会，编．信春鹰，主编．中华人民共和国食品安全法释义[M]．北京：法律出版社，2009：243.

的问题，根据该条规定，购买者不知情并不是惩罚性赔偿责任的构成要件。[5] 2017年5月，《最高人民法院办公厅对十二届全国人大五次会议第5990号建议的答复意见》重申了职业打假人的问题，指出："考虑食药安全问题的特殊性及现有司法解释和司法实践的具体情况，我们认为目前可以考虑在除购买食品、药品之外的情形，逐步限制职业打假人的牟利性打假行为。我们将根据实际情况，积极考虑阳国秀等代表提出的建议，适时借助司法解释、指导性案例等形式，逐步遏制职业打假人的牟利性打假行为。"立法者与最高法的态度表明，对于"知假买假"行为的规制，受到法律政策、执法力度、市场环境等因素的影响。食品、药品领域有其特殊性，对于职业打假人的"纵容"是为了打击违法违规的生产和销售行为，食品药品乃民生大计，规范该领域良好市场秩序的社会利益具有优先性。然而，一旦职业打假人群体或"知假买假"行为泛滥，违反诚实信用原则，反而严重损害了正常的生产和经营秩序，就必须予以遏制。

2020年修订的新版《食药规定》完整地保留了第3条的内容，但并不意味着最高人民法院对"知假买假"情形下构成惩罚性赔偿责任的肯定。解释上，第3条要解决的是"食品、药品存在质量问题的纠纷"，与"购买者是否明知食品、药品存在质量问题"并不存在联系。在食品药品存在质量问题时，司法应首先回应社会对食品药品安全秩序的考量，即规范市场秩序的社会利益优于规制"知假买假"的牟利性购买行为的社会利益。从这个角度来说，《食药规定》第3条与"是否支持知假买假的职业索赔"并无必然联系。

学说理论对于该问题也存在争议。肯定者认为，"知假买假"买到的食品确实不符合食品安全标准，应当依据食品安全法予以保护。否定者认为，"知假买假"索赔的实质是以不诚信对付不诚信，以怨报怨，不应当加以保护。[6] 司法实践中，亦存在意见相左的判决。持肯定态度的案例中，最高人民法院指导性案例23号指出无论消费者购买时是否明知食品不符合安全标准[7]，法院均应支持其主张。黄冈市黄州区远春大药房、左某东产品销售者责任纠

[5] 《最高人民法院关于审理食品药品纠纷案件适用法律若干问题的规定》第3条："因食品、药品质量问题发生纠纷，购买者向生产者、销售者主张权利，生产者、销售者以购买者明知食品、药品存在质量问题而仍然购买为由进行抗辩的，人民法院不予支持。"

[6] 吕来明，王慧诚. 食品安全法惩罚性赔偿条款的适用条件[J]. 人民司法，2019(6)：81.

[7] 孙某山诉南京欧尚超市有限公司江宁店买卖合同纠纷案。

纷案则认为:“食品、药品是直接关系人体健康及安全的特殊、重要的消费产品[8],法律法规和相关司法解释对于食品、药品领域中的职业打假人的牟利性打假行为并未作出限制,即目前不因其牟利性打假而否定食品、药品领域中职业打假人的消费者身份。”持否定态度的案例有陈某与上海易雅贸易有限公司网络购物合同纠纷[9]、张某与连云港顺浦贸易有限公司、金华市华益生物科技开发有限公司产品责任纠纷案[10],这些案例中法院均以购买方在本辖区基层法院或全国法院提起多起类案诉讼为由,认定其属于以打假为名,利用惩罚性赔偿条款为自己谋取利益的职业打假人,因其行为违反诚实信用原则而不予支持。

食品药品领域惩罚性赔偿制度的制度目的,系为威慑和惩罚违规违法行为,规范市场秩序。在《食品安全法》出台之际,存在着大量不法生产和销售行为而执法力量捉襟见肘的情况,认可私人协助执法的有效性能够更好发挥惩罚性赔偿制度的威慑作用。我国食品药品安全领域安全保障工作的推动,主要由行政执法机关而非私人诉讼完成。随着地方性法规的完善和执法力量的不断加强,是否仍有必要无条件认可以牟利为目的的“知假买假”行为存在疑问。解释上,《食品安全法》属于《消费者权益保护法》的特别法,前者主张惩罚性赔偿责任的权利主体应当符合《消费者权益保护法》第 2 条规定的“为生活消费需要购买、使用商品或者接受服务”。那么何谓“为生活消费需要”,仍存在不同主张。有观点认为,“只要在市场交易中购买、使用商品或者接受服务是为了个人、家庭生活需要,而不是为了生产经营活动或者职业活动需要的”,就应当认定为“为生活消费需要”的消费者[11];也有观点认为,单独的“知假买假”,不能成为否认当事人消费者身份的理由,以营利为目的而交易原则上可以成为否认消费者身份的理由[12]。实际上,以牟利为目的即是“为生活消费需要”范围之外,购买人的购买行为是为了获得“退一赔十”的惩罚性赔偿款,而非使用购买的产品或服务。此等行为显然违反了诚实信用

[8] 湖北省高级人民法院(2020)鄂民申 1942 号。

[9] 湖北省随州市中级人民法院(2020)鄂 13 民终 1325 号。

[10] 江苏省高级人民法院(2020)苏民申 133 号。

[11] 上海铁路运输法院(2017)沪 7101 民初 318 号:徐某云诉敬某桥、浙江淘宝网络有限公司网络购物合同纠纷案。

[12] 吕来明,王慧诚.食品安全法惩罚性赔偿条款的适用条件[J].人民司法,2019(6):81.

原则，助长职业打假人的钻营之风，不利于维护良好的社会秩序。

就本案而言，黄某禹自认其曾因网络购买无标签标识的“三无”食品而起诉过商户主张赔偿，故其应当知道“三无”食品是属于法律规定的不符合食品安全标准的食品。黄某禹系明知案涉食品不符合食品安全标准而仍予以大量购买，并再次以食品不符合食品安全标准为由提起本案诉讼主张十倍价款赔偿，其购买行为显然不具有生活消费之目的，而存在以诉讼方式获取高额赔偿的牟利之目的，违反了诚实信用原则。本案二审法院的判决结果与思路值得肯定。

良好的营商环境有赖各个市场主体做到诚实守信，共同维护市场秩序。诚实信用原则被誉为民法的“帝王原则”，在解释学上具有重要作用。通过解释明确食品药品安全领域主张惩罚性赔偿的权利主体限定为“消费者”，排除以牟利为目的而有违诚信的“知假买假”者，有效整治以惩罚性赔偿为盈利手段的不正之风，体现了司法裁判维护市场秩序的导向作用。

16 张某荣与邓某明民间借贷纠纷案[1]

核心价值：诚实信用

事实概要

原告邓某明与被告张某荣系老同学关系。2005 年，张某荣因房地产开发项目所需，数次向邓某明借款用于周转。至 2005 年 6 月，合计借款 178 万元。

2009 年 4 月 5 日，张某荣向邓某明出具欠条一张，内容为“今欠到邓某明利息款壹拾玖万肆仟元整，于服装厂拆迁归还。此据，张某荣”。2011 年 8 月 20 日，张某荣向邓某明出具欠条一份，内容为“今欠到邓某明利息款壹拾叁万元，因暂时经济困难，此款在旭达服装厂开发时付清。此据，欠款人张某荣”。

张某荣已经返还所借款项的本金，但拖延拒付利息款 32.4 万元。邓某明向法院提起诉讼，要求张某荣返还借款的利息。

庭审中，张某荣提出抗辩，认为邓某明的请求事项是一个附条件的债权。因条件没有成就，法院应当依法驳回原告的诉请。

原审庭审结束后，邓某明补充提交了南京市溧水区旭达线业有限公司股权转让协议等证据，证明张某荣已于 2013 年 8 月 7 日将其持有的南京市溧水

[1] 改写自(2014)宁民终字第 2626 号民事判决书。撰写人：严桂珍，同济大学法学院教授。

区旭达线业有限公司价值 100.8 万元的股份转让给王某。据此认为张某荣已经通过其行为阻却条件成就，请求法院采信视为条件成就。张某荣认为邓某明补充提交的证据超过举证期限而不予质证发表意见。

判决结果

一审法院认为，欠条上“于服装厂拆迁归还”的约定，其文义是对清偿利息履行期限的约定，因服装厂被拆迁时间是不确定的，故双方关于债务履行期限的约定视为不明确。根据《合同法》第 62 条第 1 款第 4 项的规定，履行期限不明确的，债权人可以随时要求履行，但应当给对方必要的准备时间。其次，邓某明的补充证据显示，张某荣已经将其在服装厂的股权转让他人，即使旭达服装厂被拆迁了，张某荣也无拆迁利益可得。故对张某荣的抗辩主张，不予支持。据此，法院判决：张某荣于判决生效之日起 10 日内支付邓某明借款利息款 32.4 万元，并承担自起诉之日起到判决确定的还款之日止按中国人民银行规定的同期银行贷款利率计算逾期利息。

宣判后，张某荣提起上诉。上诉理由是：张某荣对邓某明的诉请利息 32.4 万元无异议，但本案中双方约定的“于服装厂拆迁归还”是一个附延缓条件的民事法律行为，只有当约定的事实出现，才能发生法律效力，即只有在服装厂拆迁时，邓某明才能行使债权请求权。服装厂拆迁与否是一个不确定的事实，原审法院将附条件的民事法律行为认定为附期限的法律行为，混淆了条件与期限的概念，是适用法律错误。此外，原审法院认为邓某明通过补充证据证明张某荣在服装厂的股权已转让他人，即使服装厂拆迁也无利益可得，故不支持张某荣的主张，这一理解同样也是错误的，服装厂的股权转让与约定的条件之间没有关联性，法律也没有规定双方在约定条件时必须有利益存在。

二审法院查明，双方均认可 2009 年 4 月 5 日欠条中的“于服装厂拆迁归还”和 2011 年 8 月 20 日欠条中的“此款在旭达服装厂开发时付清”中的“服装厂”均指南京市溧水区旭达线业有限公司，“拆迁”和“开发”系同一意思。

二审法院认为，本案争议的焦点是案涉两张利息欠条是否为附条件的民事法律行为。根据《合同法》第 125 条第 1 款的规定，当事人对合同条款的理解有争议的，应当按照合同所使用的词句、合同的有关条款、合同的目的、交易习惯以及诚实信用原则，确定该条款的真实意思。依照《合同法》第 45 条，附条件的合同中所附条件应当是当事人用来限制合同法律效力的附属意思表示，与当事人约定的合同履行内容是不同的。从张某荣与邓某明的陈述中可以认定，欠条中关于服装厂拆迁或开发的约定是对清偿利息履行期限的约定。现南京市溧水区旭达线业有限公司的拆迁时间不确定，双方关于支付欠息的期限约定不明确，依照《合同法》第 62 条第 1 款第 4 项的规定，邓某明可以随时要求张某荣履行支付 32.4 万元利息的义务，但应当给张某荣必要的准备时间。邓某明在诉前多次向张某荣催要未果，已经满足了张某荣的期限利益，原审法院判令张某荣于判决生效之日起 10 日内支付邓某明欠息 32.4 万元，并无不当。张某荣的上诉请求和理由依据不足，二审法院不予支持。综上，原审判决认定事实清楚，适用法律正确。

案件评析

本案争议的焦点是，合同中约定的“于服装厂拆迁归还”借款利息，究竟属于还款期间的约定，还是属于还款条件(停止条件)的约定。此问题涉及法律行为的解释。两种不同的解释将会产生截然不同的判决结果．解释为还款期限约定的，此合同属于约定的履行期限不明确。根据《合同法》第 62 条第 1 款第四项：“当事人就有关合同内容约定不明确，依照本法第 61 条的规定仍不能确定的，适用下列规定：(四)履行期限不明确的，债务人可以随时履行，债权人也可以随时要求履行，但应当给对方必要的准备时间。”因邓某明在诉前多次向张某荣催要，相当于已经给张某荣必要的准备时间，邓某明的诉请将获得法院的支持；反之，如果解释为还款条件的约定，则因为服装厂尚未拆迁，还款条件没有成就，邓某明的诉请将不能获得法院的支持。如果将来服装厂不拆迁，被告将无须还款。

在成文法国家，法官适用法律解决纠纷的过程其实就是通过解释法律、解释法律行为，最终得出结论的过程。法律人的主要工作就在于解释，其解释的对象有二，一为法律，二为意思表示，二者均在于正确理解其解释的对象。[2] 法律系抽象、概括的规范，针对不特定的主体，而意思表示往往发生在相关主体之间，既需探究表意人所欲发生的私法效果，又需特别顾及相对人理解的可能性，因此法律解释和法律行为解释的原则并不完全一致。

法律行为以意思表示为构成要素，因此，法律行为的解释实际上是意思表示的解释。意思表示解释的客体是表示行为。在具体案件中，可能需要解释的表示行为包括：某个行为是否为意思表示；某个意思表示的内容是什么；合同是否因当事人互相意思表示一致而成立；所订立合同，究属何种类型；订立的合同是预约还是本约；合同附有约款时，其约款究为条件、期限还是负担。在此案中，需要法院解释的是，合同中约定的“于服装厂拆迁归还”这一表示行为，是指还付贷款利息的期限，还是指还付贷款利息的条件。

意思表示的解释方法在民法上有意思主义和表示主义。所谓意思主义，就是完全以表意人的内心意思作为判断表示行为含义的标准，即探究表意人内心的真意；表示主义从意思表示受领人的视角判断表示行为的含义，充分考虑相对人的信赖保护。意思表示解释目标如何设定，实质上亦是意思表示之误解风险如何合理分配的问题。[3]

《合同法》第125条第1款规定了合同解释的原则。该条规定：“当事人对合同条款的理解有争议的，应当按照合同所使用的词句、合同的有关条款、合同的目的、交易习惯以及诚实信用原则，确定该条款的真实意思。”

《民法典》区分意思表示有无相对人，对意思表示的解释原则作了规定。《民法典》总则编第142条规定：“有相对人的意思表示的解释，应当按照所使用的词句，结合相关条款、行为的性质和目的、习惯以及诚信原则，确定意思表示的含义。无相对人的意思表示的解释，不能完全拘泥于所使用的词句，而应当结合相关条款、行为的性质和目的、习惯以及诚信原则，确定行为人的真实意思。”

可见，无论是《合同法》规定的合同解释原则，还是《民法典》规定的意思

---

[2] 王泽鉴.民法总论[M].北京:中国政法大学出版社,2002:403.
[3] 朱庆育.民法总论[M].2版.北京:法律出版社,2016:223.

表示的解释原则，运用诚实信用原则解释法律行为，均是应有之义。

诚实信用原则是我国民法的基本原则。《民法通则》第 4 条规定："民事活动应当遵循自愿、公平、等价有偿、诚实信用的原则。"《民法典》第 7 条规定："民事主体从事民事活动，应当遵循诚信原则，秉持诚实，恪守承诺。"这一原则在各国民法上大都有所体现。如《德国民法典》第 242 条规定："债务人应依诚实信用之要求，并顾及交易习惯，履行其给付。"《瑞士民法典》第 2 条第 1 款规定："任何人均应依诚实信用行使权利履行义务。"《日本民法典》第 1 条第 2 款规定："行使权利及履行义务，应恪守诚实信用。"诚实信用原则为市场经济活动中的道德准则[4]，体现了民法对民事主体从事民事活动时的道德要求，被称为民法上的"帝王条款"。诚实信用原则的内涵非常广泛，适用于民事生活领域的方方面面。在民商事司法实践中，诚信原则也是法官审理案件经常适用的原则。

法律行为是依当事人意思表示成立并发生当事人所欲发生的法律效果的行为，是实现当事人意思自由的工具。因此，当事人欲对法律行为效果的发生或消灭加以限制，自无不可。这种限制可以通过为法律行为增加附款的方式完成。传统民法上，法律行为的附款有二：一为条件；二为期限。法律行为附有前者，称为附条件的法律行为；附有后者，称为附期限的法律行为。

附条件法律行为是指当事人约定以将来不确定事实的发生或者不发生决定法律行为效力发生或消灭的法律行为。附条件法律行为中的条件是指将来客观上不确定发生的事实。换言之，其必须是在当事人约定时无法确定是否发生的事实，这是条件与期限的区别。以条件的作用是决定法律行为效力之发生还是效力之消灭为标准，条件分为停止条件和解除条件。决定法律行为效力发生的条件为停止条件，又称生效条件。附停止条件的法律行为虽已成立，但未生效，其效力处于停止状态，须待条件成就，法律行为方才发生效力。如果条件始终不成就，则该法律行为始终不生效。决定法律行为效力消灭的条件为解除条件。附解除条件的法律行为一经成立即生效，但因条件之成就而使其失效。如果该条件始终不成就，则该法律行为始终不失效，相当于未附条件的法律行为。

附停止条件合同中所附条件应当是当事人用来限制合同法律效力的附

[4] 梁慧星. 民法总论[M]. 5 版. 北京：法律出版社，2017：50.

属意思表示，其与当事人约定的合同履行期限不明确是不同的。在前者，双方之间的合同已经成立但未生效；在后者，双方之间的合同已经成立且已生效，仅是约定的履行期限不明确。

本案合同中约定的“于服装厂拆迁归还”这一表示行为，是指还付贷款利息的期限，还是指还付贷款利息的条件，需要法院结合合同所使用的词句、合同的有关条款、合同的目的、交易习惯以及诚实信用原则进行解释。

本案中，如果将“于服装厂拆迁归还”这一表示行为解释为还付贷款利息的条件，则意味着如果服装厂不拆迁的，被告将无须还款。有偿借贷合同，出借人订立合同的目的是获得利息；根据民间借贷交易习惯，借贷双方既然约定的是有偿借贷，借款人支付利息是应有之义；从理性经济人的角度看，债权人不太可能将获得高额利息的请求权依附于不确定的条件，其本意应当是指等债务人有钱时（比如厂房拆迁获得补偿款）还款。基于诚实信用原则，借款人对此应当存在充分的认识。“诚实信用原则本质上为市场交易中，人人可得期待的交易道德基础。”[5]它要求市场参与者符合“诚实商人”的道德标准，旨在谋求利益之公平。换言之，被告基于诚实信用应当理解债权人内心意思。诚实信用是我国社会主义核心价值观的内容之一，法官在审理民事纠纷时，运用社会主义核心价值观解释法律行为，可以发挥司法裁判在社会治理中的规范、评价、教育、引领作用。因此，一审和二审法院将“于服装厂拆迁归还”这一表示行为解释为双方对还款期限的约定，值得肯定。法院的解释正确诠释了诚实信用原则的内涵，符合社会一般人的合理期待。

---

[5] 梁慧星.民法总论[M].5版.北京:法律出版社,2017:275.

17 王某和、张某娟民间借贷纠纷案[1]

核心价值：诚实信用、公正法治

事实概要

2009年2月22日，王某和与潘某军合伙购买吊车，与张某娟产生借贷关系。张某娟称自2009年2月22日起，王某和向其借款18万元用于买车，月息1分，王某和为其出具欠据一份，经多次索要，至2013年5月7日起诉之日时尚未归还。王某和称，其欠张某娟18万元欠款未还不是事实，2009年其与潘某军合伙购买吊车，潘某军向张某娟借款13万元，后潘某军退出合伙，潘某军欠张某娟的13万元债务转给王某和。此后，王某和又向张某娟借款5万元，合计18万元，月息1分。2012年12月3日，其与张某娟两人将双方往来借款一并结算，张某娟承认尚欠15.8万元，因实际欠款为12.8万元，两人未达成一致意见。在两人同居期间，其多次想还清欠款以解除同居关系，张某娟不同意，并非拖欠不还，现同意偿还张某娟欠款本金12.8万元及利息。经查明，张某娟曾于2012年12月3日书写欠据一份，但没有两人签字，双方并未就王某和所称实际欠款为12.8万元一事达成合意。

[1] 改写自(2015)黑监民再字第116号民事判决书。撰写人：刘春彦，同济大学法学院副教授。

2013 年 5 月 7 日，张某娟起诉至鸡东县人民法院，请求王某和给付其欠款 18 万元，利息 93 600 元，利息延续计算至实际给付之日。鸡东县人民法院一审查明，2009 年 2 月 22 日，王某和向张某娟借款 18 万元、利息 93 600 元，合计 273 600 元，并于 2013 年 7 月 4 日作出(2013)鸡东商初字第 305 号民事判决：王某和于判决生效之日立即给付张某娟欠款本金 18 万元、利息 93 600 元(自 2009 年 2 月 22 日至 2013 年 6 月 22 日)，合计 273 600 元。如未按判决指定的期间履行给付义务，应当依照《民事诉讼法(2012 修正)》第 253 条之规定，加倍支付迟延履行期间的债务利息。案件受理费 5 404 元，由王某和承担。

被告王某和不服一审判决，向鸡西市中级人民法院提起上诉。鸡西市中级人民法院二审查明的事实与鸡东县人民法院一审查明的事实一致，并于 2014 年 2 月 27 日作出(2014)鸡商终字第 2 号民事判决：驳回上诉，维持原判。

王某和不服二审判决，向鸡西市中级人民法院申请再审称，其没有在 2009 年 2 月 22 日向张某娟出具过 18 万元欠条，其通过牡丹江市立新法律事务所于 2014 年 7 月 9 日委托齐齐哈尔市科学技术咨询中心司法鉴定中心申请对“2009 年 2 月 22 日欠据”进行笔迹真伪司法鉴定。经鉴定，2009 年 2 月 22 日欠据(复印件)中在欠款人处复印的“王某和”签名字迹不是王某和本人书写，因此请求法院依法再审。鸡西市中级人民法院以鉴定意见不能对抗王某和自认等为由，驳回王某和再审申请。

判决结果

鸡东县人民法院一审认为，公民合法的借贷关系受法律保护，从当事人的争议来看，张某娟提供了王某和出具的 18 万元欠据来证实欠款的事实。王某和抗辩称，该笔欠款不全是从张某娟处所借，其中 13 万元是潘某军将其对张某娟的债务转移给他，且已向张某娟偿还 5 万元欠款，但未提供充分证据予以证实。虽张某娟曾于 2012 年 12 月 3 日书写欠据一份，但没有两人的签字，双方未达成合意。故王某和的抗辩理由不予支持。王某和向张某娟借款事实清楚、证据充分，约定利息符合法律规定，王某和应承担给付欠款本金及利息的义务。张某娟的诉讼请求应予支持。

鸡西市中级人民法院二审查明的事实与鸡东县人民法院一审查明的事实一致。鸡西市中级人民法院二审认为，张某娟主张欠款的事实有王某和出具的借据为证。王某和上诉称已偿还部分欠款，并提供双方于 2012 年 12 月 3 日结算的欠据予以证明，但因该欠据没有双方签字，因此，一审认定双方没有达成合意，不予采信其抗辩理由并无不当。综上，王某和的上诉理由不能成立，原审判决认定事实清楚，证据确实充分，适用法律正确，因此驳回上诉，维持原判。

黑龙江省高级人民法院再审认为，经查明王某和无论在一审庭审抗辩还是二审庭审中，均未对案涉欠据的真实性提出异议，只针对欠据中欠款数额提出异议，未提出要求进行文字鉴定，且其在二审上诉状中明确表述："借据是买吊车以后打的，因为买吊车时潘某军与我合伙，因其无钱，从张某娟处借 13 万元，三个月后潘不干了，把 13 万元债务转给我，加上我原先欠张某娟 5 万元，合起来 18 万元，打条时按原 5 万元借款时间一并出的借据。"故王某和的陈述依法属于自认。王某和于二审判决生效后通过牡丹江市立新法律事务所委托齐齐哈尔市科学技术咨询中心司法鉴定中心作出第 1400951 号检验鉴定意见书，并依据该意见书在法院再审庭审中全盘推翻先前诉讼行为。但王某和就其推翻其在一审、二审程序中实施的诉讼行为作出说明时，仅以"自己文化水平有限、法院按照我的解释套用到欠条上来了"作为理由，同时在再审庭审中，王某和向法庭陈述案涉欠条所约定利息问题时，仍作出"我和潘某军合伙买吊车，潘某军把欠款转给我了让我向张某娟偿还，利息是他们约定的"陈述。据此，根据《最高人民法院关于适用〈中华人民共和国民事诉讼法〉的解释》第 342 条关于"当事人在第一审程序中实施的诉讼行为，在第二审程序中对该当事人仍具有拘束力。当事人推翻其在第一审程序中实施的诉讼行为时，人民法院应当责令其说明理由。理由不成立的，不予支持"的规定，再审法院认为，王某和就其推翻其先前诉讼行为作出的说明理由不成立。据此，由于本案争议主要在于王某和是否已经偿还部分欠款，因此，即使上述欠据中王某和的签名非其本人书写，结合王某和的先前诉讼行为及本案已查明的其他事实,亦不影响债权债务关系的存在。故王某和于二审判决生效后通过牡丹江市立新法律事务所委托齐齐哈尔市科学技术咨询中心司法鉴定中心作出的第 1400951 号检验鉴定意见书,不属于足以推翻原判决的新证据。同时,再审法院认为,王某和基于鉴定意见书意图推翻一审及二审判决,却无法在庭审过程中作出合理解释,属于滥用诉讼权利的行为,理应加以规制。

最终,再审法院维持鸡西市中级人民法院(2014)鸡商终字第 2 号民事判决。该判决为终审判决。

案件评析

(一)本案判决思路

本案是一起典型的民间借贷纠纷。此类案件大多证据匮乏,存在于口头和人情间的借贷关系是一种常见状态。借贷关系是否存在作为此类案件中定分止争的基础,本案的各级法院充分利用了在案证据,进行了合理的判决。一审法院认为本案中,张某娟提供了王某和出具的 18 万元欠据来证实欠款的事实。王某和抗辩称,该笔欠款不全是从张某娟处所借,其中 13 万元是潘某军将其对张某娟的债务转移给他,且已向张某娟偿还 5 万元欠款,但未提供充分证据予以证实。虽张某娟曾于 2012 年 12 月 3 日书写欠据一份,但没有两人的签字,双方未达成合意,故王某和的抗辩理由不予支持。王某和向张某娟借款事实清楚、证据充分,约定利息符合法律规定,王某和应承担给付欠款本金及利息的义务。张某娟的诉讼请求应予支持。由此,本案的事实也基本查明。

二审法院根据本案的基本事实,维持原判。在再审裁定中,则以鉴定意见不能对抗王某和的自认,王某和与张某娟何时同居不影响债权债务关系的形成,驳回了王某和的再审申请。

再审法院针对抗诉中出现的该鉴定意见进行了更加充分和详细的说理,本案中,张某娟持有王某和出具的欠据,但王某和抗辩其已经偿还 5 万元借款。王某和的此种抗辩产生两个法律效果:一是等于承认了5万元借贷关系确已发生,收到过张某娟支付的借款,这也意味着张某娟可以不必再为该部分借贷关系的成立负举证责任;二是王某和对其已经偿还借款的抗辩主张,应当提供证据证明。对此,王某和为证明其已经偿还5万元,举示了张某娟自认为其亲笔书写的欠据一份、录音资料一份。再审法院认为,王某和举示的上述两份证据能够证明经双方结算并于2012年12月3日形成了尚欠15.8万元的欠据,其证明逻辑为该欠据中不含有5万元这笔欠款,即为已经偿还,否则会在该欠据中写入5万元。王某和举示的该两份证据虽有一定的证明力,但张某娟予以否认,且持有18万元的欠据,因此,王某和以2012年12月3日未签名的15.8万元的欠据主张已经偿还5万元欠款的主张,证据不充分,再审法院亦不予支持。

(二)相关法律规范、学理研究及评析

借贷关系的存在与否是处理民间借贷纠纷的核心,而通过有限的证据对借贷关系进行证明则是此类案件得以解决的关键。在此基础上,方能在民间借贷纠纷中处理好案件中涉及的法律关系、本金利息等款项金额。本案中涉及法律条文存在两种情形:一是新法出台,如《民法典》吸收旧法;二是旧法得到修正,如《最高人民法院关于适用〈中华人民共和国民事诉讼法〉的解释》,本文因此列举最新法条。《民法典》第668条规定:"借款合同应当采用书面形式,但是自然人之间借款另有约定的除外。借款合同的内容一般包括借款种类、币种、用途、数额、利率、期限和还款方式等条款。"第671条规定:"借款人未按照约定的日期、数额收取借款的,应当按照约定的日期、数额支付利息。"《最高人民法院关于适用〈中华人民共和国民事诉讼法〉的解释(2020修正)》第108条规定:"对负有举证证明责任的当事人提供的证据,人民法院经审查并结合相关事实,确信待证事实的存在具有高度可能性的,应当认定该事实存在。对一方当事人为反驳负有举证证明责任的当事人所主张事实而提供的证据,人民法院经审查并结合相关事实,认为待证事实真伪不明的,应当认定该事实不存在。法律对于待证事实所应达到的证明标准另有规定的,从其规定。"

在本案中,各级人民法院在一审、二审、再审过程中,在查明案件基本事实的基础之上,对法律规定的适用正确,作出的判罚并无问题。抽丝剥茧,

本案的判决其实十分清晰，即张某娟向法院提供了具有更强证明力的证据，在庭审过程中，王某和对借贷关系存在的事实构成自认，且其所出具证据无法支持其对借款金额产生的异议，同时虽然其出具了相关鉴定意见书，本可成为自身有力证据，但其并未对自认事实作出合理解释，法院也因此在再审终审判决中，仍支持了原告诉请。

值得一提的是，本案再审法院除对案件本身判决进行了说理外，更援用社会主义核心价值观中的"诚信"，对王某和的再三求诉行为进行了分析。在2015年的司法审判背景下，这样援用社会主义核心价值观的说理无疑成了增加司法权威性的加分项。我国学者在表述诚实信用原则时，不仅仅将其称为"帝王条款"，更将其视为权利的边界。在多数情况下，权利的具体界限并不明确，需要一般性的法律原则对权利行使进行抽象限制。此类限制性原则的关注点在于权利的行使是否"非正当"，而不在于是否"正当"，换言之，对于权利行使的限制必以消极规则的面目出现，诚实信用原则与禁止权利滥用原则即其著例。[2] 显然，依据我国法律的规定，王某和的确有上诉、申请再审的权利，但并不意味着权利可以随意行使。本案中，王某和在二审判决生效后，基于齐齐哈尔市科学技术咨询中心司法鉴定中心第1400951号检验鉴定意见书，对其在一审、二审中的诉讼行为进行全面推翻，且不能作出合理解释，有违诉讼诚信，属于滥用诉讼权利的行为，理应加以规制。以诚实信用、公正法治等理念作为说理的基础，人民法院对滥用诉讼权利的行为加以规制进而通过诉讼诚信建设促进司法公信，也是人民法院培育和践行社会主义核心价值观的重要举措。同时，2017年修正的《民事诉讼法》第13条明确规定："民事诉讼应当遵循诚实信用原则。"诚实信用原则不仅存在于实体法中，也存在于程序法范畴，构成了对案件当事人不得滥用诉权的直接规制。

在社会主义核心价值观成为司法审判说理的重要一环的当下，它成功地填补了禁止权利滥用原则的立法空缺，使得禁止权利滥用的说明更加饱满，同时也增强了我国司法判决的权威性。

---

[2] 朱庆育.民法总论[M].北京:北京大学出版社,2016:521.

18 张某江、傅某平民间借贷纠纷案[1]

核心价值：诚实信用、文明和谐

事实概要

张某江因办厂资金短缺，2010 年至 2013 年先后向傅某平开具 5 张借条，傅某平共计借款 3 500 000 元，2014 年该款到期后，张某江仍未偿还该借款。因张某江资金出现困难，2014 年 4 月 7 日，经双方协商，张某江再次向傅某平借款 3 500 000 元，并签订 5 份借款协议，分别为“0401 号”至“0405 号”协议，协议中约定了不同的借款金额及对应利息，且该 5 份协议中皆明确约定双方于 2010 年至 2013 年间的借款已经清偿。

协议签订后，傅某平于 2014 年 4 月 8 日分别通过转账方式向张某江支付借款 1 000 000 元、900 000 元、600 000 元、700 000 元、300 000 元，共计 3 500 000 元，刘某桃、湖北奥马电子科技有限公司（以下简称“奥马公司”）对该借款提供担保。2014 年 7 月 24 日，张某江再次向傅某平借款 100 000 元，傅某平即通过转账方式向张某江提供借款 100 000 元，该款未约定利息。上述借款经催要，张某江先后 3 次向傅某平还款共计 1 262 500 元。2014 年 10 月 8 日，傅某平与张某江的财务人员熊某波通过手机短信联系，确认张某

[1] 改写自（2017）鄂民再 71 号民事判决书。撰写人：刘春彦，同济大学法学院副教授。

江尚欠傅某平借款 2 978 308 元。由此，傅某平起诉至湖北省武汉市黄陂区人民法院请求：1. 张某江向傅某平偿还借款本金 2 918 910 元；2. 张某江向傅某平支付借款利息 671 349 元（暂计至 2015 年 7 月 7 日），并自 2015 年 7 月 8 日起按 2.3%/月支付至实际付清为止；3. 刘某桃、奥马公司对前述 1、2 项债务承担连带清偿责任；4. 本案诉讼费、保全费均由张某江、刘某桃、奥马公司承担。

一审法院判决张某江向傅某平偿还借款 2 710 813 元，并支付相应利息，由刘某桃、奥马公司对上述给付内容承担连带清偿责任。奥马公司不服，以张某江和傅某平共同伪造借款为主要理由向湖北省武汉市中级人民法院提起上诉。张某江亦不服，向湖北省武汉市中级人民法院提起上诉，上诉中提出 2014 年 4 月 7 日的借款是虚假的。二审法院于 2016 年 8 月 8 日作出（2016）鄂 01 民终 3196 号民事判决：驳回上诉，维持原判。

此后，张某江、刘某桃仍不服，向湖北省高级人民法院申请再审，请求撤销本案一审、二审判决，将本案发回重审或者径直改判。

判决结果

湖北省武汉市黄陂区人民法院一审认为，张某江向傅某平借款 3 500 000 元，有傅某平与张某江签订的借款协议及汇账单为证，双方债权债务关系明确，依法应予以保护，对傅某平要求判令张某江返还借款 2 918 910 元的诉讼请求，经审理查明，张某江尚欠傅某平实际欠款为 2 710 813 元，且合法有据，一审依法予以支持，对傅某平要求张某江偿付利息 671 349 元的诉讼请求，因其利息约定偏高，应依法予以调整。刘某桃、奥马公司对该借款提供担保，应依法承担连带清偿责任。对奥马公司“傅某平与张某江签订的借款合同系虚假合同，该借款合同无效，保证条款也无效，我公司不应承担责任”的辩解意见，因无证据证明，一审法院依法不予支持。

湖北省武汉市黄陂区人民法院于 2016 年 1 月 15 日作出（2015）鄂黄陂前民初字第 00403 号民事判决：一、张某江向傅某平偿还借款 2 710 813 元；二、张某江向傅某平偿付借款 2 610 813 元的利息（该利息以 2 610 813 元为基数，按中国人民银行同期贷款利率的四倍，从2014年9月16日开始计算利息至还清借款之日止）；三、刘某桃、湖北奥某电子科技有限公司对上述给付内容承担连带清偿责任；四、驳回傅某平的其他诉讼请求。

湖北省武汉市中级人民法院二审认为，原审查明事实清楚，张某江及奥马公司称傅某平伪造借款事实的上诉理由，与事实不符。同时，关于张某江称其与傅某平恶意串通伪造借款事实，以求奥马公司承担担保责任并免除张某江还款责任的上诉理由，与查明事实不符，二审法院不予支持。并且，二审法院审查了关于张某江及奥马公司提出的2014年10月8日张某江对傅某平欠款金额的异议，认为案外人熊某波在该段时期内系帮助张某江处理相关事宜的财务人员，故二审法院认为原审的该项认定并无不当。在一并审理有关程序问题提起的上诉后，湖北省武汉市中级人民法院于2016年8月8日作出(2016)鄂01民终3196号民事判决：驳回上诉，维持原判。

湖北省高级人民法院再审中对所有证据进行综合判断，认为2010年11月10日的借条应视为约定利息，且同时签订的4份借条由此约定支付利息也具有较大盖然性，并对张某江的还款行为为偿还利息予以认定。此外，再审法院认定由于傅某平、张某江对2014年4月7日前的3 500 000元借款口头约定利率，张某江此前的还款行为系支付利息，在2014年4月7日傅某平与张某江签订5份借款协议后次日发生的3 500 000元借贷行为应认定为以新还旧。最后，再审法院认为，即便熊某波没有代理权，其在本案中的行为也构成表见代理。基于上述分析，湖北省高级人民法院认为，对于2014年4月8日新发生的债务，张某江分别于2014年4月25日、6月23日、9月15日先后共支付1 260 813元，仍下欠傅某平借款2 710 813元。该借款本金张某江应归还傅某平，将2 710 813元扣减2014年7月24日张某江向傅某平所借的未约定利息的100 000元，其余2 610 813元本金的利息部分张某江也应予清偿，刘某桃、奥马公司对张某江的2 610 813元债务本息承担连带清偿责任。原审中认定刘某桃、奥马公司对此承担连带清偿责任，但由于当事人并未在再审中提出申请，且该情形并不属于法律规定应当一并审理的情形，因此再审法院认为原终审判决认定事实清楚，适用法律基本正确，实体处理基本正确，应予维持，作出维持湖北省武汉市中级人民法院(2016)鄂01民终3196号民事判决的判决。

案件评析

（一）本案判决思路

作为一起涉及数额较大的民间借贷纠纷案，各级法院在审判中做到了“以事实为依据，以法律为准绳”的基本要求，整体判决思路体现为在查明事实的情况下，综合考虑案件各方当事人提交的证据，在详实说理的情况下作出正确的判决。

本案中，一审法院以事实为基础，认为有傅某平与张某江签订的借款协议及汇账单为证，双方债权债务关系明确，依法应予以保护，对傅某平要求判令张某江返还借款 2 918 910 元的诉讼请求，经审理查明，张某江尚欠傅某平实际欠款为 2 710 813 元，且合法有据，一审依法予以支持，对傅某平要求张某江偿付利息 671 349 元的诉讼请求，因其利息约定偏高，应依法予以调整。刘某桃、奥马公司对该借款提供担保，应依法承担连带清偿责任。

二审法院认定一审法院查明的事实属实，并通过查明事实进一步分析。张某江曾于 2010 年起至 2013 年间分五次向傅某平借款 3 500 000 元。2014 年 4 月 7 日，张某江再次分别向傅某平借款共计 3 500 000 元，并对应前期借款金额重新签订相应金额的借款协议，且在该协议下方注明前期所签借款协议已还清。傅某平依据协议上标明的金额向张某江分别转款。张某江在收到相应款项后随即向傅某平转款用于偿还 2010 年起至 2013 年间双方签订的旧借款协议中约定的借款本金。张某江及傅某平均有相对应的银行流水用于证实双方的付款行为。据此，二审法院认为张某江与傅某平达成借新还旧的协议，并按此实际履行，结清前述 2010 年起至 2013 年间的借款，于 2014 年 4 月 7 日重新明确借款本金，约定借款利息及担保人。通过事实的查明，二审法院也明确了多份银行留存的张某江向傅某平汇款的委托代办人均为熊某波，且有部分款项系熊某波个人账户向傅某平转款代为还款，上述证据可以相互印证，案外人熊某波在该段时期内系帮助张某江处理相关事宜的财务人员。

再审法院则在说理上进一步深入。从第1份借条看，2010年11月10日的借条载明借款金额1 720 000元，借期3年，还款期内每月10日还款20 000元共计700 000元，余额1 020 000元于2013年11月10日全部还清。但傅某平实际仅出借张某江1 000 000元，该1 000 000元金额与2014年的0401号借款协议上金额1 000 000元相对应。再审法院认为，720 000元的差额应由随后每月支付的金额逐渐填平，该每月支付的金额应视为利息。在此前提下，其余4份借条不仅与2014年4月7日载明利息的借款协议一一对应，也与签署第一份借条紧密联系，应当认定为约定支付利息。同时，根据不同证据，再审法院认为傅某平向张某江有偿出借资金赚取利益具有较大盖然性。

对于2014年4月8日所发生的3 500 000元借款是否属于以新还旧，再审法院首先说明协议与借条一一对应之特殊情况，又说明，根据合同的文义解释原则，应认定上述5份借款协议的手书内容所对应的借款已经清偿，大宗款项的民间借贷非同儿戏，诉争款项如果没有清偿，傅某平、张某江作为神智健全的债权债务人，绝不可能在借款协议上如此手书。最后，再审法院通过当事人的还款、担保及对自身行为了解不清无法解释等情形，排除3 500 000元“倒账”的可能性。同时，再审法院通过熊某波和张某江的行为判断前者构成表见代理，其行为足以让傅某平善意且无过失地相信熊某波具有代理权。综上，再审法院作出维持原判之判决，并在最后说理中指出利息过高、提前扣除利息等恶劣情形带来的不利后果，通过社会主义核心价值观阐述了民间借贷中“诚信”的重要作用，希望本案可以起到举一反三之效果。

（二）相关法律规范、学理研究及评析

张某江、傅某平民间借贷纠纷案作为一起金额较大的案件，情形相比普通民间借贷纠纷更为复杂，本案中也涉及借贷关系、保证关系和代理关系等问题。本案涉及法律条文在《民法典》出台后被吸收为其中各编条文，因此本文所列法条为最新条文。《民法典》第668条：“借款合同应当采用书面形式，但是自然人之间借款另有约定的除外。借款合同的内容一般包括借款种类、币种、用途、数额、利率、期限和还款方式等条款。”第670条：“借款的利息不得预先在本金中扣除。利息预先在本金中扣除的，应当按照实际借款数额返还

借款并计算利息。”第686条：“保证的方式包括一般保证和连带责任保证。当事人在保证合同中对保证方式没有约定或者约定不明确的，按照一般保证承担保证责任。”第172条：“行为人没有代理权、超越代理权或者代理权终止后，仍然实施代理行为，相对人有理由相信行为人有代理权的，代理行为有效。”

在《民法典》出台后，部分法律的规定相较于过去法律出现更新，如有关连带责任保证的规定，但这并不影响本案对当下案件带来的诸多启示。抛开借贷关系的表面，本案所涉及的“借新还旧”“表见代理”以及利息加入借款的本金借条中，都是值得关注的重点。再审法院对于“借新还旧”的论证十分详尽，结合案件事实进行了正确的判断，对于“表见代理”也通过熊某波与张某江的亲戚关系和熊某波在本案中的事实行为肯定了傅某平的“善意”并有理由相信熊某波对张某江的代理行为。

本案最值得关注的关键在于傅某平与张某江的第一张借条中，将所谓口头约定的利息写进借条中。这与我国法律明确禁止的“砍头息”不同，在合法情形下约定高额利息，并通过本金借条使其更易得到清偿。通过此方法，一方面可以避免“砍头息”的情形出现，另一方面可以在利息约定较高时进行解释。但是，法院对此做法向社会进行了警示。首先，再审法院指明，部分民间借贷利率过高甚至畸高，放款人在出借时通常将利息提前扣除，存在“利滚利”“驴打滚”等情形，客观上使得部分借款人难以承受巨额资金压力、不能及时还款而酿成纠纷。这种现象应引起各方高度重视。最后，再审法院也通过“诚信”这一社会主义核心价值观提醒本案中的失信一方，应该做到诚信，由此出发维护民间借贷的良好秩序。事实上，此处的“诚信”原则援用略显单薄，虽作为补充说理，但可以让该词更多地出现在判决书中，不仅仅是在合同履行的过程中保持诚信，也应提醒借款方在约定合同时从诚实信用角度出发，将合同内容约定清楚。

“诚信”因其纵深含义与民法中“帝王条款”——诚实信用原则联系颇深，固然也成为法院使用社会主义核心价值观中最多的词。但是在说理时仅出现在“本院认为”“本院进一步认为”又显“鸡肋”之意。有关社会主义核心价值观的运用和论述应当更多，更透彻，方能发挥社会主义核心价值观在提升司法权威、说理更加透彻方面的重要作用。

19 刘某平、江西致诚聚福投资发展有限公司房屋租赁合同纠纷案[1]

核心价值：诚实守信、合同严守

事实概要

2014年1月16日，刘某平（乙方，原告）与江西致诚聚福投资发展公司（甲方，被告，以下简称"致诚聚福公司"）签订《商铺租赁合同》，合同中约定："（乙方在）甲方主体封顶之日（并且甲方拿到住宅预售许可证）起5个工作日内支付300 000元人民币……如甲方在本合同期内擅自解约，则甲方双倍承担乙方所有投入及相关连带责任经济损失。"合同签订当日，致诚聚福公司收到刘某平支付的200 000元，并向刘某平出具了收据。

2016年10月25日，致诚聚福公司工作人员向刘某平发送电子信息《关于解除商铺租赁合同的函》，以刘某平不履行合同约定，未将300 000元支付给致诚聚福公司为由，提出解除租赁合同。2016年11月15日，致诚聚福公司向刘某平发送律师函，通知刘某平于收到《律师函》之日解除合同，并前往致诚聚福公司办理退款等事宜。

另查明，2016年5月1日，致诚聚福公司与宜黄县发到家购物中心（案外

---

[1] 改写自(2020)赣民终32号民事判决书。撰写人：刘春彦，同济大学法学院副教授。

人)签订《商铺租赁合同》(以下简称《2016 年 5 月 1 日合同》);2017 年 4 月 11 日,致诚聚福公司与南昌县军创宜家超市(案外人)签订《商铺租赁合同》(以下简称《2017 年 4 月 11 日合同》);2017 年 10 月 15 日,致诚聚福公司与陈某、宗某(案外人)签订《房屋租赁合同》。

刘某平认为被告违反合同约定恶意解除合同,遂起诉至江西省抚州市中级人民法院,请求致诚聚福公司向其返还预付租金及利息、双倍赔偿其对第三方违约损失、赔偿其可得利益损失、赔偿其租金差价损失。江西省抚州市中级人民法院判决被告返还预付租金(不支持利息)、赔偿人民币 200 000 元,驳回原告其余诉讼请求。刘某平不服,向江西省高级人民法院提起上诉。

判决结果

一审法院认为,致诚聚福公司以刘某平未按约定支付 300 000 元为由主张解除合同,其解除是否合法的关键在于,其是否享有法定解除权或者约定解除权。经查,租赁物尚未交付,租赁期尚未开始,300 000 元的支付应该适用合同关于该项内容的单独约定,即"(乙方在)甲方主体封顶之日(并且甲方拿到住宅预售许可证)起 5 个工作日内支付 300 000 元人民币"。为此,致诚聚福公司应该在付款条件成就时通知刘某平支付 300 000 元。本案中无证据表明致诚聚福公司通知了刘某平案涉商铺已经取得了预售许可证,也无证据证明其索要了 300 000 元预付租金,其不享有合同解除权,擅自解除合同系违约行为。至于原告主张的经济损失,案涉合同已经约定了损害赔偿的计算方法,在致诚聚福公司违约解除合同的情形下,其应当双倍承担刘某平投入的 200 000 元预付租金,即给付刘某平 400 000 元;在该 400 000 元之外,刘某平再主张可得利益损失,应不予支持。

二审法院认为,致诚聚福公司在同期与案外人签订多份租赁合同,存在"一房二租"的可能,另外,案涉租赁合同租金为 7 元/平方米·月,而《2017 年 4 月 11 日合同》租金为 15 元/平方米·月,租金的巨大差额利益极可能引发致诚聚福公司的毁约动机。根据《最高人民法院关于适用〈中华人民共和国民事诉讼法〉的解释》第108条关于“确信待证事实的存在具有高度可能性的，应当认定该事实存在”的规定，刘某平提出致诚聚福公司为追逐更高的租金价格解除合同而构成根本违约的主张，具有高度可能性，予以采纳。案涉合同目的不能实现，系致诚聚福公司主观上故意毁约、客观上“一房二租”造成合同实际不能履行所致，致诚聚福公司的行为属于根本违约，应当承担本案的违约责任。

至于原告的损失计算，二审法院认为，案涉合同的违约条款包含以下三个方面的意思：一是双方没有约定具体的损失数额，而是约定以“所有投入及相关连带责任经济损失”为基础计算损失的方法；二是“所有投入”“相关连带责任经济损失”的表述，传达了完全赔偿的意思表示；三是“双倍承担”体现了惩罚“擅自解约”的意旨。

刘某平对投入以及相关连带责任经济损失，仅举证证明预付200 000元租金。但从实际情况来看，刘某平与致诚聚福公司签订案涉《商铺租赁合同》后，对租赁期限内经营购物中心、影城招商进行了运作与宣传，且与案外人签订的租赁合同已经生效，刘某平为履行合同的投入客观上超出预付的200 000元租金。从日常的经验上判断，对一个经营面积达12 000平方米商业项目的前期投入，除了资金投入外，更多的是商业项目的策划、筹建、宣传、招商、运作等方面的投入，涉及的是人力、智力与经验，往往无法以货币来衡量，且基于对合同正常履行的合理预期，在法律上不可能期待刘某平对自己的每一次经营活动进行证据固定，刘某平对非资金投入举证不能存在客观困难且不可归责。

在刘某平对约定的损失计算方法中的投入仅能举证投入200 000元且刘某平客观投入超出其举证数额的情况下，刘某平主张以另外的损失计算方法确定本案的损失，二审法院予以认可，理由主要有：一是未能提供证据或者证据不足以证明其事实主张，负有举证证明责任的当事人承担不利后果，该不利后果仅是相对其事实主张而言，不能由此得出其应当承担败诉的后果。二是合同解除是法律对守约方有效保护自己权益的救济方式与手段，不能因合同解除而导致守约方权益遭受损害。在确定赔偿损失的范围时，应当坚持充分保护守约方利益以及对违约方进行适当惩罚的原则。三是案涉《商铺租赁合同》关于违约责任的约定体现了完全赔偿的意思表示，在一种损失计算方法不能体现完全赔偿的状态时，应当允许当事人选择另外的损失计算方法或由人民法院根据案件的具体情况裁量作出认定。四是任何人不能从违法行为中获利，是社会公认的法则，致诚聚福公司基于逐利毁约，应当通过赔偿对方的损失，实现当事人之间的利益平衡。五是致诚聚福公司恶意违约，严重违反诚实信用原则，绝非正当商业交易秩序所能容忍，绝非良好法治秩序所能放纵，人民法院应当对其科以与其违约行为相当的民事责任，从而达到坚守诚实信用、匡扶合同正义、树立司法导向、维护社会主义核心价值观的目的。

二审法院最终判决，维持一审法院关于致诚聚福公司返还刘某平预付租金 200 000 元的判决，撤销其余判决，根据二审法院的计算，改判致诚聚福公司在本判决生效之日起十日内赔偿刘某平 3 739 110 元；驳回刘某平其他诉讼请求。

案件评析

（一）本案判决思路

对于致诚聚福公司是否需要赔偿这一问题，两审法院都给出了相同的观点，以一审为例，法院认为，本案中致诚聚福公司存在违约行为。根据合同之约定“（乙方在）甲方主体封顶之日（并且甲方拿到住宅预售许可证）起 5 个工作日内支付 300 000 元人民币”，该条款意味着致诚聚福公司应该在付款条件成就时通知刘某平请求支付相应款项。通知作为准法律行为，在民法上是诚实信用原则的体现。若致诚聚福公司不进行通知，那么一方面刘某平事实上无法得知何日起 5 个工作日内是付款的期限；另一方面，刘某平具有法律上的先履行抗辩权，所以刘某平未支付相应款项合理、合法。然而致诚聚福公司在未尽到通知义务的情况下，直接以刘某平未支付相应租赁款为由通知其解除合同，这种解除情形并没有在双方的合同中约定，不产生对应的约定解除权。同样，我国《合同法》（现《民法典》合同编）所规定的法定解除权亦没有在此时产生。致诚聚福公司在没有约定解除权与法定解除权的情况下，擅自单方面通知解除合同，系严重的违约行为，需要向刘某平承担相应的违约责任。

本案两审的不同之处在于对赔偿范围与数额的认定上。一审法院认为，双方合同中约定了违约条款，即“如甲方在本合同期内擅自解约，则甲方双倍承担乙方所有投入及相关连带责任经济损失”，故在确定赔偿数额时，应当优先适用约定的赔偿条款，并进一步认定，刘某平先期支付了预付租金 200 000 元，根据违约条款中双倍赔偿所有投入的约定，共赔偿刘某平 400 000 元，对于其他损失则不予支持。一审法院的判决忽略了该违约条款中的一个重要表述——“所有投入及相关连带责任经济损失”，这意味着根据合同的约定，致诚聚福公司所需要赔偿的范围不仅仅局限于刘某平在合同中的投入，还包括因违约导致的其他损失。因此，一审法院所确定的赔偿数额偏低。

二审法院的判决针对该问题进行了进一步的说理与阐释。一方面，二审法院首先查明了致诚聚福公司在与刘某平签订《商铺租赁合同》期间，仍然与多名案外人签订了租赁合同，存在“一房二租”甚至“一房多租”的情况，并且存在其他租赁合同中所约定的租金远高于同刘某平签订合同中约定金额的情况，法院采纳了刘某平提出的、致诚聚福公司为追逐更高的租金价格解除合同而构成根本违约的主张，进一步认定案涉合同目的不能实现，系致诚聚福公司主观上故意毁约、客观上“一房二租”造成合同实际不能履行所致，致诚聚福公司的行为属于根本违约。另一方面，法院对于案涉合同违约条款进行了阐释，认为双倍赔偿“所有投入及相关连带责任经济损失”的含义包括：计算损失的方法、完全赔偿的意思表示以及惩罚“擅自解约”的意旨。因此，致诚聚福公司应双倍赔偿刘某平因违约导致的全部损失，彰显对于守约方合法权益的维护，以及对于故意违约方的惩罚。尽管本案中刘某平能够举证证明的投入仅有先期支付的租金 200 000 元，但考虑到其对租赁期限内的经营行为进行了运作与宣传，且商业项目的策划、筹建、宣传、招商、运作等方面的投入甚多，刘某平的投入远远超过 200 000 元。另外，基于对于合同正常履行的预期，在法律上不可能期待刘某平对自己的每一次经营活动进行证据固定，刘某平对非资金投入举证不能存在客观困难且不可归责，若因此要求刘某平承担举证不能的后果则过于苛刻。所以法院通过不同的计算方式，对于刘某平的投入、损失进行计算，得出了最终的赔偿数额。二审法院在判决中着重强调，致诚聚福公司恶意违约，严重违反诚实信用原则，应当对其科以与其违约行为相当的民事责任，从而达到坚守诚实信用、匡扶合同正义、树立司法导向、维护社会主义核心价值观的目的。最终，二审法院部分维持了一审法院的判决，对于赔偿范围与数额进行了改判。

（二）相关法律规范、学理研究及司法实践状况

本案涉及的法律依据主要是原《合同法》第 131 条第 1 款的内容："当事人一方不履行合同义务或者履行合同义务不符合约定，给对方造成损失的，损失赔偿额应当相当于因违约所造成的损失，包括合同履行后可以获得的利益，但不得超过违反合同一方订立合同时预见到或者应当预见到的因违反合同可能造成的损失。"《民法典》第 584 条基本沿用了该条款之表述，仅进行了个别字词的调整，该条文对于违约致损的赔偿范围进行了确定，将赔偿范围限定在了实际损失与预期利益损失，即具有填补性质的赔偿，而非惩罚性赔偿。

所谓惩罚性赔偿，是指为了惩罚行为人严重违法行为以及预防类似不法行为再次发生而给予受害人比其所受损失数额较大赔偿责任的法律制度。[2]《民法典》第 179 条规定了"法律规定惩罚性赔偿的，依照其规定"的民事责任。我国法律明确规定在合同领域适用的惩罚性赔偿，主要集中于消费者权益保护领域、商品房买卖领域、旅游服务领域以及食药品购销领域，但这些情形的相似点在于：它们在违背了民事合同义务的同时违背了行政法上的义务，立法政策上将部分本应由行政机关行使的职责有选择地留给了受害人，实质上授予私人一种惩罚特权，并给予一定的回报作奖励。[3] 惩罚性赔偿的适用遵循着严格法定的原则，但从其性质上来说，在合同当事人因逐利而严重违约，甚至导致合同目的不能实现的情况下，即使该行为并未违反行政法之义务，为了弘扬诚实守信、合同严守等社会主义核心价值观，对此类行为进行适当惩罚，警示社会大众，具有积极意义。

本案判决亮点在于，二审法院认为当事人恶意违约，严重违反诚实信用原则，应当对其科以与其违约行为相当的民事责任，维护社会主义核心价值观，该表述体现了法院对恶意违约行为可适用具有惩罚性质赔偿的态度，但考虑到我国现行法律以及司法解释尚未构建合同领域惩罚性赔偿的一般规

[2] 张新宝，李倩．惩罚性赔偿的立法选择[J]．清华法学，2009(4)：5.
[3] 张红．论《民法典》内外合同责任之惩罚性赔偿[J]．法学评论，2020(5)：26.

则，本案之判决回避使用“惩罚性赔偿”的表述，并将“惩罚性”的来源归于当事人在合同中关于“双倍赔偿”的约定。但也有学者认为，《合同法》允许当事人事先约定违约损害赔偿，而且这种约定可能具有惩罚性，但这并不是惩罚性赔偿，惩罚性赔偿的数额可能是由法律法规直接规定的，也可能是由法院决定的，但不可能由当事人自由约定。[4] 当然，无论定性如何，在合同领域能否适用、如何适用惩罚性赔偿的命题是值得研讨的。

[4] 王利明. 惩罚性赔偿研究[J]. 中国社会科学，2000(4)：114.

20 常某某诉许某网络服务合同纠纷案[1]

核心价值：诚实守信、网络秩序

事实概要

许某通过微信向常某某寻求“暗刷的流量资源”，双方协商后确认常某某为许某提供网络暗刷服务，许某共向常某某支付三次服务费共计 1 万余元。常某某认为，根据许某指定的第三方 CNZZ 后台数据统计，许某还应向常某某支付流量服务费 30 743 元。许某以流量掺假、常某某提供的网络暗刷服务本身违反法律禁止性规定为由，主张常某某无权要求支付对价，不同意支付上述款项。常某某将许某诉至北京互联网法院，请求判令许某支付服务费 30 743 元及利息。

判决结果

互联网法院认为，双方当事人进行明显带有欺诈性质的“暗刷流量”的磋

[1] 改写自(2019)京 0491 民初 2547 号民事判决书。本案入选最高人民法院发布的“人民法院大力弘扬社会主义核心价值观十大典型民事案例”。撰写人：刘颖，同济大学法学院助理教授。

商交易时，均表示不关注或不必要知晓流量对应的被访问网站或产品，仅关注与己相关的利益获取，双方的交易行为置市场公平竞争环境和网络用户利益于不顾。原被告之间“暗刷流量”的交易行为违反了商业道德和公序良俗，损害了社会公共利益。根据《合同法》第52条第4项和《民法总则》第153条第2款的规定，双方订立的“暗刷流量”的合同因损害社会公共利益、违背公序良俗而无效。

此外，为倡导诚实信用的法律精神，发挥司法裁判价值导向和社会指引的功能，法院还援引《民法通则》第61条第2款和《合同法》第59条的规定，发挥法律保留的司法权收缴不当获利、平抑被损害社会公共利益的功能，另行制作决定书，对原被告双方在合同履行过程中的获利，予以收缴。

案件评析

（一）本案判决思路

本案的核心是案涉合同的效力及相应的法律后果。

一是关于案涉合同是否有效的问题，法院从社会基本价值、立法精神、现有法律规定等方面综合考量，判定案涉合同绝对无效。从社会基本价值上看，双方“暗刷流量”的行为，一方面使得同业竞争者的诚实劳动价值被减损，破坏正当的市场竞争秩序，侵害了不特定市场竞争者的利益；另一方面，会欺骗、误导网络用户选择与其预期不相符的网络产品，长此以往，会造成网络市场“劣币驱逐良币”的不良后果，最终减损广大网络用户的福祉，侵害了广大不特定网络用户利益。上述不特定主体的利益均为社会公共利益的体现，原被告“暗刷流量”的行为最终损害了社会公共利益。从立法精神上看，双方当事人在进行明显带有欺诈性质的“暗刷流量”的磋商交易时，均表示不关注或不必要知晓流量对应的被访问网站或产品，仅关注与己相关的利益获取，双方的交易行为置市场公平竞争环境和网络用户利益于不顾，违背了公序良俗。从法律规定上看，原《合同法》第52条第4项和原《民法总则》第153条第2款规定都是案涉“暗刷流量”合同无效的法律依据。

二是针对案涉合同无效对应的法律后果，法院认为，一般而言，合同无效的后果为自始无效，双方当事人不得基于合意行为获得其所期待的合同利益。但本案的原告和被告为了追求一起“喝肉汤”的不当利益，大量制造虚假流量，损害社会公共利益，过错程度较高，且虚假流量业已产生，如以互相返还的方式进行合同无效的处理，无异于纵容当事人通过非法行为获益，违背了任何人不得因违法行为获益的基本法理，亦会导致损害社会公共利益的行为不能得到有效遏制。因此，法院对原被告双方希望通过分担合同收益的方式来承担合同无效后果的主张不予支持。为倡导诚实信用的法律精神，发挥司法裁判价值导向和社会指引的功能。再加上本案呈现的技术复杂性、“暗刷流量”行为的隐蔽性，以及由此产生的对社会公共利益的严重损害，需通过个案的处理表明司法对此类行为的否定态度。法院还特别援引原《民法通则》第 61 条第 2 款和原《合同法》第 59 条的规定，发挥法律保留的司法权收缴不当获利、平抑被损害社会公共利益的功能，另行制作决定书，对原被告双方在合同履行过程中的获利，予以收缴。

（二）相关法律规范、学理研究及司法实践状况

1987 年的《民法通则》第 58 条第 5 项中规定了违反法律或者社会公共利益的民事行为无效。无效的民事行为产生的法律后果则规定在《民法通则》第 61 条当中。[2] 依据该条的规定，民事行为无效后，当事人依照该行为所获利益一般需返还给受损方；但是如果双方恶意串通损害了国家、集体或者第三人利益时，就应当对双方所获财产进行收缴，收归国家、集体或返还给第三人。而 1999 年的《合同法》第 52 条第 4 项规定了损害社会公共利益的合同无效，并在该法第 58 条和第 59 条规定了合同无效的法律后果。即合同无效后，因该合同取得的财产应予以返还；而恶意串通，损害国家、集体或者第三人利益的，应将取得的财产返还给国家、集体或者第三人。尽管《合同法》的法律后果中没有出现“收缴”一词，但将恶意串通所获财产返还给国家、集体或者第三人。

[2] 《民法通则》第 61 条：“民事行为被确认为无效或者被撤销后，当事人因该行为取得的财产，应当返还给受损失的一方。有过错的一方应当赔偿对方因此所受的损失，双方都有过错的，应当各自承担相应的责任。双方恶意串通，实施民事行为损害国家的、集体的或者第三人的利益的，应当追缴双方取得的财产，收归国家、集体所有或者返还第三人。”

2017年《民法总则》第153条第2款规定了违背公序良俗的民事法律行为无效。无效民事法律行为的法律效果规定在第157条。[3]《民法典》对无效民事行为效力及法律后果的规定与《民法总则》的规定完全一致。相比《民法通则》和《合同法》,《民法典》对无效民事法律行为的规定既没有采用《合同法》第52条"损害社会公共利益"的表述,也未采用《合同法》第7条"社会公德"的表述,而使用了"违背公序良俗"的表述。"社会公共利益和公序良俗均可被理解为社会妥当性方面规定,二者的内容具有一定的一致性,但也体现出差异。"[4]一方面,社会公共利益和社会公德与公序良俗的作用相差无几,社会公共利益类似于公共秩序,而社会公德则与善良风俗相似。[5] 另一方面,无论社会公共利益还是公序良俗的内涵都具有不确定性,要想发挥其法律价值,需要法官根据个案实际情况对抽象的内容具体到无效的民事法律行为后果之上。[6]《民法典》只规定了互相返还的法律后果,而删除了对恶意串通所获财产加以收缴的规定。

此外,《中华人民共和国电子商务法》(以下简称《电子商务法》)第17条[7]以及《中华人民共和国反不正当竞争法》(以下简称《反不正当竞争法》)第8条第2款[8]都对"暗刷流量"的行为作了规定。可见,我国法律对以刷单等方式获取虚假流量行为的态度非常明确:虚假流量以虚假的数据信息作为宣传手段,误导消费者,对消费者具有欺骗性,同时也损害了其他诚信经营者的正当权益,为法律所禁止。[9]

现有司法实践中与刷单、刷流量相关的案例中,绝大部分法院在"暗刷流

---

[3] 《民法总则》第157条:"民事法律行为无效、被撤销或者确定不发生效力后,行为人因该行为取得的财产,应当予以返还;不能返还或者没有必要返还的,应当折价补偿。有过错的一方应当赔偿对方由此所受到的损失;各方都有过错的,应当各自承担相应的责任。法律另有规定的,依照其规定。"

[4] 张雯,颜君."暗刷流量"合同违背社会公序良俗应属无效——常某某诉许某某网络服务合同案[J].法律适用,2020(6):6.

[5] 梁慧星.民法总则[M].3版.北京:法律出版社,2007:49.

[6] 韩世远.合同法[M].4版.北京:法律出版社,2018:228.

[7] 电子商务经营者不得以虚构交易、编造用户评价等方式进行虚假或者引人误解的商业宣传,欺骗、误导消费者。

[8] 经营者不得通过组织虚假交易等方式,帮助其他经营者进行虚假或者引人误解的商业宣传。

[9] 王金虎.购买"刷流量"服务,合同有效吗[N].光明日报,2020-11-18(15).

量”合同效力的认定上，一般都认为这类合同属于损害社会公共利益的无效合同。持“暗刷流量”合同无效观点的案例有“刘某芳与广东春祥网络科技有限公司(试用联盟网站)合同纠纷案”[10]“牛某玲与徐某星、谢某晶委托合同纠纷案”[11]“无锡掌柜无线网络技术有限公司诉无锡嘉宝置业有限公司网络服务合同纠纷案”[12]，此类判决都认为原被告双方明知“暗刷流量”的行为会扰乱市场秩序，损害不特定社会公众的利益，故“暗刷流量”的合同应为无效。但也有个别案例间接认可了“暗刷流量”这类条款的效力，如在“张某兵与武汉吉时同光信息技术有限公司(以下简称“吉时同光公司”)合同纠纷案”中[13]，法院认为，“张某兵在两个月的时间内连续四次支付刷单预付款的行为及吉时同光公司四次接收刷单预付款并安排刷单的行为，应当视为刷单合同成立生效、双方达成了每单8元刷单费的约定，吉时同光公司已经履行了刷单的义务，张某兵也应当履行支付刷单费的义务”，这一表述虽没有直接指出刷单合同有效，但法院认为吉时同光公司履行了刷单义务，张某兵也应履行支付刷单费用的义务，这无疑是间接承认了“暗刷流量”合同的效力。但总体来看，在“暗刷流量”合同效力的问题上，主流观点是该类合同无效。

然而司法实践中，法院对“暗刷流量”合同无效后的法律后果的认定上分歧较多。根据法院的分歧不同，大致可分为三类：第一类是由法院予以收缴，以全国首例“暗刷流量”案以及无锡市掌柜无线网络技术有限公司诉无锡嘉宝置业有限公司网络服务合同纠纷案为典型。第二类是互相返还因该合同取得的财产，如“刘某芳与广东春祥网络科技有限公司(试用联盟网站)合同纠纷案”。第三类是互不返还因该合同取得的利益，如“牛某玲与徐某星、谢某晶委托合同纠纷案”。

综上，从法律规范演变和司法实务的角度来看，“暗刷流量”合同的效力都可以被认定为无效。该问题的争议焦点在于“暗刷流量”合同无效后的法律效果归属。

本案而言，本案发生在《民法总则》施行后，正处于《民法总则》和《合同法》新法和旧法交替期，两法都在生效期。由于《民法总则》已经删除了收缴

[10] (2015)穗云法民二初字第1324号。

[11] (2016)沪0117民初5633号。

[12] (2014)南扬商初字第0402号。

[13] (2016)鄂01民终2968号。

当事人因恶意串通损害他人利益所获财产的规定，如按《民法总则》的规定，自不能收缴当事人所获财产。而按照《合同法》第 59 条，法院收缴恶意串通所获利益仍有法律依据。

但民法本身具有补偿填平的性质，合同无效的民事法律后果就应当是恢复原状。关于法律行为无效的后果，可否由法院判决收缴的问题，有学者认为，《合同法》第 59 条对因恶意串通损害他人利益而无效的特殊民事制裁收缴的规定更多具有公法性质，不应规定在私法当中，而应当由公法加以规范明确。[14] 或许正因如此，立法者删除了《民法总则》和《民法典》中关于收缴的规定。因此，就本案来说，法院作出收缴的判决结果具有一定的特殊背景，并不具有普适性。《民法典》施行后，法院处理类似案件时可依据“公序良俗”否定“暗刷流量”的合同效力，但否定合同效力的法律效果需根据《民法典》第 157 条处理。

司法裁判需要发挥其价值导向和社会指引功能，而诚实信用又是法律最基本的原则。法院发挥法律保留的司法权收缴不当获利、平抑被损害社会公共利益的举措，从法律层面为网上复杂多样的“暗刷流量”行为敲响警钟：违法“刷单”获得流量只会作茧自缚、自食恶果。只有诚信经营、遵守网络秩序，才能被市场接受，保证自身长远健康发展。

---

[14] 茅少伟. 恶意串通、债权人撤销权及合同无效的法律后果——最高人民法院指导案例 33 号的实体法评释[J]. 当代法学，2018(2)：18.

21 中国平安财产保险股份有限公司南阳中心支公司、王某峰财产保险合同纠纷案[1]

核心价值：诚实守信

事实概要

2018 年 4 月 14 日，王某峰与中国平安财产保险股份有限公司南阳中心支公司（以下简称“平安财险南阳支公司”）签订了《机动车综合商业保险合同》，为自己所有的豫 R×××＊＊别克轿车购买了车损险及不计免赔和其他险种。2019 年 1 月 31 日晚 9 时许，王某峰驾驶该车从新野县城行驶至溧河铺东××村东边时，撞在公路边的大树上，造成车辆损坏的交通事故。后王某峰的妻子黄某华用电话同时向平安财险南阳支公司和交警队报案，平安财险南阳支公司和交警部门均派员到现场进行了调查取证。王某峰的妻子黄某华报案时谎称其为车辆驾驶人，后经交警部门批评教育后告知王某峰为车辆驾驶人。因王某峰、平安财险南阳支公司双方无法达成赔偿协议，王某峰对该车的损失价值进行评估后，向法院起诉，要求保险公司承担保险赔偿责任。

[1] 改写自(2020)豫 13 民终 45 号民事判决书。撰写人：刘颖，同济大学法学院助理教授。

判决结果

一审法院认为，事故发生后王某峰及时向保险公司及警方报案，其妻子在警方批评教育后告知了王某峰系车辆驾驶人，现没有证据证明王某峰在本案中伪造证明、编造虚假事故原因，故王某峰请求依照合同约定赔偿车辆损失理由正当，依法应予支持。据此，判决平安财险南阳支公司承担保险赔偿责任。

二审法院认为，王某峰让黄某平顶替的行为，虽然不是直接毁灭证据，却会导致实际驾驶人驾驶时的真实状态、有无违法驾驶行为等道路交通事故现场的重要构成因素无法查明，因存在冒名顶替行为，新野县公安局交通管理大队也未对案涉事故出具事故认定手续。王某峰作为有多年驾驶经验的驾驶人，对申请理赔需要如实陈述事故情况的义务应当是明知的，但其在事故发生后采取的行为不符合常理，王某峰作为被保险人违背诚实信用原则，让他人顶替处理事故现场、接受保险公司和交警调查，不能合理排除保险人怀疑王某峰是在酒驾或醉驾时发生事故的可能性。现王某峰的行为导致事故原因无法查明，应当承担举证不能的不利后果。王某峰、黄某平隐瞒事实，造成事故证据灭失，主观上存在重大过错，属于编造虚假事故原因的行为，应当承担相应的法律责任。因此判决撤销一审判决，平安财险南阳支公司不承担赔偿责任。

案件评析

（一）本案判决思路

本案中，一审法院认为王某峰的行为不构成伪造证明、编造虚假事故原因，支持王某峰按照保险合同约定请求保险公司支付赔偿金。

二审法院则认为，王某峰未在合理期限内如实说明案涉车辆的驾驶人员，而采用冒名顶替的行为，导致构成道路交通事故现场的重要因素无法查明，违反了《中华人民共和国保险法》(以下简称《保险法》)第 22 条规定的保险事故发生后投保人的如实告知义务。本案中，不能合理排除保险人怀疑王某峰是在酒驾或醉驾时发生事故的可能性，王某峰、黄某平隐瞒事实，造成事故证据灭失，构成《保险法》第 27 条第 3 款规定的“编造虚假的事故原因”，保险人不承担本案赔偿保险金的责任，故不支持其诉讼请求。

(二) 相关法律规范、学理研究及司法实践状况

本案涉及保险合同订立后，保险索赔过程中的保险欺诈问题。保险合同订立过程中投保人的投保欺诈问题受到学说理论的广泛关注，却鲜少关注索赔过程中的欺诈问题。实践中违反诚信义务的索赔欺诈数量众多，严重影响到保险人基于大数法则合理评估赔偿额和保险费率的运营机制。保险的最终目的是受损时能得到补偿，因此索赔成功有赖于及时地把保险事故发生的时间、地点和原因以及有关保险单证的号码、保险标的、保险期限等事项一并告知保险人，特别是投保人、被保险人或者受益人应当按《保险法》第 22 条之规定向保险人提供其所能提供的与确认保险事故的性质、原因、损失程度等有关的证明和资料，而且这些证明和资料应当是真实、准确和完整的。[2] 索赔人以虚构保险事故、故意制造保险事故、编造虚假事故原因以及夸大损失程度等形式骗取保险人支付本不应支付的保险金，违背保险领域的最大诚信原则，极易引发道德风险。

本案的请求权基础为《保险法》第 27 条第 3 款，属于编造虚假事故原因型索赔欺诈。[3] 有学者指出，索赔欺诈在构成要件上包括行为人主观上存在“直接故意”，客观上实施了虚构、制造保险事故的行为，在规制措施上虚构事

[2] 全国人大常委会法制工作委员会. 中华人民共和国保险法释义[EB/OL]. (2004-10-21)[2021-06-05]. http://www.npc.gov.cn/npc/c2212/flsyywd_list.shtml.

[3] 《中华人民共和国保险法》第 27 条第 3 款:“保险事故发生后，投保人、被保险人或者受益人以伪造、变造的有关证明、资料或者其他证据，编造虚假的事故原因或者夸大损失程度的，保险人对其虚报的部分不承担赔偿或者给付保险金的责任。”

故原因与虚构、制造保险事故作相同处理，允许保险人免除责任。[4] 本案中，王某峰在事故发生后存在“调包”驾驶员的行为，且在合理期限内未告知保险人真实的驾驶人员，致使交通事故现场的真实情况无法查明，属于隐瞒关键事实，违反了投保人在保险事故发生后提交真实证明和资料的义务。财产保险合同关系中，仅就保险标的真实状况而言，投保人（被保险人）实质掌握保险标的，相对保险人具备信息上的优势。为了防止信息不对称引发的道德风险，法律要求投保人在合同缔结和索赔阶段均履行如实告知义务，违反该义务则保险人享有合同的解除权，且不退还保险费。对于是否给付保险金的问题，《最高人民法院关于适用〈中华人民共和国保险法〉若干问题的解释（三）》第 25 条规定：“被保险人的损失系由承保事故或者非承保事故、免责事由造成难以确定，当事人请求保险人给付保险金的，人民法院可以按照相应比例予以支持。”然而在索赔欺诈情形下，造成损失原因无法查明系由投保人（被保险人、受益人）直接故意造成的，因而不适用该条规定，当事人不得请求保险金的给付。

梳理现有的法院案例，对车辆保险事故中驾驶人员“调包”行为构成编造虚假事故原因持肯定态度的案例有“中国人寿财产保险股份有限公司南充市中心支公司与赵某财产保险合同纠纷案”[5]“太平财产保险有限公司上海市徐汇支公司与黄某活、阳某华机动车交通事故责任纠纷案”[6]“龚某、中华联合财产保险股份有限公司蒲江支公司保险纠纷案”[7]，等等。上述案件中由于驾驶人员的顶包行为均导致警方无法出具或者错误出具事故责任认定书，进而导致保险人无法查明保险事故中是否发生了免责事由。持否定态度的案件包括“太平财产保险有限公司深圳分公司、郭某财产保险合同纠纷案”[8]“中国太平洋财产保险股份有限公司湖南分公司营业部、湘潭鑫飞运输有限公司保险纠纷案”[9]，等等。上述案件中尽管法院认可投保人或被保

[4] 马宁．保险侵权欺诈的识别与私法规制——以《保险法》第 27 条为中心[J]．中南大学学报（社会科学版），2015(3)：50-56．

[5] 四川省高级人民法院民事判决书(2018)川民再 576 号。

[6] 广东省江门市中级人民法院民事判决书(2020)粤 07 民终 4383 号。

[7] 四川省成都市中级人民法院民事判决书(2019)川 01 民终 19122 号。

[8] 湖北省宜昌市中级人民法院民事判决书(2020)鄂 05 民终 2241 号。

[9] 湖南省湘潭市中级人民法院民事判决书(2019)湘 03 民终 1960 号。

险人存在不实陈述,但强调保险人仍应当对真实发生的保险事故和受损结果承担给付保险金的义务,对于保险人主张的真实驾驶人员可能存在酒驾、醉驾、毒驾等情况,明确应当由保险人承担举证责任。

由上述案例可知,法院对于举证责任的分配将显著影响"调包"行为是否构成虚构交通事故发生原因的结论。民事诉讼中,证明责任的标准要求达到"高度盖然性"的程度。根据《最高人民法院关于适用〈中华人民共和国民事诉讼法〉的解释》第 90 条的规定:"当事人对自己提出的诉讼请求所依据的事实或者反驳对方诉讼请求所依据的事实,应当提供证据加以证明,但法律另有规定的除外。在作出判决前,当事人未能提供证据或者证据不足以证明其事实主张的,由负有举证证明责任的当事人承担不利的后果。"驾驶人的驾驶行为是构成道路交通事故现场的重要因素,保险人能够期待一个诚实守信的投保人或被保险人将如实告知事故发生时的相关情况,不作任何的隐瞒或欺骗。本案中,投保人(被保险人)在先的不实陈述行为造成保险人无法判断交通事故的真实情形,保险人存在合理的理由怀疑驾驶人具备保险合同规定的免责事由。对于该合理怀疑,应当由投保人(被保险人)承担排除的证明责任。本案二审法院的判决结果和思路值得肯定。

保险合同是一种诚信合同,其订立和履行阶段均要求各方遵守最大诚信原则,履行好自身的告知与说明义务。保险领域乱象频发、失信行为泛滥,原因即在于诚实守信的社会主义核心价值观和法治理念未得到真正的贯彻落实。诚信原则不仅仅规制着保险人,也同样是投保人、被保险人以及受益人应尽的义务。司法裁判具有弘扬社会主义核心价值观、引导树立正确行为导向的作用。通过强调投保人、被保险人在交通事故发生后的如实告知义务,打击了机动车商业保险领域索赔欺诈频现的乱象,对于纠正漠视诚实守信的不正之风具有重要作用。

22 钱某军与浙江灵泉文化旅游发展有限公司无因管理纠纷一案[1]

核心价值：人之相处，贵乎互助

事实概要

被告浙江灵泉文化旅游发展有限公司（以下简称“灵泉公司”）系经营旅游项目开发、旅游景点服务、漂流、民宿等服务的有限责任公司，该公司在江山市石门镇长山源村经营漂流项目。2020 年 7 月 31 日，原告钱某军在该漂流项目路线附近游玩，发现从漂流溪上游下来的多艘漂流艇在漂流溪的弯道处发生堵塞。虽有一名被告的安全员在负责疏通，原告仍然上前帮忙。原告先将自己的手机放在溪流边的一处干燥位置，然后帮助安全员拖拽、疏通漂流艇。在该过程中，堵塞的漂流艇导致该段水位上涨，淹没了原告放置手机的位置，原告的手机进水并出现故障。原告购入该手机的价格为 2 500 元。之后，原告将故障手机送往手机店维修，花去维修费 480 元，但未能修好。

钱某军在与被告交涉赔偿未果后向法院提出诉讼，请求：1. 被告赔偿原

[1] 改写自(2020)浙 0881 民初 2769 号民事判决书。撰写人：严桂珍，同济大学法学院教授。

告手机损失2 980元;2.被告支付精神损害抚慰金20 000元;3.被告承担本案的诉讼费用。

被告灵泉公司辩称:一、本案的案由应为见义勇为人受害责任纠纷。事发当天原告仅是看客,原告在未经允许的情况下私自下水,在溪流边一边戏水一边看游客漂流。根据原告诉状的主张,该请求是基于见义勇为行为产生,应属见义勇为人受害责任纠纷。二、事发当天并无游客落水,亦无如原告所称的紧急情况发生,原告的行为并不构成见义勇为,被告也并未因此受益。被告所经营的漂流运动是一项既刺激又安全的水上运动,在项目规划、设计及施工的工程中已经充分考虑各种安全因素,且在运营过程中,漂流河道全程配备有安全员。原告诉称的漂流艇搁浅、堵塞是漂流运动经常发生的现象,而且也是漂流运动中的另一种乐趣,根本不具有任何的危险性。如需将搁浅的漂流艇拉开必须由安全员来实施,未经过训练的人员不应当随意施救,更不能在未经被告同意的情况下随意下水。被告在漂流的河道都贴有安全指标牌,安全指标牌提示"严禁下水、水深危险、严禁游泳、穿好救生衣、戴好安全帽、严禁下船"等涉及安全的提醒。除安全员外的任何人随意施救不仅对漂流运动没有帮助,反而会给包括施救人员及游客在内的其他人员增加危险,被告更不会因此受益。三、原告应自行承担财产损失。原告与其中的一名安全员相识,在事发当天是来找该安全员玩,在未经被告允许的情况下擅自下水嬉戏,其嬉戏的位置是在离安全员下游10～15米的对岸,其将长裤脱放置在嬉戏处。看到安全员这边有漂流艇搁浅后(无人员落水),其通过溪流走至安全员旁,将手机顺手放置于一块在溪流之上裸露一半的石头上,并未尽到合理的注意义务,原告方作为一个具有完全民事行为能力的人,明知漂流的河流浪花较大,其在选择放置手机的位置时并未尽到合理的注意义务,最终才导致原告手机损坏。被告认为,事故当天并未发生任何的紧急情况,原告的行为并不构成见义勇为,被告也并未因此受益,手机损坏是由其个人原因造成。相反原告在未经被告许可的情况下下水嬉戏及向被告索赔的行为不仅将引发游客对被告开发项目的质疑,更有损被告的声誉,被告将保留以合法的方式向原告追究相应责任的权利。综上,请求驳回原告对被告的诉讼请求。

判决结果

法院认为,根据法律规定,没有法定义务或者约定义务,为避免他人利益受到损失进行管理或者服务的,有权请求受益人偿还由此而支付的必要费用。本案中,原告系自发为被告经营漂流项目中发生搁浅的漂流艇进行疏通,有为被告谋利益的意思,符合无因管理的构成要件,应认定为无因管理。对被告提出本案属见义勇为受害人责任纠纷法律关系的抗辩,不予采纳。据此,本案案由应调整为无因管理纠纷。

法院认为,漂流项目本身是具有一定危险性的户外活动,而且根据证人证言,二名证人均认为当时漂流艇的堵塞程度已需要其他人帮助疏导,故原告的行为符合一般人的判断标准,符合常识常理常情,应当予以肯定。对被告提出漂流艇堵塞不需要原告实施帮助,被告更未因此受益的抗辩不予采纳。被告作为原告无因管理行为的受益人,应当偿还原告由此支付的必要费用,该费用应包括在该活动中受到的实际损失。根据证人毛某的证言及现场视频,原告在施救前已将手机放在离溪水有一定距离的干燥区域,后因堵塞的漂流艇导致水位上涨,淹没了原告放置手机的位置,导致原告的手机进水。原告已履行了一般人的合理注意义务。原告为管理被告事务而受到的损失,在不能证明可归责于原告本人的过失的情况下,应由被告承担。对被告提出原告未尽合理注意义务,应自行承担财产损失的抗辩不予采纳。

关于原告主张损失范围的合理性问题,法院认为,原告手机购入价为2 500元,手机经维修已无法使用,故手机损失2 500元及维修费用480元应由被告承担。但对原告提出的要求被告支付精神损害抚慰金20 000元的诉讼请求,法院未予支持。法院认为,精神利益一般属于侵权责任救济范围,本案不属于侵权责任纠纷,原告亦无证据证明其在实施无因管理行为中遭受精神损失。

综上,法院依据《民法总则》第121条、《民法通则》第93条、《民通意见》第132条之规定作出判决:一、被告灵泉公司支付原告钱某军手机损失2 500元及手机维修费损失 480 元，于判决发生法律效力之日起十日内履行完毕。二、驳回原告钱某军的其他诉讼请求。

案件评析

此案中，法院将原告参与排堵的行为界定为无因管理，并认可原告的损失属于无因管理行为造成的损失，判决被告赔偿。此案涉及两个法律问题：一是无因管理与见义勇为的关系（涉及不同的请求权基础、构成要件及赔偿范围）；二是原告的行为是否构成无因管理。

无因管理是指无法定或者约定的义务而为他人管理事务。通说认为，合法的无因管理的构成要件有四：一是管理他人事务，二是为他人管理事务，三是无法定或者约定的义务，四是管理事务利于本人，并不违反本人明示或者可得推致的意思。无因管理之债的请求权基础是《民法典》第 979 条。但此案发生时《民法典》尚未生效，无因管理之债的请求权基础是《民法总则》第 121 条："没有法定的或者约定的义务，为避免他人利益受损失而进行管理的人，有权请求受益人偿还由此支出的必要费用。"根据《民通意见》第 132 条，此处的必要费用包括在管理或者服务活动中直接支出的费用，以及在该活动中受到的实际损失。《民法典》第 979 条对无因管理之债请求权的内容有所变更，主要是对损害赔偿（补偿）的范围进行了缩限。根据《民法典》第 979 条，管理人没有法定的或者约定的义务，为避免他人利益受损失而管理他人事务的，可以请求受益人偿还因管理事务而支出的必要费用；管理人因管理事务受到损失的，可以请求受益人给予适当补偿。

关于见义勇为的概念，我国至今未在法律和行政法规的层面对其作出定义。2017 年 3 月公安部发布的《见义勇为人员奖励和保障条例（草案公开征求意见稿）》（以下简称《征求意见稿》）首次在较高的立法层面对见义勇为的界定作了尝试。该《征求意见稿》第 2 条规定：本条例所称见义勇为人员，是指不负有法定职责、法定义务或约定义务，为保护国家利益、社会公共利益或者他人的人身财产安全，挺身而出，同正在实施的违法犯罪行为作斗争，或者抢险、救灾、救人,事迹突出的公民。第9条规定,具有下列情形之一,且事迹突出,可以确认为见义勇为行为:(一)同正在实施危害国家安全、公共安全或者妨害社会管理秩序的违法犯罪行为作斗争的;(二)同正在实施侵害国家、集体财产和他人人身财产安全的违法犯罪行为作斗争的;(三)主动协助司法机关抓捕犯罪嫌疑人、破获重大刑事犯罪案件的;(四)为保护国家、集体财产或者他人人身财产安全抢险、救灾、救人的;(五)其他见义勇为的。据此,见义勇为的构成要件包括:第一,实施了《征求意见稿》列举的行为,大部分行为具有危险性;第二,见义勇为者在主观方面存在利他目的;第三,见义勇为者无义务,包括无法定义务和无约定义务;第四,事迹突出。一般认为,见义勇为之债的请求权基础是《民法总则》第183条:"因保护他人民事权益使自己受到损害的,由侵权人承担民事责任,受益人可以给予适当补偿。没有侵权人、侵权人逃逸或者无力承担民事责任,受害人请求补偿的,受益人应当给予适当补偿。"《民法典》对《民法总则》第183条予以保留,并同样规定在第183条。

根据上述《征求意见稿》对见义勇为行为的界定,无因管理与见义勇为是交叉关系,即在某些情况下,二者存在重叠,如甲因参与火灾救人被烧伤,其行为既构成见义勇为,又构成对被救助者的无因管理。因为《民法总则》第121条和第183条请求权的内容均为损害赔偿,在行为人的行为既符合见义勇为又符合无因管理构成要件时,有两种做法可供司法选择:一是采取法规排斥竞合,二是采取请求权竞合。应当采取哪种原则,首先需要分析第183条和第121条适用上的区别。《民法总则》第183条和第121条的区别主要是受益人承担的赔偿(补偿)范围不同:第183条规定受益人承担"适当补偿"的责任,而第121条(结合《民法通则》132条)规定受益人承担补偿"实际损失"的责任。但是第183条承担补偿责任的计算基础是以侵权责任为依据,其赔偿范围包括死亡赔偿金、精神损害赔偿,而无因管理一般不包括这两项。[2] 基于此类案件情况不同,很难说依据哪一个请求权主张的损害赔偿对见义勇为者更为有利。

法律的规定与适用均是价值平衡问题,有时没有绝对的对与错,只有哪

---

[2] (2001)绍民终字第225号:杨某新与徐某仙、蔡某英、蔡某二无因管理纠纷案。本案的基本案情是:蔡某友闻到杨某新船上有液化气泄漏的气味,即进入杨某新船舱关闭液化气,因液化气燃烧,蔡某友被烧伤,经抢救无效死亡。蔡某友的家属提起无因管理之诉,要求杨某新等人承担赔偿责任。

条适用的结果更符合社会倡导的理念。于此而言，笔者更认可采取请求权竞合原则，即允许见义勇为者自由选择。个人是自己利益的最大关心者，采取请求权竞合原则，让见义勇为者根据自己案件的实际情况选择请求权基础，对见义勇为者的保护更周全。

此案原告选择以无因管理作为请求权的基础，事实上，其行为也完全符合无因管理的构成要件。

首先，无因管理要求管理人管理的是他人的事务。“事务是否属于他人，可分为二种情形：一为客观的他人事务，即依事务之内容，系属他人利益范畴，例如收留迷失孩童；二为主观的他人事务，即该事务在外部上系属中性，但得依管理人之意思使之成为他人事务，例如购入稀贵邮票本身并非当然与何人有结合之关系，客观上系属中性，当其为自己使用目的而购买时，系属纯粹自己事务，惟其系为集邮朋友购置，以补齐其尚欠缺的某类邮票时，则购买邮票即属他人事务。”[3]本案原告帮助被告的安全员拖拽、疏通漂流艇，此事为客观的他人事务，符合无因管理构成要件中要求的管理人管理的是他人事务的要件。

其次，无因管理的构成，要求管理人在主观方面具有为他人管理事务的意思。无因管理虽然是事实行为，不以意思表示为要件，但是，管理人必须有为他人管理事务的意思。“所谓为他人管理事务，指管理人认识其所管理的，系他人事务，并欲使管理事务所生的利益归于该他人（本人）而言。”[4]毫无疑问，此案原告具有为被告管理事务的意思。

再次，无因管理的构成，要求行为人没有约定或者法定的义务。无因管理所称之“无因”，系指“未受委任，并无义务”而言。易言之，即无契约上之义务及法律上之义务而为他人管理事务而言。[5]此案原告非被告单位的员工，也非对人民群众具有救助义务的民警，其帮助被告的安全员拖拽、疏通漂流艇完全是自愿行为。

管理事务利于本人，并不违反本人明示或者可得推知的意思。管理事务利于本人，是指管理事务客观上、实质上利于本人，而非结果利于本人。漂流

---

[3] 王泽鉴.民法学说与判例研究[M].北京：中国政法大学出版社，1998：79-80.
[4] 王泽鉴.债法原理[M].2版.北京：北京大学出版社，2009：315.
[5] 王泽鉴.民法学说与判例研究[M].北京：中国政法大学出版社，1998：80.

项目本身是具有一定危险性的户外活动，根据证人证言，当时漂流艇的堵塞程度已经达到需要其他人帮助疏导的程度，故原告的行为客观上、实质上利于本人，并不违反本人可得推知的意思。

因此，此案法院判决原告的行为构成无因管理，由被告对原告因管理行为造成的手机损失承担全部赔偿责任是正确的。

管理他人事务，通常是基于一定的法律关系，如委托或者监护。但是，在日常生活中，没有受委托，也不存在法律义务而管理他人事务，亦可能发生，如收留走失的儿童、风雨夜为出门远行的邻居修补屋顶、救助车祸受伤的路人，等等。危难相助，不但是我们提倡的美德，更是人类社会共同生活的要求。民法上设立无因管理制度的根本宗旨，就在于权衡个人事务应由个人自由决定的个体利益和在一定条件下允许干预他人事务所体现的社会共同利益二者之间的关系，以其将这两种利益达到最佳限度的契合。因此，一方面，法律对无因管理规定了一定的构成要件，以防止对他人事务的随意干涉；另一方面，法律又规定，对于符合无因管理要件的情形，当事人之间发生债权债务关系，使本人负担补偿费用、清偿债务或者赔偿损失的义务，而不得以管理人的管理行为未经自己同意为抗辩，从而弘扬"人之相处，贵乎互助"这样一种社会公德。所以，无因管理行为不仅为道德所奖励，且亦为法律所嘉许。

无因管理是社会提倡的行为，没有法定或者约定的义务而去帮助他人，体现了友善互助的社会主义核心价值。换言之，人与人之间应互相尊重、互相关心、互相帮助，和睦友好，这是社会主义核心价值观的要求与体现。在我国社会人际关系日益淡漠的今天，更是应当通过鲜活案例起示范作用，在全社会形成助人为乐的氛围。此案中，原告的手机损失价值 2 500 元，花费的手机维修费是 480 元，属于因无因管理受到的实际损失，法院判决由被告承担赔偿责任是完全正确的，其判决结果有利于在全社会形成导向作用：助人为乐的行为会得到法律的保障。

23 张某辉诉陈某、中国人民财产保险股份有限公司银川市中山支公司侵权责任纠纷案[1]

核心价值:人之相处,贵乎互助

事实概要

原告张某辉向法院起诉称:2018 年 3 月 21 日 14 时许,原告所有的川 B1 号吊车在盐亭县中原石油加油站意外侧翻,将原告压在吊车下。现场群众、派出所民警以及消防人员对原告进行施救。在救援过程中,一辆车牌为川 B2 的吊车在起吊川 B1 号吊车时因救助措施不当发生意外,致使吊车坠落再次将原告压在吊车下,造成原告二次受伤。后经数小时救援,原告被送往绵阳市中心医院进行救治。因腿部伤情过重,造成双下肢截肢,经四川民生法医学司法鉴定所评定为三级伤残。被告陈某系川 B2 号吊车所有人,其所有的川 B2 号车在被告中国人民财产保险股份有限公司银川市中山支公司(以下简称"财保中山支公司")处购买了保险,且事故发生于保险期内,故请求法院:1. 判令被告陈某、财保中山支公司赔偿原告各项损失合计

[1] 改写自(2020)川 0723 民初 114 号民事判决书。撰写人:严桂珍,同济大学法学院教授。

741 042. 82 元;2.本案诉讼费由被告承担。

被告陈某辩称:本人系义务救援,主要目的是抢救原告张某辉生命。事发时本人正驾驶吊车在工业园区讯诚汽修厂施工,电话得知同行吊车侧翻,驾驶人员被困车下有生命危险,立即停工驱车前往现场协助救援。本人到达现场时,消防、交警、120 等已到达事发地点,但都无施救设施。于是,本人与几名经营吊车的同行将原告张某辉车上的钢丝绳用于捆绑固定事故车辆,铺垫木块,实施相关救援的准备工作。救援中,在实施起吊侧翻吊车时,钢丝绳发生断裂,本人随即更换自带的钢丝绳再次捆绑固定实施救援,成功将侧翻吊车吊起,原告张某辉获救。本人组织人力物力,无偿参与救援,属于见义勇为。在救援中虽出现钢丝绳断裂的现象,但并未加重原告的伤害程度,也未出现操作失误救援不当等情形。故本人不应承担赔偿责任,请求依法驳回原告的诉讼请求。

被告财保中山支公司辩称,原告张某辉要求被告承担赔偿责任无法律和事实依据。本案系被告陈某与消防队因自愿实施紧急救助行为而引发的损害赔偿。在事故发生后,被告陈某主动放弃正在经营的活动,自愿前往事故现场免费救援。在救助过程中,因原告张某辉所提供的钢丝绳断裂而发生二次事故,被告陈某与消防队救援措施并不存在不当,主观上无过错,且事发吊车操作员具有合法的操作资质。吊车也经年检合格,依据《民法总则》第 184 条之规定,因自愿实施紧急救助行为而造成受助人损害的,救助人不承担民事责任。有关原告张某辉主张的赔偿标准及范围明显过高,部分诉请无法律和事实依据。

判决结果

法院认为,被告陈某的救助行为属自愿实施紧急救助行为。原告张某辉在对吊车进行保养时,因操作不当导致吊车侧翻人身被困,生命垂危,情况紧急。被告陈某闻讯后主动无偿参与救援,被告陈某无法定或约定义务实施救援,其救援行为完全自愿。首先,其行为符合《民法总则》第 184 条的立法精神，该条款意在鼓励公民救人于危难之中的价值观，具有道德提升的立法目的；其次，被告陈某实施的救助措施虽有过失，但并不构成故意侵权，应予免除责任。根据双方提供的现场影像资料反映，吊车侧翻，原告张某辉身陷困境，情势急迫。现场既无人员统一指挥部署又无大型机械可实施救援。被告陈某根据自身经营小型车辆救援的救助经验，现场取用事故吊车上的钢丝绳用于捆绑固定事故车辆、加垫木方等行为是当时情况下较为妥当的救援措施。主观目的是让受助人摆脱困境，脱离危险，人身获救。实施救援过程中，钢丝绳断裂、事故车辆坠落，造成受助人人身再次受损情形的发生，被告陈某采用的救助措施具有一定的过失，但被告陈某自身并非专业救援人员，采取的救助措施主观上是为了被救助人的利益，具有防止被救助人因长时间人身被困、损失扩大的目的，并非故意采用不当措施而导致损害后果扩大或加重，其行为不构成故意侵权。上述法律条文的立法目的也意在弘扬相互救助的价值观，救助人为了被救助人的利益，在救助过程中对被救助人造成的损害应予免除责任。原告张某辉请求被告陈某承担因救助行为不当造成损害的诉讼请求，法院不予支持。有关本案是否适用第三者责任险的理赔问题，法院认为，本案不属于机动车交通事故，二被告之间的保险合同属于商业综合险，不具有交强险的性质，且被告陈某的救助行为造成原告张某辉的伤害不属于履行合同约定施救义务的行为所致，其施救性质属自愿实施救助。故原告张某辉请求被告财保中山支公司在保险理赔的限额内承担赔偿责任的诉讼请求，不符合法律规定，法院也不予支持。综上，依照《民法总则》第184 条、《侵权责任法》第 6 条、第 15 条、第 16 条之规定，判决驳回原告张某辉的诉讼请求。

案件评析

本案中，法院适用《民法总则》第 184 条“好人法”条款，免除了被告陈某的损害赔偿责任。

现代社会，人与人之间的关系日趋淡薄，类似“小悦悦事件”的相继发生，在我国引发了“摔倒扶不扶”的中国式道德讨论。社会上一再出现老人摔倒无人扶、小孩撞伤无人救等现象，原因之一是我国民事立法欠缺对救助者实施救助行为造成受助者损害时责任豁免的规定。因此，解除见义勇为者、无因管理者的后顾之忧是立法需要解决的问题。见义勇为者或者无因管理者救助、帮助他人的善举，不仅需要道德的支撑，更需要法律制度的保障。对此，不少国家（地区）通过立法，规定因救助他人致人损害的，在一定条件下可以免除或者减轻赔偿责任。如《德国民法典》第 680 条规定：“事务管理以免除本人面临的急迫危险为目的的，管理人仅对故意和重大过失负责任。”《日本民法典》第 698 条规定：“管理人为避免本人之身体、名誉或财产之急迫危害，而为其事务之管理者，非有恶意或重大过失，对于因此之损害，不负赔偿责任。”学说上，类似的法律规定被称为“好撒玛利亚人法”，简称“好人法”。其立法宗旨是鼓励见义勇为、无因管理等善举，免除救助者（帮助者）的后顾之忧，倡导和培育乐于助人的良好社会风气。

我国在制定《民法总则》时，首次将见义勇为、无因管理中救助者（或无因管理人）的责任豁免机制纳入民法体系，但是基于各方利益平衡，其条文内容曾经多次出现反复。争议的焦点是，如果救助者（或无因管理人）在实施救助行为时存在重大过错，是否应当免责。《民法总则（草案）三审稿》规定：“实施紧急救助行为造成受助人损害的，除有重大过失外，救助人不承担民事责任。”根据此稿规定，救助者仅存在一般过错的，可以免责，存在重大过错的不免责。《民法总则（草案）四审稿》改为：“因自愿实施紧急救助行为造成受助人损害的，救助人不承担民事责任。”根据此稿，救助者存在一般过错的固然免责，即使存在重大过错也免责。《民法总则（草案）五审稿》又改为：“自愿实施紧急救助行为且没有因为重大过失造成受助人不应有的重大损害，救助人不承担责任。”最终出台的《民法总则》第 184 条恢复第四稿的表述：“因自愿实施紧急救助行为造成受助人损害的，救助人不承担民事责任。”该条被称为中国的“好撒玛利亚人法”。《民法总则》第 184 条规定的背后是立法价值取向的选择，其目的是鼓励见义勇为行为、无因管理等善举，培养积极行善、助人为乐的社会风气。《民法典》对此条予以了保留。

适用“好人法”免除救助者赔偿责任的条件是：第一，救助者系自愿救助他人，换言之救助者没有法定或者约定的救助义务；第二，救助者系实施紧急救助行为。救助者在实施救助行为时存在过错，不是排除“好人法”适用的事由。

在上述案件中，被告陈某救助原告系出于自愿。陈某是普通工人，对张某辉既不存在法定的救助义务，也不存在约定的救助义务。另外，当时情况紧急。根据当时的情形判断，原告张某辉被困在侧翻的吊车下，生命垂危，当属情况紧急。因此，陈某的行为构成紧急救助行为。虽然被告采取的救助措施被法院认定为具有一定的过失，但是，《民法总则》第 184 条的适用并不以没有过错为条件。

见义勇为、无因管理均属于利他性的行为，不仅象征着人性的光辉，也为现代法律精神所肯定。若让救助者（或无因管理人）在实施了救助他人的行为后需要为自己在实施救助行为时的疏忽引发的损失承担责任，会增加救助者（或无因管理人）行善时的心理负担，也与我国社会的核心价值观念背道而驰。被告陈某自身并非专业救援人员，采取的救助措施主观上是为了被救助人的利益，在实施救援过程中，钢丝绳断裂、事故车辆坠落，造成受助人人身再次受损情形的发生，非陈某希望发生的结果。因此，法院判决被告免责完全符合我国“好人法”的立法宗旨，符合我们社会主义核心价值观。司法具有行为引领作用，保护善意施救者，可以在全社会倡导人之相处、贵乎互助的共同生活价值理念。

24 葛某某诉洪某某名誉权、荣誉权纠纷案[1]

核心价值：尊重英烈、舍生取义

事实概要

原告葛某某系狼牙山五壮士之一葛振林之子。葛某某诉称：被告洪某某发表的《小学课本〈狼牙山五壮士〉有多处不实》和《“狼牙山五壮士”的细节分歧》两篇文章，以历史细节考据、学术研究为幌子，以细节否定英雄，企图达到抹黑“狼牙山五壮士”英雄形象和名誉的目的，请求判令洪某某停止侵权、公开道歉、消除影响。

被告洪某某辩称：案涉文章是学术文章，没有侮辱性的言辞，关于事实的表述有相应的根据，不是凭空捏造或者歪曲，不构成侮辱和诽谤，不构成名誉权的侵害，不同意葛某某的全部诉讼请求。

法院查明：1941 年 9 月 25 日，在易县狼牙山发生了著名的狼牙山战斗。在这场战斗中，“狼牙山五壮士”英勇抗敌的基本事实和舍生取义的伟大精神，赢得了全中国人民的高度认同和广泛赞扬。中华人民共和国成立后，五壮士的事迹被编入义务教育教科书，五壮士被人民视为当代中华民族抗击外

[1] 改写自(2015)西民初字第 27841 号民事判决书、(2016)京 02 民终 6272 号民事判决书。撰写人：严桂珍，同济大学法学院教授。

敌入侵的民族英雄。

2013年9月9日，时任《炎黄春秋》杂志社执行主编的洪某某在财经网发表《小学课本〈狼牙山五壮士〉有多处不实》一文。文中写道：据《南方都市报》2013年8月31日报道，广州越秀警方于8月29日晚间将一名在新浪微博上"污蔑狼牙山五壮士"的网民抓获，以虚构信息、散布谣言为由予以行政拘留7日。所谓"污蔑狼牙山五壮士"的"谣言"原本就有。据媒体报道，该网友实际上是传播了2011年12月14日百度贴吧里一篇名为《狼牙山五壮士真相原来是这样！》的帖子内容。该帖子说五壮士"五个人中有三个是当场被打死的，后来清理战场把尸体丢下悬崖。另两个当场被活捉，只是后来不知道什么原因又从日本人手上逃了出来"。2013年第11期《炎黄春秋》杂志刊发洪某某撰写的《"狼牙山五壮士"的细节分歧》一文，亦发表于《炎黄春秋》杂志网站。该文分为"在何处跳崖""跳崖是怎么跳的""敌我双方战斗伤亡""'五壮士'是否拔了群众的萝卜"等部分。文章通过援引不同来源、不同内容、不同时期的报刊资料等，对"狼牙山五壮士"事迹中的细节提出疑问。

判决结果

法院认为，1941年9月25日，在易县狼牙山发生的狼牙山战斗，是被大量事实证明的著名战斗。在这场战斗中，"狼牙山五壮士"英勇抗敌的基本事实和舍生取义的伟大精神，赢得了全国人民高度认同和广泛赞扬，是五壮士获得"狼牙山五壮士"崇高名誉和荣誉的基础。"狼牙山五壮士"这一称号在全军、全国人民中已经赢得了公众的普遍认同，既是国家及公众对他们作为中华民族的优秀儿女在反抗侵略、保家卫国中作出巨大牺牲的褒奖，也是他们应当获得的个人名誉和个人荣誉。"狼牙山五壮士"是中国共产党领导的八路军在抵抗日本帝国主义侵略伟大斗争中涌现出来的英雄群体，是中国共产党领导的全民抗战并取得最终胜利的重要事件载体。"狼牙山五壮士"的事迹经由广泛传播，已成为激励无数中华儿女反抗侵略、英勇抗敌的精神动力之一；成为人民军队誓死捍卫国家利益、保障国家安全的军魂来源之一。

在和平年代，“狼牙山五壮士”的精神仍然是我国公众树立不畏艰辛、不怕困难、为国为民奋斗终身的精神指引。这些英雄烈士及其精神，已经获得全民族的广泛认同，是中华民族共同记忆的一部分，是中华民族精神的内核之一，也是社会主义核心价值观的重要内容。而民族的共同记忆、民族精神乃至社会主义核心价值观，无论是从我国的历史看，还是从现行法上看，都已经是社会公共利益的一部分。

案涉文章对于“狼牙山五壮士”在战斗中所表现出的英勇抗敌的事迹和舍生取义的精神这一基本事实，自始至终未作出正面评价。而是以考证“在何处跳崖”“跳崖是怎么跳的”“敌我双方战斗伤亡”及“‘五壮士’是否拔了群众的萝卜”等细节为主要线索，通过援引不同时期的材料、相关当事者不同时期的言论，全然不考虑历史的变迁、各个材料所形成的时代背景以及各个材料的语境等因素。在无充分证据的情况下，案涉文章多处作出似是而非的推测、质疑乃至评价。因此，尽管案涉文章无明显侮辱性的语言，但通过强调与基本事实无关或者关联不大的细节，引导读者对“狼牙山五壮士”这一英雄烈士群体英勇抗敌事迹和舍生取义精神产生怀疑，从而否定基本事实的真实性，进而降低他们的英勇形象和精神价值。洪某某的行为方式符合以贬损、丑化的方式损害他人名誉和荣誉权益的特征。

案涉文章通过刊物发行和网络传播，在全国范围内产生了较大影响，不仅损害了葛振林的个人名誉和荣誉，损害了葛某某的个人感情，也在一定范围和程度上伤害了社会公众的民族和历史情感。在我国，由于“狼牙山五壮士”的精神价值已经内化为民族精神和社会公共利益的一部分。因此，也损害了社会公共利益。洪某某作为具有一定研究能力和熟练使用互联网工具的人，应当认识到案涉文章的发表及其传播将会损害到“狼牙山五壮士”的名誉及荣誉，也会对其近亲属造成感情和精神上的伤害，更会损害到社会公共利益。在此情形下，洪某某有能力控制文章所可能产生的损害后果而未控制，仍以既有的状态发表，在主观上显然具有过错。

北京市西城区人民法院于 2016 年 6 月 27 日作出（2015）西民初字第 27841 号民事判决：一、被告洪某某立即停止侵害葛振林名誉、荣誉的行为；二、本判决生效后三日内，被告洪某某公开发布赔礼道歉公告，向原告葛某某赔礼道歉，消除影响。该公告须连续刊登五日，公告刊登媒体及内容需经法院审核，逾期不执行，法院将在相关媒体上刊登判决书的主要内容，所需费用由被告洪某某承担。一审宣判后，洪某某向北京市第二中级人民法院提起上诉，北京市第二中级人民法院于2016年8月15日作出（2016）京02民终6272号民事判决：驳回上诉，维持原判。

案件评析

此案审理时《民法总则》尚未生效（《民法总则》第185条规定的英雄烈士保护条款尚未生效），但是，一审、二审法院均认定被告的行为构成侵权。此案涉及两个法律问题：一是死者是否享有名誉权、荣誉权。二是英雄烈士名誉、荣誉保护的特殊性。

名誉是对民事主体的品德、声望、才能、信用等的社会评价。名誉权是指享有名誉的权利。《民法通则》第101条规定："公民、法人享有名誉权，公民的人格尊严受法律保护，禁止用侮辱、诽谤等方式损害公民、法人的名誉。"《民法典》的规定与此基本相同。《民法典》人格权编第1024条规定："民事主体享有名誉权。任何组织或者个人不得以侮辱、诽谤等方式侵害他人的名誉权。"侵害名誉权，指贬损社会对他人品德、声望、才能、信用上的社会评价。名誉权有无受损害，应以社会上对个人评价是否贬损作为判断标准。如果侵权人的行为足以使他人在社会上的评价受到贬损，不论其故意或过失，均可构成对他人名誉权的侵害。而且其行为不以传播散布于社会为必要，仅使第三人知悉其事，亦可构成。

荣誉是指民事主体因其特殊表现而获得的来自社会或者一定社会组织的表彰。荣誉权是民事主体保有、维护其荣誉并享有其所生利益的权利。《民法通则》第102条规定："公民、法人享有荣誉权，禁止非法剥夺公民、法人的荣誉称号。"《民法典》对民事主体荣誉权的保护更加全面。《民法典》人格权编第1031条规定："民事主体享有荣誉权。任何组织或者个人不得非法剥夺他人的荣誉称号，不得诋毁、贬损他人的荣誉。获得的荣誉称号应当记载而没有记载的，民事主体可以请求记载；获得的荣誉称号记载错误的，民事主体可以请求更正。”

但是，根据我国《民法通则》第 9 条（《民法典》第 13 条）的规定，自然人的民事权利能力终于死亡。换言之，自然人死亡后民事权利能力终止，没有民事权利能力当然就没有民事权利。但是，现实生活中会出现自然人死亡后其姓名、肖像被利用，名誉被损害等情形。

各国立法及司法实践对死者人格利益保护有不同的尝试。如德国联邦最高法院在判例中将死者人格利益分为精神利益和商业化利益（人格权的财产价值部分），对二者区别对待。死者人格的精神利益主要包括名誉、人格同一性（人格形象不受歪曲）、隐私等。这些精神利益不能转让、继承，在权利人死亡后由其生前授权的人或者由其近亲属加以维护。维护死者人格的精神利益的法律手段仅限于预防妨碍请求权与排除妨碍请求权。死者人格的商业化利益主要包括死者的肖像、姓名、声音等，这些人格要素可以进行商业化利用从而带来收益。死者人格的商业化收益是可以继承的，如果某人未经许可利用死者的肖像、姓名、声音等，死者的继承人可以以这些人格权的财产价值部分的所有权人身份行使损害赔偿请求权。[2]

英美普通法基于死者不会再被侮辱这一命题，对于死后人格保护问题是比较保守的。只有在对死者的诽谤同时也构成对其近亲属的诽谤的情况下，近亲属才能起诉。[3] 但是，美国在死者部分人格利益保护方面首创了公开权制度。公开权是指个人，尤其是公众人物或知名人士，对自己的姓名、肖像及其他类似物的商业性利用行为实施控制或制止他人不公平盗用的权利。公开权是一种带有人格权色彩的财产权。公开权的这一性质决定了其可继承性。因此，继承人可以通过公开权对死者部分人格利益进行保护。

我国首次出现死者人格利益保护纠纷是 1989 年发生的“荷花女案”。就该案，天津高院向最高人民法院发函请示意见。1989 年 4 月 12 日，最高人民法院通过复函的形式答复，死者名誉权应受到保护，其母有权提起诉讼。2000 年《最高人民法院关于确定民事侵权精神损害赔偿责任若干问题的解释》第 3 条规定：“自然人死亡后，其近亲属因下列侵权行为遭受精神痛苦，向人民法院起诉请求赔偿精神损害的，人民法院应当依法予以受理：（一）以侮

[2] 杨代雄. 民法总论专题[M]. 北京：清华大学出版社，2012：62.

[3] 杨代雄. 民法总论专题[M]. 北京：清华大学出版社，2012：64.

辱、诽谤、贬损、丑化或者违反社会公共利益、社会公德的其他方式，侵害死者姓名、肖像、名誉、荣誉；（二）非法披露、利用死者隐私，或者以违反社会公共利益、社会公德的其他方式侵害死者隐私；（三）非法利用、损害遗体、遗骨，或者以违反社会公共利益、社会公德的其他方式侵害遗体、遗骨。”此条司法解释未承认死者有权利能力，而是认为因为侵害死者名誉等，其近亲属会产生精神痛苦，救济的是亲属的权利。另外，此条司法解释只针对以丑化等方式侵害死者姓名、肖像、名誉、荣誉，以及披露死者隐私、非法利用、损害遗体、遗骨等造成死者近亲属精神痛苦的侵权行为，没有包括利用死者姓名、肖像等人格利益的侵权行为。2017 年生效的《民法总则》第 185 条对英雄烈士的保护作了特别规定：“侵害英雄烈士等的姓名、肖像、名誉、荣誉，损害社会公共利益的，应当承担民事责任。”此条的特征之一是保护对象限于英雄烈士的人格利益，特征之二是未限定请求权的主体，特征之三是涵盖的侵权行为相较于上述司法解释有所扩大，不仅包括丑化英雄烈士等造成近亲属精神痛苦的行为，还包括对英雄烈士人格权益的利用行为。

2021 年生效的《民法典》人格权编第 994 条撇开死者没有权利能力的逻辑障碍，直接规定：“死者的姓名、肖像、名誉、荣誉、隐私、遗体等受到侵害的，其配偶、子女、父母有权依法请求行为人承担民事责任；死者没有配偶、子女并且父母已经死亡的，其他近亲属有权依法请求行为人承担民事责任。”此条将保护的死者的范围扩大至所有自然人，不仅仅限于英雄烈士，但是请求权的主体仅限于死者的近亲属。

英雄烈士人格利益保护相较于一般自然人人格利益保护有一定的特殊性。一是英雄烈士可能没有近亲属，二是英雄烈士保护涉及公共利益。因此，《民法典》同时保留了《民法总则》第 185 条规定的英雄烈士保护条款。

2018 年 4 月 27 日，十三届全国人大常委会第二次会议全票表决通过了《中华人民共和国英雄烈士保护法》（以下简称《英雄烈士保护法》）。该法第 2 条指出，近代以来，为了争取民族独立和人民解放，实现国家富强和人民幸福，促进世界和平和人类进步而毕生奋斗、英勇献身的英雄烈士，功勋彪炳史册，精神永垂不朽。国家和人民永远尊崇、铭记英雄烈士为国家、人民和民族作出的牺牲和贡献。

英雄烈士事迹和精神是中华民族的共同历史记忆和社会主义核心价值

观的重要体现，英雄烈士的名誉、荣誉的保护不仅涉及英雄烈士的近亲属的利益，也涉及社会公共利益。《英雄烈士保护法》第 22 条规定，禁止歪曲、丑化、亵渎、否定英雄烈士事迹和精神。英雄烈士的姓名、肖像、名誉、荣誉受法律保护。任何组织和个人不得在公共场所、互联网或者利用广播电视、电影、出版物等，以侮辱、诽谤或者其他方式侵害英雄烈士的姓名、肖像、名誉、荣誉。任何组织和个人不得将英雄烈士的姓名、肖像用于或者变相用于商标、商业广告，损害英雄烈士的名誉、荣誉。根据《英雄烈士保护法》第 25 条，对侵害英雄烈士的姓名、肖像、名誉、荣誉的行为，英雄烈士的近亲属可以依法向人民法院提起诉讼。英雄烈士没有近亲属或者近亲属不提起诉讼的，检察机关依法对侵害英雄烈士的姓名、肖像、名誉、荣誉，损害社会公共利益的行为向人民法院提起诉讼。负责英雄烈士保护工作的部门和其他有关部门在履行职责过程中发现第一款规定的行为，需要检察机关提起诉讼的，应当向检察机关报告。

任何组织和个人以细节考据、观点争鸣等名义对英雄烈士的事迹和精神进行污蔑和贬损，构成歪曲、丑化、亵渎、否定英雄烈士事迹和精神行为的，应当承担法律责任。根据《英雄烈士保护法》第 26 条，以侮辱、诽谤或者其他方式侵害英雄烈士的姓名、肖像、名誉、荣誉，损害社会公共利益的，依法承担民事责任；构成违反治安管理行为的，由公安机关依法给予治安管理处罚；构成犯罪的，依法追究刑事责任。司法具有彰显价值观的功能，本案一审、二审法院判决被告承担侵权民事责任，起到了弘扬社会主义核心价值观的作用。

25 杭州市西湖区人民检察院诉瞿某宝名誉权纠纷案[1]

核心价值:爱国精神、公正法治

事实概要

2019年9月10日,杭州市西湖区居民王某在案涉网店购买了5张贴画,订单号为616770368246581×××,价格共计54元,收货地为浙江省杭州市西湖区某某新村。其中1张为上述印有董存瑞宣传形象及配文的贴画,规格为60 cm×42 cm,单价为18元。王某于当日付款,案涉网店于当日发货。2019年9月12日,王某收到案涉贴画,其认为案涉网店经营者侵害了董存瑞的名誉并伤害其爱国情感,遂向西湖区检察院举报。

经查明,淘宝网络店铺"昆仑画坊"由被告瞿某宝(淘宝会员账号:昆仑岭)注册经营,注册时间为2012年4月17日,关注人数为377人。案涉网店曾销售一款商品名为"搞笑幽默文革口号饭店店铺宣传海报装饰图复古牛皮纸海报墙贴"的贴画,评价数为41次,含有多种颜色分类,其中"桔色AA254"的贴画印有董存瑞舍身炸碉堡的宣传形象,并以较大字体、显著颜色配文:

[1] 改写自(2019)浙0192民初9762号民事判决书。本案例入选最高人民法院发布的"人民法院大力弘扬社会主义核心价值观十大典型民事案例"。撰写人:刘春彦,同济大学法学院副教授。

“连长你骗我！两面都有胶！!”该贴画有 30 cm×21 cm、42 cm×30 cm、45 cm×32 cm、60 cm×42 cm、85 cm×60 cm、120 cm×85 cm 等多种规格，单价从 4 元至 68 元不等。

2019 年 9 月 25 日，西湖区检察院发布公告，就本案被告通过在网络平台销售侮辱和诋毁董存瑞的贴画，侵害董存瑞的名誉，损害社会公共利益，通知董存瑞近亲属提起民事诉讼。2019 年 10 月 17 日，董存瑞弟弟董存金向西湖区检察院出具《声明》一份，表示不对侵权人提起民事诉讼，希望检察院提起公益诉讼。公告期满后，无任何近亲属提起诉讼。西湖区检察院遂向杭州互联网法院提起民事公益诉讼。庭间，瞿某宝辩称，该贴画销量极少，网上显示的库存系其随意填写，同时表示其已经认识到自身错误，愿意当庭赔礼道歉，希望得到英雄烈士家属和社会各界的谅解。

判决结果

当事人围绕诉讼请求依法提交了证据，杭州互联网法院组织当事人进行了证据交换和质证。在充分听取了双方意见，审查了全部证据后，杭州互联网法院作出了公正判决。西湖区检察院要求被告瞿某宝停止侵权并在国家级媒体公开赔礼道歉、消除影响，于法有据，杭州互联网法院予以支持。被告瞿某宝对销量、库存的辩解，不影响其责任的承担，故一审法院不予采信。根据我国法律之规定，一审法院作出判决：一、被告瞿某宝立即停止侵害英雄烈士董存瑞名誉权的行为，即销毁库存、不得再继续销售案涉贴画；二、被告瞿某宝于本判决生效之日起十日内，在国家级媒体公开赔礼道歉、消除影响（公告刊登的媒体及内容需经法院审核）。逾期不履行，法院将在国家级媒体刊登判决书的主要内容，所需费用由被告瞿某宝承担。

案件评析

（一）本案判决思路

在充分审查了证据的情况下，一审法院经审核认为，瞿某宝对其通过网络发布、销售案涉贴画没有异议，其在网络上发布、销售的行为足以使不特定的社会公众浏览，并进行传播和购买，其影响范围通过互联网媒介已产生扩散后果。因此，其销售数量不影响本案定性。

杭州互联网法院认为，英雄烈士是国家的精神坐标，是民族的不朽脊梁。英雄烈士董存瑞在解放战争中舍身炸碉堡，用鲜血和生命谱写了惊天动地的壮歌，体现了崇高的革命气节和伟大的爱国精神，是社会主义核心价值观的重要体现。任何人都不得歪曲、丑化、亵渎、否定英雄烈士的事迹和精神。瞿某宝作为中华人民共和国公民，依法应当崇尚、铭记、学习、捍卫英雄烈士，不得侮辱、诽谤英雄烈士的名誉。其通过网络平台销售对英雄烈士形象进行亵渎的贴画，该行为已对英雄烈士名誉造成贬损，且主观上属明知，构成对董存瑞权益的侵害。同时，瞿某宝多年从事网店销售活动，更应知道图片一经发布即可能被不特定人群查看，商品一经上线便可能扩散到全国各地，但其仍然在网络平台发布、销售贬损英雄烈士名誉的贴画，引起社会公众的愤慨，造成了恶劣的社会影响，损害了社会公共利益，依法应当承担相应的民事法律责任。

英雄烈士的名誉神圣不可侵犯。对侵犯英雄烈士名誉的行为，英雄烈士的近亲属可以依法向人民法院提起诉讼。英雄烈士没有近亲属或者近亲属不提起诉讼的，检察机关依法对侵害英雄烈士名誉，损害社会公共利益的行为向人民法院提起诉讼。本案中，董存瑞近亲属未提起诉讼，且本案系被告瞿某宝通过网络平台销售案涉贴画，属于互联网法院有权管辖的互联网公益诉讼案件，故西湖区检察院作为公益诉讼起诉人向杭州互联网法院提起本案诉讼，主体适格，程序合法。西湖区检察院要求被告瞿某宝停止侵权并在国家级媒体公开赔礼道歉、消除影响，于法有据，瞿某宝对销量、库存的辩解，不影响其责任的承担，一审法院不予采信。

（二）相关法律规范、学理研究及评析

作为最高人民法院发布的“人民法院大力弘扬社会主义核心价值观十大典型民事案例”之一，本案具有相当的代表意义，不仅是涉及烈士董存瑞，瞿某宝还存在侮辱黄继光烈士的行为。在这样的侮辱英雄烈士案件中，涉及法律诸多。鉴于《民法总则》中有关名誉权、人格权等规定已经吸收为《民法典》总则编、人格权编，故本文列举法条为《民法典》内容。《民法典》第185条：“侵害英雄烈士等的姓名、肖像、名誉、荣誉，损害社会公共利益的，应当承担民事责任。”第994条：“死者的姓名、肖像、名誉、荣誉、隐私、遗体等受到侵害的，其配偶、子女、父母有权依法请求行为人承担民事责任；死者没有配偶、子女且父母已经死亡的，其他近亲属有权依法请求行为人承担民事责任。”第1000条：“行为人因侵害人格权承担消除影响、恢复名誉、赔礼道歉等民事责任的，应当与行为的具体方式和造成的影响范围相当。”此外，《英雄烈士保护法》第22条：“禁止歪曲、丑化、亵渎、否定英雄烈士事迹和精神。英雄烈士的姓名、肖像、名誉、荣誉受法律保护。任何组织和个人不得在公共场所、互联网或者利用广播电视、电影、出版物等，以侮辱、诽谤或者其他方式侵害英雄烈士的姓名、肖像、名誉、荣誉。任何组织和个人不得将英雄烈士的姓名、肖像用于或者变相用于商标、商业广告，损害英雄烈士的名誉、荣誉。公安、文化、新闻出版、广播电视、电影、网信、市场监督管理、负责英雄烈士保护工作的部门发现前款规定行为的，应当依法及时处理。”第25条第2款：“英雄烈士没有近亲属或者近亲属不提起诉讼的，检察机关依法对侵害英雄烈士的姓名、肖像、名誉、荣誉，损害社会公共利益的行为向人民法院提起诉讼。”上述法律条文，为英雄烈士及普通公民的身后名誉权提供了保护。

对于本案，首先需要关注的问题仍然是权利行使的边界。以店铺关注人少、销售量小作为自己借口的瞿某宝，很明显忽视了自己权利行使的边界。所谓的言论、创作等自由，都应该在合法合理的范围内，这不仅是民事领域禁止权利滥用原则的体现，更符合《中华人民共和国宪法》（以下简称《宪法》）第51条“中华人民共和国公民在行使自由和权利的时候，不得损害国家的、社会的、集体的利益和其他公民的合法的自由和权利”的规定。在明知自身行为

不正确的情况下，瞿某宝并未及时停止自己的行为，其造成的对英雄烈士名誉的损害是不可逆的，理应进行弥补。

在讨论到对英雄烈士名誉的保护时，即使目前存在《民法典》《英雄烈士保护法》等法律对去世英雄烈士的保护，但是学界仍然存在着不同的声音。一旦坚持权利能力的存亡法则，承认民事权利的生死机理，即意味着死者“人格”直接保护模式之不成立，而否定死者享有人格权的立场在学术界也居于主流地位。但是，即便否定死者“人格”直接保护的学者，也普遍使用死者人格权、死者人格利益的表述。这又似乎在告诉读者，死者人格利益并不因死亡而消失。[2] 但是，尽管存在如此多不同的声音，法律仍采取对英雄烈士名誉的保护态度，同时进行保护也有其重要的意义。

英雄烈士的“人格”在社会公益和个人利益方面都显得更加突出，因为他们的特殊身份而成为国家纪念和被社会所熟知的对象。实践而言，具有高尚品格、坚韧意志的英雄烈士、历史人物具有道德引领功能。这种功能是对社会而非个人而言的。因为人类社会的健康发展，需要那些舍生取义、舍己为人、自强不息的人的引领。否则人类社会将面临礼崩乐坏的道德危机，进而逐步侵蚀制度安全。[2]在对爱国精神的传承上，英烈的事迹是必要的，如允许随意抹黑，以此为内核的爱国主义精神势必会遭受破坏。

考虑英雄烈士的“人格”与个人利益也是如此。首先，获得国家褒奖、值得人民纪念的英雄为国家和人民付出了生命的代价，这是不容侮辱的。其次，保护死者的“人格”同样是在保护近亲属的名誉。宋代秦桧的例子是值得借鉴的，死者的名誉不佳，导致其后人的名誉贬损。相应的，烈士的名誉受损时，作为联系密切的近亲属，应当享有救济的权利。值得注意的是，我国法律对普通人和英烈名誉的保护是否应当泾渭分明之问题，答案是否定的，对普通人也应采取相应的保护，这也是《民法典》第 994 条立法“死者的姓名、肖像、名誉、荣誉、隐私、遗体等受到侵害的，其配偶、子女、父母有权依法请求行为人承担民事责任；死者没有配偶、子女且父母已经死亡的，其他近亲属有权依法请求行为人承担民事责任”的应有之义。

最后，作为承载社会主义核心价值观的典型案例之一，本案与其他许多以社会主义核心价值观作为说理依据的文书不同，使得社会主义核心价值观

[2] 曹相见.死者“人格”的规范本质与体系保护[J].法学家，2021(2)：21.

的体现更加自然和通畅。无论是董存瑞案还是黄继光案，判决中对于社会主义核心价值观的提及不仅说明了烈士承载爱国情怀，而且在通篇说理中还可以看到对社会主义核心价值观中“爱国”的全面贯彻。同时在本案中，法院避免了涉及民族情怀时的不理智，公正地对本案进行了判决，是目前案件援用社会主义核心价值观作为说理乃至判案依据中手法精妙的判决，具有极强的学习和借鉴意义。

26 邓某娟与北京市邮政速递物流有限公司、北京手挽手劳务派遣有限责任公司一般人格权纠纷案[1]

核心价值：社会公德、男女平等

事实概要

2013 年 12 月 30 日，北京市邮政速递物流有限公司（甲方，以下简称“邮政物流公司”）与北京手挽手劳务派遣有限责任公司（乙方，以下简称“手挽手劳务派遣公司”）签订《劳务派遣协议》，约定乙方于本协议有效期内向甲方提供劳务派遣服务，派遣员工人选由乙方办理录用手续。

手挽手劳务派遣公司在某网站上发布招聘信息，标题为“北京邮政速递员 3 000 元加计件”，内容为“岗位职责：北京邮政快递员，任职资格：男，年龄：18～45 岁，身体健康、无文身、无前科”。该招聘信息注明该职位系手挽手劳务派遣公司介绍、代招，工作单位为邮政物流公司。邓某娟投递简历申请该职位后，经手挽手劳务派遣公司通知于 2014 年 9 月 25 日到邮政物流公司进行了面试。邓某娟主张其面试后并在邮政物流公司酒仙桥营投部试干了 2 天。邮政物流公司称其系代表手挽手劳务派遣公司进行面试，面试后邓某

[1] 改写自（2016）京 03 民终 195 号民事判决书。撰写人：刘春彦，同济大学法学院副教授。

娟进行了2天的快递业务观摩。邓某娟称，双方达成于10月8日签约的意向，邮政物流公司酒仙桥营投部主任戴某要求其先做入职体检。邓某娟表示因10月8日未能签约，故其于10月16日给邮政物流公司人事专员打电话询问戴某的联系方式，后戴某让其联系物流公司人事负责人李某。10月19日邓某娟给李某打电话询问不能签合同的原因，李某确认因为邓某娟是女性所以邮政物流公司不批准签合同。

邓某娟称其应聘的快递员一职并不属于不适合妇女的工种或岗位，但邮政物流公司、手挽手劳务派遣公司仅因为邓某娟是女性就表示不予考虑，导致邓某娟受到了就业性别歧视。邓某娟自从被拒后一直没有找到一份满意的工作，情绪低落、沮丧，失眠，受歧视、遭排挤的心理阴影难以消除。综上，邓某娟起诉至北京市顺义区人民法院，要求邮政物流公司、手挽手劳务派遣公司向邓某娟以书面形式赔礼道歉，连带赔偿邓某娟入职体检费用、精神损害抚慰金以及鉴定费等相关维权费用。

北京市顺义区人民法院一审判决邮政物流公司赔偿邓某娟入职体检费用、部分精神损害抚慰金及相关维权费用，驳回其他诉讼请求。邓某娟与邮政物流公司均不服该判决，上诉至北京市第三中级人民法院。

判决结果

一审法院认为，依据《中华人民共和国劳动法》(以下简称《劳动法》)第3条、第12条及第13条的规定，劳动者享有平等就业和选择职业等权利，劳动者就业不因民族、种族、性别、宗教信仰不同而受歧视，妇女享有与男子平等的就业权利；在录用职工时，除国家规定的不适合妇女的工种或者岗位外，不得以性别为由拒绝录用妇女或者提高对妇女的录用标准。《中华人民共和国就业促进法》(以下简称《就业促进法》)第27条也明确规定，国家保障妇女享有与男子平等的劳动权利，除国家规定的不适合妇女的工种或者岗位外，用人单位不得以性别为由拒绝录用妇女或者提高对妇女的录用标准。

戴某作为邮政物流公司酒仙桥营投部主任，在招录人员上显然能够代表邮政物流公司。邓某娟在邮政物流公司面试后，戴某已经代表邮政物流公司表明其有意愿聘用邓某娟，虽然聘用形式是直接聘用还是劳务派遣在2014年9月28日并未明确，但能够肯定的是，邮政物流公司给予邓某娟获得在邮政物流公司担任快递员的机会。在邓某娟未能如期签约的情形下，戴某告知邓某娟联系李某，且李某在电话中亦表明邓某娟的应聘资料在其处，故法院认定李某能够代表邮政物流公司。邮政物流公司未能证明快递员属于国家规定的不适合妇女的工种或者岗位。对于邓某娟询问丧失应聘机会的原因是否因其为女性时，李某作了肯定的答复，能够证明邮政物流公司拒绝聘用邓某娟的原因在于其为女性，侵犯了邓某娟平等就业的权利。邮政物流公司对其侵权行为给邓某娟造成的合理损失应予以赔偿。手挽手劳务派遣公司虽然在网络上发布的涉诉岗位的招聘信息均表明任职资格为男性，但手挽手劳务派遣公司并未因邓某娟系女性而拒绝提供就业机会，仍通知邓某娟进行面试。本案中，邓某娟并未举证证明手挽手劳务派遣公司对其实施了就业性别歧视的行为，故邓某娟要求手挽手劳务派遣公司承担责任，法院不予支持。邮政物流公司不认可邓某娟提交的体检报告部分内容的真实性，但未提交反驳证据，法院对其真实性予以采信。邓某娟虽未提交体检费票据，但体检系应邮政物流公司的要求，且邓某娟提交了体检报告，邓某娟主张的入职体检费用符合一般市场行情，法院予以支持。鉴定费系邓某娟为维权产生的合理费用，应由邮政物流公司予以赔偿。邮政物流公司对邓某娟实施了就业歧视，给邓某娟造成了一定的精神损害，故法院结合邮政物流公司在此过程中的过错程度及给邓某娟造成的损害后果酌情支持邓某娟精神损害抚慰金2 000元。

二审法院认为，邓某娟与邮政物流公司的上诉请求及理由均缺乏事实及法律依据，原审法院认定事实清楚，适用法律正确，予以维持。

案件评析

（一）本案判决思路

本案争议的焦点有两项：第一是手挽手劳务派遣公司与邮政物流公司在

招聘过程中是否存在就业歧视行为;第二是如存在就业歧视行为,对邓某娟造成的损害承担何种民事侵权责任。

针对焦点一,需要对手挽手劳务派遣公司和邮政物流公司分别进行评价。根据查明的事实,手挽手劳务派遣公司与邮政物流公司系用人单位与用工单位关系,手挽手劳务派遣公司负责与劳动者建立劳动关系。手挽手劳务派遣公司虽然在互联网上发布的涉诉岗位招聘信息均表明任职资格为男性,但手挽手劳务派遣公司并未因邓某娟系女性而拒绝提供就业机会,仍通知邓某娟进行面试。邓某娟在面试、业务观摩、洽谈过程中直接与邮政物流公司进行接触,手挽手劳务派遣公司并未参与其中,最后邓某娟与邮政物流公司未建立用工关系,也并非因手挽手劳务派遣公司所致。因此,手挽手劳务派遣公司在本案中并不存在就业歧视行为。

根据相关规定,邮件投递工作在不违反法律强制性和禁止性规定下,可以由女性职员胜任,快递员不属于国家规定的不适合妇女的工种或者岗位。戴某、李某均为邮政物流公司工作人员,代表邮政物流公司履行职务行为,该行为后果应由邮政物流公司承受。邓某娟在面试、业务观摩后,戴某已经代表邮政物流公司表明其有意愿聘用邓某娟,并告知邓某娟进行入职体检,提交户口本、毕业证复印件和照片等资料。邓某娟也按照要求进行了入职体检,提交了相关资料。但李某在与邓某娟的通话过程中,明确表示邓某娟的入职资料在其手中,却并未批准录用邓某娟。对于邓某娟询问丧失应聘机会的原因是否因其为女性时,李某作了肯定的答复,并表示没有招录过女投递员。本案中,能够证明邮政物流公司拒绝聘用邓某娟的原因之一在于其为女性,侵犯了邓某娟平等就业的权利,邮政物流公司应当对此承担侵权责任。

针对焦点二,如存在就业歧视行为,对邓某娟造成的损害应承担何种民事侵权责任。法律规定,承担侵权责任的方式可以单独适用,也可以合并适用。邓某娟所请求的责任承担方式为赔礼道歉、赔偿损失、赔偿精神损害抚慰金以及赔偿鉴定费等相关维权费用。前述各种责任形式的适用均旨在保护受害人的利益,是否存在侵权责任聚合,应当结合侵权行为、损害后果等因素进行综合判断。只有当一种责任形式不足以保护受害人时,才可以同时适用其他的责任形式予以合并保护。本案中,结合邮政物流公司的侵权行为以及邓某娟受到的损失,支持邓某娟关于入职体检费用以及部分维权支出的赔偿请求,并酌定邮政物流公司赔偿邓某娟精神损害抚慰金 2 000 元,该赔偿损失和邓某娟受到的伤害程度能够匹配。至于邓某娟要求邮政物流公司书面赔礼道歉的请求,由于法律依据不足,不予支持。

(二) 相关法律规范、学理研究及司法实践状况

我国《宪法》第 48 条旗帜鲜明地指出:"中华人民共和国妇女在政治的、经济的、文化的、社会的和家庭的生活等各方面享有同男子平等的权利。"本案发生时有效的《民法通则》第 105 条规定"妇女享有同男子平等的民事权利",现行的《民法典》第 4 条也指出:"民事主体在民事活动中的法律地位一律平等。"另外,《劳动法》第 12 条和《就业促进法》第 3 条均规定禁止性别歧视,具体而言,《劳动法》第 13 条和《就业促进法》第 27 条规定,法律、国家保障妇女享有与男子平等的劳动权利,用人单位招用人员,除国家规定的不适合妇女的工种或者岗位外,不得以性别为由拒绝录用妇女或者提高对妇女的录用标准。这些都是法律面前人人平等原则的具体化,也是反对特权、反对歧视等社会现实的要求,它强化了个人的主体意识。[2]

本案涉及招聘歧视问题,就业歧视通常是指用人单位因为劳动者与就业能力和职业的必备客观要求无关的因素,而对劳动者在就业和职业过程中作出的任何区别对待,从而使得劳动者平等就业权被迫取消或遭到侵害的行为[3],其特殊性在于,招聘歧视发生在劳动者与用人单位签订劳动合同前,因此不涉及劳动法领域的争议问题,难以通过劳动法的相关规范为劳动者提供救济途径。如在本案中,邓某娟是以一般人格权遭受侵害作为起诉的案由,而并非提起劳动仲裁或诉讼,这样的做法是比较具有代表性与典型性的。但这也暴露出立法中仍然存在不足之处,即面对招聘中的歧视,往往难以找到具有针对性的法律依据作为请求权基础。而现实生活中,招聘歧视又是一个比较突出的问题。考虑到女性特殊的生理性原因,妇女需要生育、哺乳以及有生理期等,招聘单位往往以较为隐蔽的方式(比如以只接收简历不通知面试或专业不对口等非性别原因掩盖核心的性别原因)拒绝录用女性,使得女性在就业时因性别而遭受歧视。应聘者和招聘单位地位不对等、信息不对

[2] 李成斌.论社会主义核心价值观对民事司法的影响[J].法律适用,2018(19):43.
[3] 蔡定剑.中国就业歧视现状及反歧视对策[M].北京:中国社会科学出版社,2007.

称使得应聘者很难获取招聘单位实施就业性别歧视的证据。即便掌握了相关证据，出于诉讼成本及效益等方面的考虑，应聘者未必会拿起法律武器维护自己的权益。本案中，应聘者通过搜集证据形成证据链，能够证明邮政物流公司在已表明愿为其提供担任快递员机会并签约的情形下，又予以反悔，拒绝录用应聘者，构成就业性别歧视。在招聘单位仅仅以性别原因拒绝录用应聘者的情况下，招聘单位就构成了侵权，对由此而给应聘者造成的直接经济损失应予以赔偿。同时招聘单位的拒录行为客观上也给应聘者造成了一定的精神损害，对于应聘者主张的精神损害抚慰金可根据招聘单位的过错程度以及对应聘者造成的损害后果酌情确定。对实施就业性别歧视的单位通过判决使其承担民事责任，不仅是对全体劳动者的保护，营造平等、和谐的就业环境，更是对企图实施就业性别歧视的单位予以威慑，让平等就业的法律法规落到实处，起到规范、引导的良好作用，体现社会公德，促进男女平等，弘扬社会主义核心价值观。[4]

《民法典》第 109 条关于“自然人的人身自由、人格尊严受法律保护”的规定，为一般人格权的保护提供了法律基础，也为反对就业歧视提供了裁判依据，能够弘扬社会主义核心价值观。

---

[4] 参见 2016 年 8 月 22 日最高人民法院发布的“人民法院大力弘扬社会主义核心价值观十大典型民事案例”之九。

27 庞某鹏诉中国东方航空股份有限公司、北京趣拿信息技术有限公司隐私权纠纷案[1]

核心价值：诚实守信、尊重隐私

事实概要

2014 年 10 月 11 日，庞某鹏委托鲁某通过趣拿公司下辖网站“去哪儿网”平台（www.qunar.com）订购了东航机票 1 张，所选机票代理商为长沙星旅票务代理公司（以下简称“星旅公司”）。“去哪儿网”订单详情页面显示该订单登记的乘机人信息为庞某鹏姓名及身份证号，联系人信息、报销信息均为鲁某及其尾号××50 的手机号。2014 年 10 月 13 日，庞某鹏尾号××49 手机号收到来源不明号码发来短信称由于机械故障，其所预订航班已经取消。该号码来源不明，且未向鲁某发送类似短信。鲁某拨打东航客服电话进行核实，客服人员确认该次航班正常，并提示庞某鹏收到的短信应属诈骗短信。2014 年 10 月 14 日，东航客服电话向庞某鹏手机号码发送通知短信，告知该航班时刻调整。当晚 19:43，鲁某再次拨打东航客服电话确认航班时刻，被告

[1] 改写自(2017)京 01 民终 509 号民事判决书、(2017)京民申 3835 号民事判决书。撰写人：张韬略，同济大学法学院副教授。

知该航班已取消。庞某鹏诉至法院，主张趣拿公司和东航泄露的隐私信息包括其姓名、尾号××49手机号及行程安排（包括起落时间、地点、航班信息），要求趣拿公司和东航承担连带责任。趣拿公司和东航则抗辩，姓名、电话号码及行程安排等事项属于运输合同中的内容，不构成隐私信息，以及案外人中航信作为给东航提供商务数据网络服务的第三方，也掌握着东航的相关数据，因而更有可能是中航信泄露庞某鹏隐私信息等等。

本案双方的争议焦点主要有：一是本案涉及的姓名、电话号码及行程安排是否可以通过隐私权纠纷而寻求救济；二是根据现有证据能否认定案涉隐私信息是由东航和趣拿公司泄露；三是在东航和趣拿公司有泄露庞某鹏隐私信息的高度可能之下，其是否应当承担责任。

判决结果

一审法院驳回了庞某鹏全部诉讼请求。一审法院认为，原告未完成侵权行为的举证责任。趣拿公司和东航在本案机票订购时未获取庞某鹏号码，无证据证明趣拿公司和东航将庞某鹏过往留存的手机号与本案机票信息匹配予以泄露，且趣拿公司和东航并非掌握庞某鹏个人信息的唯一介体，法院无法确认趣拿公司和东航存在泄露庞某鹏隐私信息的侵权行为。故庞某鹏的诉讼请求缺乏事实依据，法院不予支持。

庞某鹏提出上诉。二审法院撤销了一审判决，判决两被告于判决生效后十日内在其官方网站首页以公告形式向庞某鹏赔礼道歉，赔礼道歉公告的持续时间为连续三天。中国东方航空股份有限公司提起的再审申请被驳回。

二审法院认为：1.根据《最高人民法院关于审理利用信息网络侵害人身权益民事纠纷案件适用法律若干问题的规定》第12条，个人的出行行程安排属于私人活动信息，从而应属于隐私信息，可通过隐私权纠纷主张救济。而姓名、手机号和庞某鹏的行程信息（隐私信息）结合在一起时，整体的信息也因为包含了隐私信息（行程信息）而在整体上成为隐私信息。信息时代隐私权的内涵包括个人有权自主决定是否公开及如何公开其整体的具有可识别性的个人信息，姓名和手机号及行程信息结合起来的个人信息也应属于个人信息自主的内容。2.根据证明责任的分配，上诉人承担举证被上诉人存在泄露其个人隐私信息的责任，仅需达到高度可能性标准。被上诉人的反证推翻需达到使待证事实真伪不明的程度。从机票销售的整个环节看，庞某鹏自己、鲁某、趣拿公司、东航、中航信都是掌握庞某鹏姓名、手机号及案涉行程信息的主体。法院首先认可庞某鹏、鲁某诚实善意的通常状态而排除两人泄露庞某鹏隐私信息的可能。从收集证据的资金、技术等成本上看，作为普通人的庞某鹏根本不具备对东航、趣拿公司内部数据信息管理是否存在漏洞等情况进行举证证明的能力。因此，客观上，法律不能也不应要求庞某鹏证明必定是东航或趣拿公司泄露了其隐私信息。相比之下，被上诉人提交的证明其已采取信息安全保护措施和可能由犯罪分子泄露的证据，未能证明上诉人信息的泄露的确是归因于他人；或是因为难以预料的黑客攻击；或是其自身或鲁某所为，不能推翻原告举证。

案件评析

（一）相关法律规范

我国涉及隐私权和个人信息保护所涉及的法律众多，如《宪法》、《中华人民共和国刑法》、《未成年人保护法》、《中华人民共和国网络安全法》（以下简称《网络安全法》）、《民法典》及已经被废止的《民法通则》《民法总则》等，还有《中华人民共和国个人信息保护法》（以下简称《个人信息保护法》）等。总体而言，这是一个正处在快速变动的法律领域。

2017年开始实施的《民法总则》第111条规定："自然人的个人信息受法律保护。任何组织和个人需要获取他人个人信息的，应当依法取得并确保信息安全，不得非法收集、使用、加工、传输他人个人信息，不得非法买卖、提供或者公开他人个人信息。"在《民法典》实施之前，《民法总则》该规定作为保护个人信息的"帝王条款"和民事法律依据，具有基础性指引作用。

《民法典》人格权编延续和细化了《民法总则》的相关规定，不仅在该编第一章“一般规定”中就个人信息的合理使用(第999条之一)和第五章“名誉权”中就信用信息的收集(第1030条)等作出了规定，还专门在第六章“隐私权与个人信息保护”中规定了六个条文(第1034条至第1039条)，对个人信息保护的范围、权能(收集、使用、删除、更正等)、责任承担方式(合法性豁免)、匿名化处理等作出了详细的规定。具体如下：

《民法典》第六章“隐私权和个人信息保护”的具体规定如下：

第1032条　自然人享有隐私权。任何组织或者个人不得以刺探、侵扰、泄露、公开等方式侵害他人的隐私权。

隐私是自然人的私人生活安宁和不愿为他人知晓的私密空间、私密活动、私密信息。

第1033条　除法律另有规定或者权利人明确同意外，任何组织或者个人不得实施下列行为：(一)以电话、短信、即时通讯工具、电子邮件、传单等方式侵扰他人的私人生活安宁；(二)进入、拍摄、窥视他人的住宅、宾馆房间等私密空间；(三)拍摄、窥视、窃听、公开他人的私密活动；(四)拍摄、窥视他人身体的私密部位；(五)处理他人的私密信息；(六)以其他方式侵害他人的隐私权。

第1034条　自然人的个人信息受法律保护。

个人信息是以电子或者其他方式记录的能够单独或者与其他信息结合识别特定自然人的各种信息，包括自然人的姓名、出生日期、身份证件号码、生物识别信息、住址、电话号码、电子邮箱、健康信息、行踪信息等。

个人信息中的私密信息，适用有关隐私权的规定；没有规定的，适用有关个人信息保护的规定。

第1035条　处理个人信息的，应当遵循合法、正当、必要原则，不得过度处理，并符合下列条件：(一)征得该自然人或者其监护人同意，但是法律、行政法规另有规定的除外；(二)公开处理信息的规则；(三)明示处理信息的目的、方式和范围；(四)不违反法律、行政法规的规定和双方的约定。

个人信息的处理包括个人信息的收集、存储、使用、加工、传输、提供、公开等。

除此之外，《网络安全法》《个人信息保护法》也有涉及个人信息保护的相关条款，但因为不属于本案法律适用的范围，此处不再列举。

（二）法律适用的具体分析

我国的制定法在很长时间里并没有规定隐私权和个人信息的保护。1987 年开始施行并在 2021 年废止的《民法通则》在关于人身权方面规定了公民享有姓名权、肖像权、名誉权等，但没有具体明确隐私权。在这种情况下，1988 年最高人民法院在《民通意见》中，采取变通的方法，规定对侵害他人隐私权，造成名誉权损害的，认定为侵害名誉权，追究民事责任。2001 年 3 月 10 日起施行的《最高人民法院关于确定民事侵权精神赔偿责任若干问题的解释》规定：违反社会公共利益、社会公德侵害他人人格利益构成侵权。因此，在较长一段时间内，我国通过司法实践将隐私在内的合法人格利益纳入了直接的司法保护中。从上海法院审理情况来看，据不完全统计，2010 年至 2017 年《民法总则》施行前，上海法院以隐私权为案由受理的个人信息保护的案件 94 件，其中涉及"告知—选择"模式的案件占比 60%，且原告败诉率较高；其他以肖像权、姓名权、名誉权等具体人格权为案由保护个人信息的案件 36 件。[2]

《民法总则》实施后，第 111 条存在请求权不完整、利益保护模型不清、举证难度较大及损害赔偿认定较难等问题，往往难以直接适用于司法实践，只有个别案件援引该条文对相关主体进行司法救济。涉及个人信息保护的大部分案件的司法救济仍主要通过隐私权这一途径实现，甚至一些案件将"个人信息"限缩至隐私权范畴来保护，导致《民法总则》第 111 条规定的自然人个人信息权（权益）保护落空。[2]正是在这种背景之下，《民法典》人格权编对《民法总则》第 111 条进行了细化，特别是在人格权编的第六章"隐私权与个人信息保护"中规定了六个条文，对个人信息保护的范围、权能（收集、使用、删除、更正等）、责任承担方式（合法性豁免）、匿名化处理等作出了详细的规定。

在本案中，庞某鹏的行程安排既是个人敏感信息，也是个人的隐私。根据我国法律，私密信息可以享有隐私和个人信息的双重保护。但在具体适用的法律规则上，按照我国现行的《民法典》人格权编（分别规定了隐私权与个人信息保护），在出现二者重叠的情形下，应当优先适用隐私规则。隐私权也

[2] 蔡一博.《民法典》实施下个人信息的条款理解与司法应对[J].法律适用，2021(3):89.

可以被认为是个人对其个人信息披露的控制权。[3] 无论是个人信息控制权还是信息隐私权，都强调信息主体对信息的控制力，这种控制力的核心在于“告知—知情—同意”的规则设计。[4]

本案二审法院特别提到，根据案件的证据，东航和趣拿公司在被媒体多次报道涉嫌泄露乘客隐私后，即应知晓其在信息安全管理方面存在漏洞。但该两家公司却并未举证证明其在媒体报道后迅速采取了专门的、有针对性的有效措施，以加强其信息安全保护。而本案泄露事件的发生，正是其疏于防范导致的结果。因而可以认定东航和趣拿公司具有过错，理应承担侵权责任。

本案二审法院还提出了证明加害人的高度可能性的判断标准，即只要原告提供的证据能够表明被告存在泄露原告个人隐私信息的高度可能，而被告又不能反证推翻这种高度可能，就可以认为被告实施了泄露个人信息的加害行为。该标准一经提出，即在司法实践中产生了很大的影响，一些法院在处理个人信息侵权案件时采取了该标准。

有学者认为，在适用高度可能性的证明标准时，需要综合考量的因素：1.被告掌握原告被泄露的个人信息的范围与程度。2.其他单位或个人掌握被泄露的个人信息的可能性。3.被告是否曾经存在泄露自然人个人信息的情形。4.被告已经采取的个人信息的保护机制和具体措施。5.信息收集者、信息存储者、信息使用者对接入其平台的第三方应用是否建立准入等相应的管理机制和履行管理义务的情形。[5]

《个人信息保护法》也特别强调了个人信息处理者的过错及损害赔偿责任，并在举证责任的规则上，作出了有利于个人的设计。例如，《个人信息保护法（草案一次审议稿）》第65条规定：“因个人信息处理活动侵害个人信息权益的，按照个人因此受到的损失或者个人信息处理者因此获得的利益承担赔偿责任；个人因此受到的损失和个人信息处理者因此获得的利益难以确定的，由人民法院根据实际情况确定赔偿数额。个人信息处理者能够证明自己没有过错的，可以减轻或者免除责任。”《个人信息保护法（草案二次审议稿）》

[3] 张民安.场所隐私权研究：场所隐私权理论的产生、发展、确立和具体适用[M].广东：中山大学出版社，2016：6.
[4] 张勇.App个人信息的刑法保护：以知情同意为视角[J].法学，2020(8)：113.
[5] 程啸.论侵害个人信息的民事责任[J].暨南学报(哲学社会科学版)，2020(2)：45.

第 68 条第 1 款规定:“个人信息权益因个人信息处理活动受到侵害,个人信息处理者不能证明自己没有过错的,应当承担损害赔偿等侵权责任。……”

可见,立法者有关个人信息处理者过错的举证责任规则设计的思路,与本案的裁判思路是一致的。这与要求网络数据处理者尊重隐私、诚实守信的社会主义核心价值观也是一致的。

28 张某亚与蒋某龙、黄某确认合同效力纠纷案[1]

核心价值：文明和谐、善意保护

事实概要

原告张某亚与被告蒋某龙于 2005 年 8 月 9 日登记结婚。常德市房地产产权管理处房屋所有权证存根显示：2009 年 6 月 2 日，蒋某龙购买的武陵区××天地 1＃楼 1302 的房子(所有权证号：常房权证武字第 0××5 号)缮证完毕。2019 年 11 月 14 日，蒋某龙与被告黄某签订不动产买卖合同，黄某支付 50 万元房款。2019 年 11 月 19 日，黄某获得湘(2019)常德市不动产权第 0××0 号不动产权登记证书。原告张某亚认为，蒋某龙未经其同意，私自处分夫妻关系存续期间的共同财产，属于无权处分；黄某未尽谨慎审查义务，明知为夫妻共同财产仍然以低于市场价格购买该房屋，二被告的行为严重损害其合法权益。另查明：案涉房屋系黄某名下第三套房屋；其所有权转至黄某名下后，黄某作为甲方与乙方中国建设银行股份有限公司常德紫菱路支行签订了最高额抵押合同，合同项下贷款金额为 744 200 元。案涉房屋为合同项下的抵押财产。该最高额抵押合同约定："……本合同《抵押财产清单》记载的或双方另行约定的抵押财产价值，无论是否记载于登记机关的登记簿，

[1] 改写自(2021)湘 07 民终 159 号民事判决书。撰写人：朱冰，同济大学法学院教授。

均不表明抵押财产的最终价值，其最终价值为乙方处分抵押财产所得价款在扣除各项税费后的净额。若以抵押财产抵偿乙方债权的，上述暂定价值并不作为抵押财产抵偿乙方债权的依据，届时抵押财产的价值应由甲乙双方协商一致或依法公平评估确定。”

2020 年 8 月 24 日，原告张某亚以确认合同效力纠纷为由将被告蒋某龙、黄某起诉至常德市武陵区人民法院，请求判决合同无效，被告黄某配合被告蒋某龙将案涉过户至被告蒋某龙名下。一审法院作出(2020)湘 0702 民初 3325 号民事判决，驳回原告全部诉讼请求。

原告张某亚不服，提出上诉。

判决结果

一审法院认为，当事人之间订立有关设立、变更、转让和消灭不动产物权的合同，除法律另有规定或者合同另有约定外，自合同成立时生效。《婚姻法司法解释(三)》第 11 条规定：“一方未经另一方同意出售夫妻共同共有的房屋，第三人善意购买、支付合理对价并办理产权登记手续，另一方主张追回该房屋的，人民法院不予支持。”首先，案涉房屋登记在蒋某龙名下，但购买时间为蒋某龙和张某亚的夫妻关系存续期间，故案涉房产属于蒋某龙和张某亚夫妻双方共有财产。其次，房屋产权证显示案涉房屋为蒋某龙的私产，蒋某龙向黄某保证案涉房屋权属明晰且无与之相关的法律障碍，黄某有理由相信蒋某龙就案涉房屋的处理与原告达成一致意见。再次，黄某在购买案涉房屋后将其返租给蒋某龙居住，不属于明显不符合常理的情形；其所支付的价款虽然低于当时的市场价格，但根据案涉房屋交易申报、契税缴纳，尚属于合理低价，不存在明显低于市场价格的情形。最后，案涉房屋已办理了产权转移登记。由此，一审法院认定黄某构成案涉房屋的善意取得，判决驳回原告的诉讼请求。

二审法院认为，案涉房屋系张某亚与蒋某龙在婚姻关系存续期间所购买，属夫妻共同财产，蒋某龙单方出售案涉房屋的行为属于无权处分行为。

《最高人民法院关于审理买卖合同纠纷案件适用法律问题的解释》第 3 条第 1 款规定:“当事人一方以出卖人在缔约时对标的物没有所有权或者处分权为由主张合同无效的,人民法院不予支持。”依据该司法解释,蒋某龙与黄某所签订的不动产买卖合同有效。至于蒋某龙将案涉房屋登记在黄某名下的物权行为是否有效的问题,取决于黄某是否构成善意取得。根据双方的陈述及相关证据,案涉房屋的实际成交价格与最高额抵押合同中的评估价值的 70% 仍有差距,应认定为明显不合理的低价。因此,无论黄某是否知晓张某亚系案涉房屋的共有权人,均不构成善意取得,张某亚有权追回案涉房屋。从妇女儿童权益保护角度而言,案涉房屋并非黄某唯一购买的住房,若本案维持原判,上诉人张某亚与其子将居无定所,不利于对妇女儿童的合法权益保护及弘扬“和谐”这一社会主义核心价值观。案涉房屋过户至蒋某龙名下后,并不影响黄某依据其与蒋某龙签订的有效合同主张相关权利。据此,二审法院撤销一审判决,依法予以改判。

案件评析

(一)本案判决思路

本案的争议焦点在于被告蒋某龙及被告黄某间所签订的不动产买卖合同效力如何确定以及被告黄某是否构成善意取得。一审法院的判决思路为,首先基于案涉房屋系原告张某亚与被告蒋某龙婚姻存续期间购买的事实,确认其为夫妻共有财产,产权证上是否加上姓名无碍权利义务的行使。其次,根据《婚姻法司法解释(三)》就夫妻一方未经另一方同意处分共有房屋的规定,与本案之情形一一对照判断。案涉房屋产权证载明系单方所有、蒋某龙保证案涉房屋权属清晰并给予相关承诺,张某亚自 2020 年 6 月知晓相关事实而至 2020 年 8 月才起诉至法院,依据高度盖然性的证据标准,可以认定黄某构成善意取得;案涉房屋的成交价虽然低于当时的市场价,但考虑到蒋某龙急需大量资金并结合案涉房屋交易申报、契税缴纳的情况,亦属合理低价;案涉房屋在起诉时已办理产权转移登记,由此符合前述司法解释的相关规定,不予支持张某亚追回案涉房屋，驳回其诉讼请求。

在本案的二审中，常德市中级人民法院首先界定蒋某龙单方出售案涉房屋的行为属于无权处分。依据《商品房买卖合同纠纷解释》，无权处分行为不影响合同效力。因此认定蒋某龙与黄某间的合同属于有效合同。其次，在审查蒋某龙将案涉房屋登记在黄某名下的物权行为是否有效时，主要判断黄某是否构成善意取得。根据双方的陈述及相关证据，对比、计算案涉房屋的成交价格及抵押价值，认定案涉房屋的成交价格低于评估价值的70%，属于《最高人民法院关于适用〈中华人民共和国合同法〉若干问题的解释（二）》（以下简称《合同法司法解释（二）》）第19条规定的"明显不合理的低价"，从而认定黄某不构成善意取得，张某亚有权追回案涉房屋。最后，二审法院从妇女儿童权益保护以及弘扬社会主义核心价值观的角度出发，认为黄某目前拥有三套房屋，而张某亚及其子仅此一套房屋，将案涉房屋判归黄某所有可能使张某亚及其子居无定所，有违"和谐"这一价值理念，而黄某的损失则可依据其与蒋某龙间的有效合同得到救济，由此判决黄某将案涉房屋过户至蒋某龙名下。

（二）相关法律规范、学理研究及评析

在婚姻关系存续期间，夫妻一方擅自处分共有房产，常常使法律在价值判断上陷入两难：一方面，单方处分的行为侵害了另一方的权益，应当对另一方予以充分保护；另一方面，受让人若为善意第三人，其合理的信赖利益亦值得保护。如何寻求二者的平衡，是民法兼顾交易安全与效率、彰显公平正义的必然要求。所谓夫妻共有财产，即夫妻在婚姻关系存续期间所得的、归夫妻共同所有的财产，《民法典》第1062条对此作了具体规定。本案案涉房屋虽然仅登记在蒋某龙名下，但其归属夫妻共有财产应无争议，因为其系婚姻关系存续期间所购买。实践中，类似本案当事人将共有房产登记在一方名下的情况较为常见，此种情况并不影响对共有的认定，而只是房产所有权的登记错误。夫妻在婚后购置的房产只要符合《民法典》第1062条所规定的夫妻共有财产的范围，便无须通过登记在双方名下来公示设立，其因婚姻缔结这一事实行为而直接产生共有物权设立的法律效力。只是，此种非因法律行为所引起的物权变动不能对抗善意买受人，这也是本案审理过程中重点讨论被告

黄某是否构成善意取得的原因所在。

夫妻一方擅自处分共有房产依据不同情形大致可分为三类：一是共有房产登记在夫妻双方名下，夫或妻单方处分该房产；二是共有房产登记在夫或妻一方的名下，登记权利人单方处分该房产；三是共有房产登记在夫或妻一方的名下，非登记权利人单方处分该房产。夫妻共同房产的真实权属状态为共同所有，即共同享有事实物权，而登记权利人对该房产享有法律物权。在前述第一种情形下，若处分人以自己的名义处分，显然构成无权处分；但若以夫妻双方的名义处分，则兼具自有权利的处分人与另一方权利处分的代理人的双重身份，此时应当适用无权代理的规则予以判断，当然表见代理在此亦有适用空间。[2] 在第二种和第三种情形下，处分人的行为显然构成无权处分，只是在判定第三人是否构成善意取得上有所区分，第三种情形中的第三人明显具有恶意，法律自无优先保护其权益的必要。依据《民法典》第 597 条第 1 款规定："因出卖人未取得处分权致使标的物所有权不能移转的，买受人可以解除合同并请求出卖人承担违约责任。"无权处分并不影响合同的效力。本案案涉房屋的处分属于第二种情形，无论是否构成善意取得，被告蒋某龙与被告黄某间的合同仍然是有效的，即便被告黄某无法取得案涉房屋的所有权，也可依据合同主张违约责任。

依据《民法典》第 311 条第 1 款规定："无处分权人将不动产或者动产转让给受让人的，所有权人有权追回；除法律另有规定外，符合下列情形的，受让人取得该不动产或者动产的所有权：(一)受让人受让该不动产或者动产时是善意；(二)以合理的价格转让；(三)转让的不动产或者动产依照法律规定应当登记的已经登记，不需要登记的已经交付给受让人。"《婚姻法司法解释(三)》第 11 条规定："一方未经另一方同意出售夫妻共同共有的房屋，第三人善意购买、支付合理对价并办理产权登记手续，另一方主张追回该房屋的，人民法院不予支持。"在夫妻一方擅自处分共有房产的案件中，同样适用善意取得制度，应当严格按照善意取得的标准予以判定。在判断买受人是否善意时，应当综合考量买受人所拥有的信息、所处的交易地位、与处分人的关系亲密程度等；在判断是否支付合理对价时，则依据《合同法司法解释(二)》第

[2] 谭振亚，陈娅梅．论夫妻共有房产单方处分行为的效力[J]．人民司法，2014(3)：31-35．

19 条关于“明显不合理的低价”“明显不合理的高价”的规定，将成交价格与交易地指导价或市场交易价的 70%作比较。本案中，二审法院就是基于黄某与蒋某龙的成交价格低于案涉房屋价值的 70%这一原因，认定其不构成善意取得。

本案的一个亮点在于，二审法院在释法说理时，援引妇女儿童权益保护的精神及社会主义核心价值观作为裁判的重要价值导向，在法理之外增加了情理关怀。黄某拥有三套房屋，而张某亚母子仅此一套。黄某购买房屋办理最高额抵押后仍以租赁的方式给蒋某龙一家居住，在他不构成或者可能不构成善意取得的情况下，若将该房屋判归黄某所有，则可能使张某亚母子居无定所，不利于弘扬“文明和谐”的社会主义核心价值观；但若判归蒋某龙，则保护了张某亚母子的合法权益，黄某亦可通过合同进行违约救济，不失为两全之策。

29 徐某炳、王某烈诉冼某菁探望权纠纷案[1]

核心价值：公正、和谐

事实概要

徐某炳、王某烈的儿子徐某与冼某菁结婚后生育徐某承，2016 年 1 月 4 日，徐某突发疾病去世后，冼某菁独自抚养徐某承。2016 年 2 月 28 日，徐某炳与冼某菁签订书面协议，约定：由徐某炳出资、以儿子徐某名义购买的两套房屋的租金由冼某菁代收，所收租金用于保障冼某菁及徐某承的生活、学习等费用之需。徐某炳、王某烈主张自从徐某去世以后两年多的时间里，冼某菁以各种理由拒绝徐某炳、王某烈探望孙子，遂向法院起诉，请求行使探望权。

判决结果

广州市越秀区人民法院审理认为，根据《婚姻法》第 38 条规定，虽然探望

[1] 改写自(2018)粤 0104 民初 16108 号民事判决书。本案例入选广州市中级人民法院发布的“弘扬社会主义核心价值观十大典型案例”。撰写人：刘颖，同济大学法学院助理教授。

权仅限于父母对子女的探望,但从“法无禁止即可为”的原理理解,现行法律并未禁止祖父母、外祖父母对孙子女、外孙子女的探视。从社会公德、家庭伦理道德角度而言,祖父母、外祖父母探望其孙子女、外孙子女是人之常情、生活所需及精神所要。只要这种正常探望不影响未成年人健康成长,应当予以支持。被告冼某菁作为子女的母亲,在徐某去世后成为徐某承的监护人及直接抚养人,符合法律规定及徐某承健康成长的需要。在此前提下,两原告作为祖父母不能直接抚养徐某承亦在情理之中,且非原告的过错。而两原告已自愿将其可取得的租金收益交由被告作为徐某承的学习、生活费用,在一定程度上分担了被告的抚养责任,应视为两原告在现有的条件下对徐某承承担抚养责任的方式。因此,两原告要求定期探视徐某承的诉求,应予以支持。参考原、被告对探望时间的意见及徐某承的生活、学习情况,酌定两原告可每月探望徐某承两次(每次为周末一天,由两原告于上午9时在徐某承住处将其接走,当日晚上8时负责送回),被告应予协助。望日后双方为徐某承的健康成长多作考虑,一方面原告在行使探视权时应遵守本案所确定的时间从而减少被告的顾虑,另一方面被告也应给予相应的配合,双方共同努力才能使徐某承真正体会到祖父母的关怀与爱护,也可在一定程度上减轻因父亲离世而对其产生的不良影响。综上,徐某炳、王某烈要求定期探视徐某承的诉求,应当支持,故判决徐某炳、王某烈每月探望徐某承两次。

案件评析

(一)本案判决思路

本案中,法院认为祖父母“隔代探望权”虽然没有规定在法律条文中,但同时通过“法无禁止皆可为”的私法基本原理认为,当时法律并未禁止祖父母对孙子女的探视。并且,从权利义务角度,祖父母将房屋租金收益作为孙子徐某承学习、生活费用,尽到了一定程度抚养责任;从社会公德、家庭伦理道德角度而言,祖父母对于孙辈的探视为人之常情。故法院支持祖父母的“隔代探望权”。

（二）相关法律规范、学理研究及司法实践状况

在前《民法典》时代，亲属法中的探望权在《婚姻法》第38条有所规定[2]，该条规定了离婚后不直接抚养子女的父亲或母亲的探望权制度，尊重了离婚后父母子女之间的伦理道德观念。但是，该条所规定的探望权主体仅限于离婚后不直接抚养子女的父或母，并不包括三代以内的长辈直系血亲祖父母与外祖父母。《婚姻法》中将探望权主体限定在父或母之间，具有一定的合理性，因为父母与子女是家庭关系中最为熟悉和亲密的家庭成员；但是在长期坚持独生子女政策的情况下，双职工家庭无法照料子女，经常由祖父母或外祖父母在闲暇之时照顾孙子女或外孙子女，形成了亲密的家庭关系；即使在父母离婚后，祖父母或外祖父母的探视问题可以附着在父母的探望权基础上实现探视的天伦之乐。但在实际情况中，却忽略了另一种可能，即父母一方死亡后，子女的抚养一般由丧偶一方承担，此时承受丧子女之痛的祖父母或外祖父母的探视需求就无法实现，由此引发了系列社会问题、司法实务与学识理论争议。

关于亲属法中的探望权问题，主要是离婚后父母不直接抚养子女的一方探视子女的一种方式。至于探望权是否已经成为一种法定权利，尚有讨论的空间。在司法实务中，祖父母、外祖父母对孙子女、外孙子女要求探视的情况屡有发生，该主张已经超出了《婚姻法》第38条的文义范围。因此，在学说理论中关于祖父母、外祖父母可否主张探望权的问题上也存有争议。主要有肯定说、否定说和折中说三种情形。支持祖父母、外祖父母主张探望权的观点认为，从中国家庭传统文化习俗、权利义务对等的内在要求等因素应予支持；否定祖父母、外祖父母主张探望权的观点认为，“隔代探望”并非一种独立的权利形态，突破了《婚姻法》的规定，同时道德义务不能混同于法律义务，因此不能予以扩张探望权主体；折中说的观点则认为，对隔代探望权而言不能作

[2] 《婚姻法》第38条规定：“离婚后，不直接抚养子女的父或母，有探望子女的权利，另一方有协助的义务。行使探望权利的方式、时间由当事人协议；协议不成时，由人民法院判决。父或母探望子女，不利于子女身心健康的，由人民法院依法中止探望的权利；中止的事由消失后，应当恢复探望的权利。”

绝对化的理解，而必须考虑类型化区分。[3] 梳理现有的法院案例，持肯定说的有“全国首例隔代探望权”“江苏首例隔代探孙权”，又如“刘某与吴某某、冯某探望权纠纷案”[4]“张某、秦某与陶某探望权纠纷案”[5]“上诉人赵某因与被上诉人刘某探望权纠纷案”[6]“冯某、陈某等与应某探望权纠纷案”[7]等。以上案例中的祖父母、外祖父母的隔代探望权均得到支持，均为要求行使隔代探望权的祖父母或外祖父母的子女因故去世的情形。但也有子女未去世，祖父母以子女作为被告主张行使隔代探望权，如“孙某甲、黄某某与孙某乙、马某某探望权纠纷案”[8]。总体上看，“隔代探望”的肯定说，是现阶段比较流行和广受支持的观点。

此外，除了现有法院案例外，在法院发布的各类规范性指导文件等司法文件中，均提及祖父母或外祖父母的探望权。如在《最高人民法院关于当前民事审判工作中的若干具体问题》认为，原则上应根据《婚姻法》第 38 条规定，将探望权的主体限定为父或者母，但是可以探索在特定情况下的突破，比如祖父母或外祖父母代替已经死亡或者无抚养能力的子女尽抚养义务时，根据《婚姻法》第 28 条规定，可以赋予其探望权。在《2015 年全国民事审判工作会议纪要(最高人民法院)》中明确指出，抚养孙子女、外孙子女的祖父母、外祖父母主张探望孙子女、外孙子女的，一般应予保护。2016 年 11 月 21 日，最高人民法院关于印发《第八次全国法院民事商事审判工作会议(民事部分)纪要》的通知(法〔2016〕399 号)也指出，祖父母、外祖父母对父母已经死亡或父母无力抚养的未成年孙子女、外孙子女尽了抚养义务，其定期探望孙子女、外孙子女的权利应当得到尊重，并有权通过诉讼方式获得司法保护。2019 年 7 月，江苏省高级人民法院民一庭印发的《家事纠纷案件审理指南(婚姻家庭部分)》也回应了如何除了祖父母、外祖父母主张隔代探望权的问题，他们认为“探望权的行使主体是不直接抚养子女的父母一方，义务主体是直接抚养

[3] 庄绪龙．“隔代探望”的法理基础、权利属性与类型区分[J]．法律适用，2017(23)：82-90．

[4] 上海市第二中级人民法院民事判决书(2020)沪 02 民终 11029 号。

[5] 江苏省泰州市中级人民法院民事判决书(2017)苏 12 民终 1348 号。

[6] 河南省濮阳市中级人民法院民事判决书(2013)濮中法民二终字第 84 号。

[7] 江西省南昌市西湖区人民法院民事判决书(2019)赣 0103 民初 1692 号。

[8] 辽宁省大连市甘井子区人民法院民事判决书(2015)甘民初字第 7348 号。

子女的父母一方。祖父母、外祖父母主张探望孙子女、外孙子女的，一般不予支持。但祖父母、外祖父母对未成年孙子女、外孙子女尽了抚养义务，其主张探望孙子女、外孙子女的，可以支持”。可见，各级法院对于祖父母、外祖父母可否行使探望权的问题持肯定意见，只是对于祖父母、外祖父母的范围有所分歧；最高人民法院对于“隔代探望权”的行使主体限定为“祖父母、外祖父母对父母已经死亡或父母无力抚养的未成年孙子女、外孙子女尽了抚养义务”，但江苏省高院的行使主体更为宽泛，认为“祖父母、外祖父母对未成年孙子女、外孙子女尽了抚养义务”即可作为探望权主体。

在《民法典》编纂过程中，隔代探望权也是婚姻家庭编受关注的内容之一。祖父母、外祖父母的隔代探望问题曾在《民法典草案(一审稿)》第864条[9]、《民法典草案(二审稿)》(2019年6月17日稿)第864条[10]作了相应的规定。但在2019年10月22日，全国人大常委会对《民法典》婚姻家庭编(草案)进行第三次审议，删除了一审稿和二审稿中增设的“隔代探望权”条款。对此，全国人大宪法和法律委员会的观点认为，“鉴于目前各方面对此尚未达成共识，可以考虑暂不在《民法典》中规定祖父母、外祖父母进行隔代探望，如与直接抚养子女的一方不能协商一致，可以通过诉讼由人民法院根据具体情况加以解决”。可见，草案删除“隔代探望权”条款并不能作出否定解释，也不意味着立法机关反对该制度，而是认为对该规则在编纂《民法典》过程中难以达成共识，所以可以由人民法院在司法实践中逐渐探索。因此，祖父母、外祖父母的“隔代探望权”在《民法典》时代仍有进一步讨论的价值。

回归实证法，《民法典》第1086条直接沿袭《婚姻法》第38条，仅规定了离婚后父母不抚养子女一方的探望权，并无法律规范对祖父母、外祖父母探望权的直接规定。如前述，尽管在《民法典》三审稿中将祖父母、外祖父母的“隔代探望权”条款删除，但从全国人大宪法和法律委员会的观点可得知，并非立法者对该问题有意保持沉默。故而，该问题依旧是我国现行法中的法律漏洞，需要运用法律解释学方法在技术层面予以解决。

从《民法典》一审稿和二审稿来看，立法机关对于祖父母、外祖父母的“隔

[9] 第864条，祖父母、外祖父母探望孙子女、外孙子女的，参照适用前条规定。

[10] 第864条，祖父母、外祖父母探视孙子女、外孙子女，如果其尽了抚养义务或者孙子女、外孙子女的父母一方死亡的，可以参照适用前条规定。

代探望权”观点有一定的变化。根据一审稿第 864 条的规定，祖父母、外祖父母的探望参照离婚后不直接抚养子女的父或母的探望权，但根据二审稿将祖父母、外祖父母的范围限定在“尽了抚养义务或者孙子女、外孙子女的父母一方死亡的”情况下可参照适用离婚后不直接抚养子女的父或母的探望权条款。可见，立法机关对于该问题也摇摆不定。该问题的核心点在于探望权的本质、探望权的行使主体以及祖父辈直系长辈血亲在何种范围可享有探望权。首先，探望权本质上是父母子女关系中的一种延伸。在婚姻关系存续期间，父母与未成年子女在同个屋檐下一起生活、交流，未成年子女在父母的监护下健康成长。父母因离婚发生婚姻关系变动，仅发生父母之间的夫妻权利义务的终止，并不影响父母与子女之间的关系，父母与子女之间仍然具有法律上权利义务关系。[11] 所以，不直接抚养子女的父亲或母亲不仅具有抚养义务，依旧享有维系父母子女关系的会面、交往和短暂生活的权利，此种权利就是探望权。可见，探望权是一种特殊家庭形式的父母子女关系的体现。立法将探望权的行使主体限定为父母，也符合其本质。此时，祖父辈直系长辈血亲的探望问题可在不直接抚养子女的父亲或母亲行使探望权的基础上实现。因此，在离婚作为婚姻关系变动的情形时，祖父辈直系长辈血亲的探望无任何障碍。故现行法对于离婚后祖父辈直系长辈血亲的探望不作规定并无不妥，也不存在法律漏洞。

关键的问题在于，父母的婚姻关系变动除离婚外，尚有因死亡而终止。至于父母一方死亡，是否导致祖父母、外祖父母与孙子女、外孙子女之间的权利义务发生变动，法律上并未对此作出明确回答。但从体系解释，我们可得出答案，例如《民法典》第 27 条、第 1074 条、第 1127 条分别规定了祖父母、外祖父母在监护、抚养和继承等方面的权利义务；并且《民法典》第 1045 条第 2 款明确规定祖父母、外祖父母与孙子女、外孙子女为近亲属的法律关系，可见父母一方死亡，不会导致祖父母、外祖父母与孙子女、外孙子女之间的权利

[11] 《民法典》第 1084 条规定:“父母与子女间的关系，不因父母离婚而消除。离婚后，子女无论由父或者母直接抚养，仍是父母双方的子女。离婚后，父母对于子女仍有抚养、教育、保护的权利和义务。离婚后，不满两周岁的子女，以由母亲直接抚养为原则。已满两周岁的子女，父母双方对抚养问题协议不成的，由人民法院根据双方的具体情况，按照最有利于未成年子女的原则判决。子女已满八周岁的，应当尊重其真实意愿。”

义务终止。但事实上，一旦发生父母一方死亡的情形，在世父亲或母亲与其公婆或岳父母之间的姻亲关系也因死亡而终止，未成年子女一般而言由尚在世的父或母直接抚养，此时将发生孙辈与祖父辈的长辈直系血亲将发生物理上、空间上的分离，进而产生了祖父辈对于孙辈的探望问题。正是如前述条文规定祖父母、外祖父母在未成年孙子女、外孙子女的父母死亡或没有监护(抚养)能力时，有监护职责和抚养义务。因此，从法律上来看，维系孙辈与祖父辈之间的亲情实属必要。实证法上对此并未作任何规定，因而此处有法律漏洞，需要进行漏洞填补，即可参照适用离婚后不直接抚养父或母的探望权规定。

就本案而言，徐某炳之子徐某突发疾病去世后，冼某菁独自抚养徐某承，徐某炳夫妇以房屋所收租金用于保障冼某菁及孙子徐某承的生活、学习等费用。法院通过“法无禁止皆可为”的私法基本原理等角度，支持了作为祖父母徐某炳、王某烈要求定期探视孙子徐某承的诉求。尽管从论证方式和法律解释技术上有所不足，但该结果较为妥当。

探望权系亲权的延伸，是基于父母与子女之间特定身份关系而衍生出来的，是为了保护子女的利益而设定的权利，是血缘关系中的固有亲情之体现。祖父母与孙子女具有基于特殊血缘情感而产生的特殊身份，不因父母婚姻关系的结束而消灭。对祖父母探望孙子女的主张予以保护，不仅能够满足祖父母对孙子女的关心、抚养、教育的情感需要，对孙子女也是天伦共享的行为，系符天理、合人伦之举，能一定程度上弥补逝者在子女关爱上的缺位，保护未成年孙子女的身心健康及情感需要，对孙子女的价值观形成起到积极的作用，更符合探望权的伦理价值取向、最有利于未成年子女利益原则与社会善良风俗。

法律的价值在于以公正、和谐的理念评判婚姻家庭关系产生的合情、合理和合法权益，家庭是社会的细胞，家庭和谐是社会和谐的基础。含饴弄孙、承欢膝下，是人们最朴素的理想情怀之一。在父母一方死亡的情况下，运用法律解释学，参照适用离婚后不直接抚养子女的父亲或母亲的探望权条款支持祖父辈的“隔代探望权”，兼具情理与法理，符合我国传统家庭伦理和社会道德观念，彰显了司法裁判的人文关怀。

30 高某翔诉高甲、高乙、高丙继承纠纷案[1]

核心价值：团结友爱、中华孝道

事实概要

高某启与李某系夫妻，其生育四名子女，即高甲、高乙、高戊、高丙。李某于 2012 年病故，高某启于 2014 年病故。高戊与高某翔系父子关系。

高某启与李某生前有回迁房一处，位于海城市，面积为 56.35 平方米，该回迁房系其与高乙交换房产所得，回迁手续中姓名为被告高乙。

2010 年 8 月 16 日，在程某、许某两名见证人的见证下，由刘某代书，高某启与李某立下代书遗嘱，遗嘱主要内容为：高某启、李某二人身体不好，患有脑血栓、糖尿病、高血压、小脑萎缩，生活不能自理，由其孙子高某翔伺候老人，老人决定将与高乙交换的高乙名下的位于保安××村回迁楼 2 号楼一楼西侧房屋送给高某翔。高某启与李某姓名由刘某代签，高某启与李某捺印，程某、许某签名并捺印。

另查明，李某于 2009 年患小脑萎缩、高某启于 2010 年患脑血栓半身不

[1] 改写自(2019)辽 03 民终 1345 号民事判决书。本案例入选最高人民法院发布的“人民法院大力弘扬社会主义核心价值观十大典型民事案例”。撰写人：陈洁蕾，同济大学法学院助理教授。

遂，高某翔没有工作，专职照顾二人生活直至二人去世。高某启、李某去世后的后事也由高某翔出资处理。李某退休后每月有退休金收入，从 1 200 元涨至 1 800 元。高某启没有收入，在李某去世后其每月有 500 元遗属补助收入。

一审法院判决确认高某启、李某于 2010 年 8 月 16 日所立代书遗嘱合法、有效；位于海城市，面积为 56.35 平方米，回迁手续中姓名为高乙的房屋所有权归原告高某翔所有。高甲、高乙、高丙不服一审判决提起上诉。

判决结果

一审法院认为，该代书遗嘱合法有效，案涉房屋应当由高某翔继承。

二审法院认为，本案的代书人属于《中华人民共和国继承法》（以下简称《继承法》）第 18 条规定的禁止代书人，因此其代书行为不符合代书遗嘱的法定形式要求，应属无效，本案应当按照法定继承进行处理。高某翔对高某启、李某尽到了主要的生养死葬的扶助行为，根据《继承法》第 14 条的规定，其可以将其视为第一顺序继承人并分得适当遗产。高某翔虽没有赡养祖父母的法定义务，但其能专职侍奉生病的祖父母多年直至老人病故，使得高某启、李某得以安享晚年，这正是良好社会道德风尚的具体体现，并足以让社会、家庭给予褒奖。而《继承法》第 13 条规定的有抚养能力的继承人，不尽扶养义务的，应当不分或少分遗产，是对未尽到扶养义务的继承人的惩戒。故维持一审民事判决的第一项，即案涉房屋由高某翔继承。

案件评析

（一）本案判决思路

本案中一审与二审的争议焦点主要有二：第一，本案中刘某代书之遗嘱的效力问题；如果遗嘱有效，则本案应当按照遗嘱继承进行，如果遗嘱无效则需要按照法定继承办理。针对这一点，一审二审裁判中的观点并不一致。第二，如果遗嘱无效，则需进一步明确遗产法定继承人范围，顺序以及相应的财产如何分配的问题。

就本案上述争议焦点而言，本案两审法院虽然都认定本案回迁手续中姓名为高乙的房屋应当由高某翔继承，但裁判思路并不一致。根据案件事实可知高某启与李某所立代书遗嘱，在程某、许某两名见证人的见证下，由刘某代书，高某启与李某姓名由刘某代签，高某启与李某捺印，程某、许某签名并捺印。一审法院认定代书遗嘱有效，因而本案的继承关系应当按照遗嘱继承进行。然而，二审法院认为而本案的代书人与高某翔取得遗产存在身份和利益上的利害关系，属于《继承法》第 18 条规定的禁止代书人，因此其代书行为不符合代书遗嘱的法定形式要求，应属无效，本案应当按照法定继承进行处理。

按照法定继承的路径，则需要确定法定继承人范围，法定继承人之间对于遗产的应继份额如何分配，以及是否存在其他可能有权继承遗产的特殊主体。在二审中，法院首先确定本案第一顺序的法定继承人为高甲、高乙、高丙和高戊四人。但进一步指出《继承法》第 14 条规定，继承人以外的对被继承人扶养较多的人，可以分配给他们适当的遗产。基于这一法律规定，因高某翔对高某启、李某尽到了主要的生养死葬的扶助行为，其可以视为第一顺序继承人并分得适当遗产。

在确定继承人范围之后，需要解决的问题则是，如何进行具体的遗产分配，对此二审法院认为《继承法》第 14 条所规定的“适当分配遗产”，不是适可而止的意思，而是与非继承人所行扶养行为相适应，和其他有赡养义务的继承人所尽赡养义务相比较的适当比例。而在本案，高某翔几乎尽到了对高某启、李某两位被继承人生养死葬的全部扶养行为。而其他继承人有能力，虽在 2010 年高明启患病住院时也有带其就医并轮流护理的行为，但与之后四年的患病卧床抚养需求相比，仍不能认为尽到了扶养义务。二者相比较，只有将全部遗产分配给高某翔才能与其做到的巨大付出相适应。基于上述理由，二审法院认为原审法院判决将争议财产判归高某翔所有正确，予以维持。

（二）相关法律规范、学理研究及司法实践状况

继承制度体现了自然人的财富传承。继承权是一项重要的民事权利，是

继承人为依法享有的、能够无偿取得被继承人遗产的权利[2],同时继承权虽然体现了财产所有权的转移,但因其又具有较强的身份属性,故有别于一般的财产性权利。随着我国社会经济发展,私有财产的不断丰富与积累,继承制度的重要性日渐提高,继承相关纠纷的数量和复杂性也逐渐增加。社会家庭结构、继承观念等方面的变化使得原本1985年《继承法》的规定已经不能完全满足目前司法实践的实际需求,实际上除了最高人民法院有关司法解释之外,该法自实施以来30余年并未得到修订。此次《民法典》继承编的规定实际上是在《继承法》以及相关司法解释的基础上,对于我国继承制度整体上进行了修订和完善。

具体来看本案,实际上主要涉及的争议问题有二:其一是遗嘱继承与遗赠的效力问题;其二则是当遗嘱继承或遗赠无效时,如何按照法定继承的方式进行继承。

首先来看遗嘱继承与遗赠的效力问题。从整体上来说,遗嘱继承是被继承人个人意志的体现,是私法自治这一民法基本原则的继承领域的具体体现。《民法典》第1133条在《继承法》第16条的基础上,对于遗嘱继承和遗赠进行了一般规定:"自然人可以依照本法规定立遗嘱处分个人财产,并可以指定遗嘱执行人。自然人可以立遗嘱将个人财产指定由法定继承人中的一人或者数人继承。自然人可以立遗嘱将个人财产赠与国家、集体或者法定继承人以外的组织、个人。自然人可以依法设立遗嘱信托。"相比《继承法》的规定,《民法典》的这一规定,除了在第4款增加了遗嘱信托之外,其他三款主要针对文字进行了修改,使得法律规范的表述更为准确。

上述《民法典》第1133条第1款的规定,从立法的层面确认了遗嘱自由,即遗嘱人可以以遗嘱的方式处分自己身后财产的自由,其自由包括设立遗嘱自由、撤回变更遗嘱自由、遗嘱方式自由等。第2款和第3款分别就遗嘱继承和遗赠进行了原则性的规定。应当注意的是,虽然遗嘱继承和遗赠都属于自然人通过遗嘱的方式处分其身后财产的方式,但二者存在显著的区别。遗嘱继承中,继承人应当为法定继承人中的一人或者数人,而遗赠中的受遗赠人应当为法定继承人以外的其他主体,即国家、集体或者法定继承人以外的组织、个人。根据《民法典》第1127条(《继承法》第10条)的规定,法定继承人的

[2] 王利明.民法(下册)[M].北京:中国人民大学出版社,2020:459.

范围为配偶、子女、父母；兄弟姐妹、祖父母、外祖父母。具体到本案中，高某翔为被继承人高某启、李某的孙子女，故不属于法定继承人的范围，因此本案中代书遗嘱的法律性质实为遗赠。除了受继承人和遗嘱继承人的范围不同之外，还应当注意的是《民法典》第 1124 条对接受或放弃继承、遗赠的规定："继承开始后，继承人放弃继承的，应当在遗产处理前，以书面形式作出放弃继承的表示；没有表示的，视为接受继承。受遗赠人应当在知道受遗赠后六十日内，作出接受或者放弃受遗赠的表示；到期没有表示的，视为放弃受遗赠。"相比《继承法》第 25 条而言，《民法典》这一规定，明确了放弃继承的意思表示应当以书面的方式作出，并更为准确地表明了受遗赠人应当在知道受遗赠后六十日内而非二个月内作出。

本案第一个争议焦点，即代书遗嘱的效力。遗嘱的效力可以从实质要件和形式要件两个方面来认定。从实质要件上来说，遗嘱的有效需要遗嘱人具有遗嘱能力，无民事行为能力人或者限制民事行为能力人所立的遗嘱无效；遗嘱必须是遗嘱人真实意思表示的体现，遗嘱必须表示遗嘱人的真实意思，受欺诈、胁迫所立的遗嘱无效，伪造的遗嘱无效，遗嘱被篡改的，篡改的内容无效(《民法典》第 1143 条)；遗嘱所处分的财产需是遗嘱人的个人合法财产(《民法典》第 1122 条)；遗嘱应当为缺乏劳动能力又没有生活来源的继承人保留必要的遗产份额(《民法典》第 1141 条)；遗嘱作为法律行为，还应当遵循不违反法律、行政法规的强制性规定，不违背公序良俗的限制(《民法典》第 143 条第 3 款)。从形式要件上来说，作为要式法律行为，遗嘱应当采用法律规定的形式，包括自书遗嘱、代书遗嘱、打印遗嘱、录音录像遗嘱、口头遗嘱、公证遗嘱。

在本案中当事人所采用的为代书遗嘱，《民法典》第 1135 条规定，代书遗嘱应当有两个以上见证人在场见证，由其中一人代书，并由遗嘱人、代书人和其他见证人签名，注明年、月、日(《继承法》第 17 条第 3 款)。另外还应当注意的是根据《民法典》第 1140 条第 3 款规定，与继承人、受遗赠人有利害关系的人不能作为遗嘱见证人。具体到本案中，代书人刘某是高某翔的妻子，在代书遗嘱时双方是恋爱关系，应当认定代书人与受遗赠人有利害关系，代书遗嘱无效，应当按照法定继承的方式处理遗产。因此，一审判决认定代书遗嘱有效确实存在适用法律错误。

根据《民法典》第 1127 条（《继承法》第 10 条），继承开始后，由第一顺序继承人继承，第二顺序继承人不继承；没有第一顺序继承人继承的，由第二顺序继承人继承。本案中，被继承人存在第一顺序继承人，即高甲、高乙、高丙和高戊四人，那么按照法定继承的规定，应当由其四人继承被继承人之遗产。另外，根据《民法典》第 1131 条（《继承法》第 14 条），对继承人以外的依靠被继承人扶养的人，或者继承人以外的对被继承人扶养较多的人，可以分给适当的遗产。因此，高某翔对被继承人尽到了主要生养死葬的扶助行为，可以分给适当遗产符合法律的规定。

然而争议的焦点在于，这里的“适当”应做如何理解，以及是否可以将该房产全部分配给高某翔。二审法院认为《继承法》第 13 条所规定的“适当分配遗产”，不是适可而止的意思，而是与非继承人所行扶养行为相适应，和其他有赡养义务的继承人所尽赡养义务相比较的适当比例。而根据《继承法》第 13 条，有扶养能力和有扶养条件的继承人，不尽扶养义务的，分配遗产时，应当不分或者少分。在本案中，虽在 2010 年高某启患病住院时其他继承人也有带其就医并轮流护理的行为，但与之后四年的患病卧床抚养需求相比，仍不能认为尽到了扶养义务。因此，只有将全部遗产分配给高某翔才能与其做到的巨大付出相适应。《继承法》与《民法典》的这一规定实际上是关于继承人以外的人酌情分得遗产的制度，体现的是对积极赡养老人这一传统美德的肯定和鼓励。但应当注意的是，对于这里的“适当”应做如何理解，学界也有不同观点。有观点认为，应不超过继承人的应继份，其原因在于请求权人不是继承人，遗产应主要给予继承人；另一种观点认为，请求权人所得财产可以多于或少于继承人的应继份，具体给付多少应视具体情况而定。参考《最高人民法院关于贯彻执行〈中华人民共和国继承法〉若干问题的意见》第 31 条规定，酌情分得遗产的数量，“按具体情况可多于或少于继承人”[3]。因此，能否以不尽扶养义务为由，将遗产全部交由法定继承人之外的人继承，并非完全没有疑问。这里也提醒当事人在订立遗嘱时，应当注意遗嘱的形式要件，避免遗嘱因形式上的瑕疵而归于无效。

应当说，遗产继承处理的不仅是当事人之间的财产关系，还关系到家庭

---

[3] 最高人民法院法典贯彻实施工作领导小组. 中华人民共和国《民法典》理解与适用（婚姻家庭继承编）[M]. 北京：人民法院出版社，2020：548.

伦理和社会道德风尚，继承人应当本着互谅互让、和睦团结的精神消除误会，积极修复亲情关系，共促良好家风。诚如二审法院所言，本案中高某翔虽没有赡养祖父母的法定义务，但其能专职侍奉生病的祖父母多年直至老人病故，是良好社会道德风尚的具体体现，应当予以鼓励。本案裁判结合《继承法》的规定对高某翔的赡养行为给予高度肯定，确定了其作为非法定继承人享有第一顺位的继承权利，并结合其赡养行为对高某翔适当继承遗产的范围进行合理认定，实现了情理法的有机融合，弘扬了团结友爱、孝老爱亲的中华民族传统美德，是践行社会主义核心价值观的体现。

31 黄某与南车南京浦镇车辆有限公司继承纠纷案[1]

核心价值：友善助人

事实概要

被继承人陈某和未婚，无子女，生前系南车南京浦镇车辆公司（以下简称“浦镇车辆公司”）职工。

黄某与陈某和系朋友关系，黄某多年来对陈某和照顾有加。2010年10月21日，陈某和作为“住养方”、黄某作为“送养人或本市担保人”与南京市社会福利院（以下简称“福利院”）签订了《住养协议书》，约定由福利院为陈某和提供住养服务并按照标准收取相应费用。2010年10月27日，黄某与陈某和在福利院签订《委托书》，载明：“本人因年老独身无子女，生活不方便。随着年龄的增长，考虑今后的养老问题，特委托朋友黄某作为我的监护人负责我的生活事宜：包括安排入住养老机构、缴纳养老费用和后事安排。”

2012年10月21日，陈某和因心脏骤停死亡，后事由黄某操办。2014年10月28日，黄某以浦镇车辆公司为被告诉至法院，请求判决由黄某继承陈某和的全部遗产，包括应由浦镇车辆公司支付的住房公积金约4万元及陈某和

[1] 改写自(2015)宁民终字第2447号民事判决书。撰写人：严桂珍，同济大学法学院教授。

所住公房今后拆迁的补偿款。

判决结果

一审法院认为，继承开始后，按照法定继承办理；有遗嘱的，按照遗嘱继承或者遗赠办理；有遗赠扶养协议的，按照协议办理。黄某与死者陈某和之间系朋友关系，并非陈某和的法定继承人；陈某和生前未作出遗嘱或遗赠的意思表示，亦未与黄某签订遗赠抚养协议，故黄某不具有合法的继承人资格。黄某提交陈某和住在福利院期间的收费票据及其丧葬费用票据、《住养协议书》、《委托书》等证据，用以证明黄某对陈某和尽到了赡养义务，故应当继承陈某和的遗产。但这些证据不能证明陈某和的各项费用均为黄某支付，且陈某和系浦镇车辆公司职工，其退休前后都有固定的收入及医疗保险，具备负担自身生活和医疗的经济基础。黄某在庭审中亦认可陈某和在福利院期间的退休金均用于缴纳福利院的费用。综上，黄某无充分证据证明其对陈某和尽到了赡养或扶养义务，故黄某要求继承陈某和遗产的请求，没有事实及法律依据。法院据此判决驳回黄某的全部诉讼请求。

一审宣判后，黄某不服原审判决，提起上诉称，黄某虽然不是陈某和的法定继承人，但对陈某和尽了主要扶养义务，在陈某和住福利院之前黄某对陈某和也尽了主要扶养义务。黄某和陈某和是老邻居，后来签署了住养协议及委托书，这是一个有瑕疵的遗赠扶养协议，因为黄某、陈某和当时都不懂法，所以不知遗赠扶养协议的具体格式条款，以为简单地写一个委托书和住养协议就可以了。陈某和生老病死、丧葬、墓地选择、火化都是黄某来做的，陈某和生前生病、看病及照顾日常生活也都是黄某来做的，一审仅凭黄某没给陈某和钱、陈某和有工资收入为由就驳回黄某的诉请没有依据。不能只看经济上的付出，黄某对陈某和劳务上的付出也要重视。黄某尽到了扶养义务，按法律可适当分得遗产。综上，请求撤销一审判决，改判由被上诉人支付给上诉人陈某和的全部遗产，包括住房补贴约 4 万元和 17.4 平方米公房今后拆迁的补偿款。

二审审理中，黄某放弃要求继承陈某和公房拆迁补偿款的诉请。

被上诉人浦镇车辆公司答辩称，上诉人不是陈某和合法继承人，不享有继承权。陈某和授权黄某作为其监护人，负责生活事宜、安排入住养老机构、缴纳福利院费用，陈某和授权内容明确，其内容并非对黄某进行遗赠的意思表示，或任何有关陈某和财产处分的约定。黄某与养老机构签订的住养协议完全是出于陈某和的授权行为，但不能将黄某归类为与乙方签有遗赠抚养协议的人员，不能据此认定上诉人是陈某和的遗产继承人。

二审中，法院至南京市点将台社会福利院(原南京市社会福利院)进行了调查，被调查人刘某(原护理区主任)陈述，按照规定陈某和老人应由直系亲属送养，但由于其没有亲属，是由黄某送养的，送养时陈某和思维还很清楚，身体也不错，对黄某也很信任，事情都是交给黄某做，黄某每周平均来两三次，福利院如果需要她来，黄某也很配合福利院的工作，其认为黄某对老人态度始终如一。法院还至浦镇车辆公司找证人李某乙(黄某同事)、丁某(黄某朋友)进行了调查。李某乙陈述，平时单位发东西都是黄某给陈某和送过去；陈某和年纪大了，所以送养老院、请护工照顾，但黄某经常去养老院看陈某和；陈某和发脾气，黄某经常安抚。证人认为黄某对陈某和尽心尽力，很负责。丁某陈述，陈某和系单身老人，黄某照顾她十几年了，老人对黄某很信任，什么事都找她办，陈某和也跟丁某说过，以后生老病死，都是黄某管，把她当作自己的女儿来看待，以前陈某和没住养老院时，生活起居都是黄某去照顾，丁某认为黄某对陈某和尽到了扶养义务。经质证，被上诉人浦镇车辆公司对法院调查笔录的真实性、合法性没有异议，但不认为黄某尽了一些扶养义务就应该继承陈某和的房贴。

二审法院认为，陈某和生前无直系亲属在旁照顾，黄某作为其朋友对其照顾较多，不仅在生活起居上进行了照料，在精神上也对陈某和进行了慰藉，在其身故后亦承担了丧葬的义务。虽然陈某和有退休金及医疗保险，其生前在养老院的费用亦大部分由自己负担，但对老年人的扶养并不仅限于财物的供养、劳务的扶助，更重要的是精神上的陪伴与抚慰。黄某作为独居老人陈某和的多年朋友，对其生活起居的帮扶及精神的慰藉应视为其尽了主要扶养义务，值得赞扬。根据《继承法》第 14 条的规定，对继承人以外的依靠被继承人扶养的缺乏劳动能力又没有生活来源的人，或者继承人以外的对被继承人扶养较多的人,可以分给他们适当的遗产。本案中,黄某虽不属于陈某和法定继承人,但对陈某和扶养较多,依法可以分给其适当的遗产。根据已查明的事实,陈某和无其他继承人,其应享受的老职工住房补贴经浦镇车辆公司测算约 52 070 元,该补贴为陈某和遗产。法院认为陈某和应享受的老职工住房补贴约 52 070 元由黄某继承为宜。

综上,法院依照《民事诉讼法》第 170 条第 1 款第(三)项之规定,判决:一、撤销南京市浦口区人民法院(2014)浦民初字第 3306 号民事判决;二、陈某和的老职工住房补贴约 52 070 元由黄某继承。

案件评析

此案争议的焦点是原告黄某是否属于《继承法》第 14 条规定的继承人以外的对被继承人扶养较多的人。一审法院认定原告不属于,而二审法院认定原告属于。

自然人去世后,其生前所有的个人合法财产,即遗产,将通过继承等发生权利变动。根据我国《继承法》,遗产继承的方式有两种:遗嘱继承和法定继承。遗嘱继承是指自然人立遗嘱将个人财产指定由法定继承人中的一人或者数人继承。自然人也可以立遗嘱将个人财产赠与国家、集体或者法定继承人以外的组织,自然人立遗嘱将个人财产赠与国家、集体或者法定继承人以外的组织的,称为遗赠。法定继承,是指直接根据法律规定的继承人的范围、顺序、遗产分配原则发生继承的一种财产继承方式。我国《继承法》第 10 条规定,遗产按照下列顺序继承:第一顺序为配偶,子女,父母;第二顺序为兄弟姐妹,祖父母,外祖父母。我国《民法典》对法定继承人的范围和顺序没有改动,仅是增加了兄弟姐妹子女的代位继承权。除此之外,遗产还可以根据有效的遗赠扶养协议发生权利变动。

在法定继承中,《继承法》规定了遗产的分配原则:第一,同一顺序继承人继承遗产的份额,一般应当均等。对生活有特殊困难的缺乏劳动能力的继承人,分配遗产时,应当予以照顾。对被继承人尽了主要扶养义务或者与被继承人共同生活的继承人，分配遗产时，可以多分。有扶养能力和有扶养条件的继承人，不尽扶养义务的，分配遗产时，应当不分或者少分。继承人协商同意的，也可以不均等(《继承法》第13条)。第二，对继承人以外的依靠被继承人扶养的缺乏劳动能力又没有生活来源的人，或者继承人以外的对被继承人扶养较多的人，可以分给他们适当的遗产(《继承法》第14条)。第二个原则是解决法定继承人以外的人分得遗产的权利。《民法典》对此条略有修正，放宽了适用条件。《民法典》第1131条规定："对继承人以外的依靠被继承人扶养的人，或者继承人以外的对被继承人扶养较多的人，可以分给适当的遗产。"

根据我国《继承法》第14条的规定，法定继承人以外可以分得遗产的人包括两类：一是继承人以外的依靠被继承人扶养的缺乏劳动能力又没有生活来源的人(《民法典》改为对继承人以外的依靠被继承人扶养的人)；二是继承人以外对被继承人扶养较多的人。这两类人，在分配被继承人遗产时，可以分给他们适当的遗产，可分得的份额按具体情况可多于或少于法定继承人。法定继承人之外可以分得遗产的人虽然不属于继承人，但他们分得遗产的权利同样受到法律保护，这种权利在学说上称为酌情分得遗产权。

《继承法》第14条包含两种人。第一种人行使酌情分得遗产权的条件是1.缺乏劳动能力又没有生活来源；2.依靠被继承人扶养。第二种人行使酌情分得遗产权的条件是：1.此人为法定继承人以外的人；2.对被继承人尽了较多的扶养义务。这类人通常是被继承人的亲戚、朋友、邻居、同事，根据法律，他们对被继承人不存在扶养义务，但由于某种原因，如被继承人没有法定继承人，或者法定继承人对被继承人不尽扶养义务等，事实上对被继承人提供了较多的照顾、帮助，换言之，在事实上对被继承人扶养较多。《继承法》设置该条款的意义就在于通过对无扶养义务人助人行为的积极评价，鼓励人们互帮相助，尤其是对老年人等弱势群体提供帮助，从而形成良好的社会风尚。

本案的关键是对"尽了较多扶养义务"的认定。认定"尽了较多扶养义务"时，不能简单地用付出多少金钱等经济价值的尺度来衡量，生活上的照料、对老人的陪伴和精神上的慰藉，也应认定为尽了较多扶养义务。本案中，黄某作为陈某和老人的同事、朋友，不仅多年来对作为孤寡老人的陈某和的生活起居照顾有加，并且能时常给予老人精神上的慰藉，让其在举目无亲的情况下仍能安享晚年，值得肯定。我国已经进入老龄社会，随着经济社会的发展，人员流动日益频繁，独居老人也越来越多，如何解决老年人的生活料理和精神慰藉，是整个社会面临的棘手问题。许多老年人享有退休金，在一些农村地区，老年人也享有一定程度的生活补贴，这部分老年人在经济上并不存在多少困难，真正困扰他们的却是生活起居上的艰难和精神上的孤独。因此，对于老人的扶养，不仅应从经济层面上认定，生活起居上的照料、陪伴，精神上的慰藉同样应当予以认定。二审裁判认为，不能仅仅以物质、金钱付出的多寡来衡量扶养人是否尽到扶养义务，具体生活的照料及独居老年人精神上的慰藉同样也是一种扶养行为，值得赞赏。司法在社会治理中具有评价、引领作用，二审判决结果可以在社会上起到引导人们相互帮助，同情弱势群体的作用，有利于弘扬社会主义核心价值观。

32 孙某军与孙某荣、孙某生共有纠纷案[1]

核心价值：公序良俗、中华孝道

事实概要

孙某军与孙某荣、孙某生的父亲孙某明于2018年12月17日因病去世，母亲王某生于2019年4月20日因病去世。孙某明去世后，单位发放了抚恤金、丧葬费总计80 650.42元，其中一次性抚恤金70 409.8元、清退医疗账户176.62元、养老丧葬补助金10 064元。王某生去世后，单位发放了抚恤金、丧葬费总计67 866.32元，其中一次性抚恤金57 801.8元、清退医疗账户0.52元、养老丧葬补助金10 064元。现上述款项均在孙某荣处保管。

现孙某军与孙某荣、孙某生就其父母去世后抚恤金、丧葬费等分割事宜各持己见，未达成合意，孙某军遂起诉至新疆维吾尔自治区乌鲁木齐市天山区人民法院，请求分割孙某明与王某生病故所发放的一次性抚恤金、养老丧葬补助费；分割孙某明、王某生的丧葬礼金50 000元。孙某荣称其为父母操办丧葬事宜共计花费55 177元，分割时应从发放款项中扣除。孙某军对此不予认可，提出上述费用是孙某荣用死者的工资、存款支付的，并非孙某荣自己

[1] 改写自(2020)新01民终3145号民事判决书。撰写人：刘春彦，同济大学法学院副教授。

花费。

一审法院判决抚恤金分割比例为孙某军、孙某生均为30%、孙某荣为40%,未支持分割丧葬费和丧葬礼金的诉讼请求。孙某军不服一审判决,向新疆维吾尔自治区乌鲁木齐市中级人民法院提起上诉。

判决结果

本案争议焦点主要有两个,第一是孙某荣、孙某军和孙某生所得抚恤金的分配比例;第二是丧葬补助金及丧葬礼金是否应当分配。

一审法院认为,丧葬费是死者近亲属处理死者丧葬事宜时所产生的相关费用,应用于死者安葬事宜。抚恤金是职工生前所在单位按照国家有关规定给予死者直系亲属及被扶养人的抚慰和生活补助费,是由国家发给死者亲属的费用。国家发放这种费用,是用以优抚救济死者家属,特别是用来优抚那些依靠死者生活的未成年人和丧失劳动能力的亲属,具有精神抚慰性质,系基于特定身份产生的财产权,不属于死者个人生前所留下的遗产,不属于遗产范围,不适用《继承法》的分配规则。本案中孙某军与孙某荣、孙某生作为近亲属均有权分配。因死者生前与孙某荣共同生活,其在死者生前对死者尽到更多赡养、抚养义务,本案涉及的抚恤金、丧葬费,应当由死者的近亲属共同共有,按照孙某荣适当多分的原则处理。本案中为给孙某明、王某生办理丧葬事宜,孙某荣提出其花费相关费用总计55 177元,孙某军对上述费用不予认可,称该部分费用孙某荣可在继承纠纷中抗辩,与本案无关。因孙某荣要求扣除的费用是为办理死者丧葬事宜所支出的,国家发放丧葬费的目的是对死者亲属处理丧葬事务的一种经济帮助,是用以添补丧葬花销的不足,解决在殡葬花销时所遇到的实际困难,孙某荣要求扣除的费用与本案的案涉费用相关联,故孙某荣要求在本案中应予扣除的主张,应予采纳。孙某军又称对孙某荣提出的费用不予认可,且是其用死者所有的工资存款进行支付,并非孙某荣自己花费。但孙某军未提供有效证据加以印证,故对孙某军的反驳理由不予采纳。法院确定孙某明、王某生应发放的抚恤金分割比例为孙某军、孙某生均为30%、孙某荣为40%。关于丧葬礼金的分配问题,孙某荣提出孙某军亲友送的礼金已被其女儿取走,剩余的礼金是孙某荣亲友所给,与孙某军无关,日后其也需要还人情。该礼金包含人情往来因素,孙某荣的反驳主张符合当地的民情和风俗,该处理原则与当地风俗不悖,遵循公序良俗原则,对孙某军要求分割丧葬礼金50 000元的诉讼请求不予支持。

二审法院认可一审法院查明之事实,并就争议焦点进行了进一步的说明。关于抚恤金分配比例的问题。二审法院认为,抚恤金系向死者近亲属发放用于补助死者亲属生活、抚慰死者亲属精神伤害的款项,有别于死者遗产或死者亲属共有的一般财产,既不能按照遗产分割原则进行分配,亦不能适用对一般共有财产进行分割的原则进行简单均分,分割时应以平均分配为原则,充分考虑各亲属在死者离世前对死者的精神依赖和物质依赖程度进行分配。本案当事人同为死者的子女,在父母离世后,在精神上理应遭受相同程度的创伤,单从精神抚慰的角度,三人确应平均分割父母死亡后所得抚恤金,一审法院考虑孙某荣系家中长女,在父母离世后操办父母丧事、持有父母抚恤金等事实,适当向孙某荣多分10%比例的抚恤金,系综合考量的结果,并无不当。孙某军上诉称其在父母生前对父母尽到较孙某荣更多的赡养义务。对此,二审法院认为,赡养父母,是成年子女对父母应尽的法定义务,是中华民族的传统美德,亦是中国特色社会主义核心价值观的应有之义,国家和社会倡导全体公民发扬中国传统美德、积极践行社会主义核心价值观,法律更要求子女履行法定义务,子女之间应当充分理解、相互配合,从精神上和物质上对父母进行全面的照顾和赡养。由此,孙某荣、孙某军、孙某生在父母生前对老人履行赡养义务,是三人作为子女应当做且应当做好的本分,并非三人要求分割因老人离世所得抚恤金的根据,故二审法院不予采信该上诉理由。关于丧葬补助金及丧葬礼金是否应当分配的问题。二审法院认为,对于丧葬补助金而言,孙某军上诉虽称孙某荣支付的丧葬费用实际上是从老人生前存款中支出,但并未否认丧葬费用已实际发生的事实,由此丧葬补助金作为发放给死者亲属用于办理丧事补贴的费用,理应首先用于冲抵实际产生的丧葬费用,无论孙某荣是使用其个人款项还是使用父母生前款项,孙某荣实际支付的丧葬费用都高于丧葬补助金金额,丧葬补助金应当用于冲抵孙某荣支出的费用,如孙某军认为孙某荣系使用父母生前存款垫付丧葬费用,应当在双方遗产继承案件中主张，其在本案中要求分割丧葬补助金，没有事实和法律依据。对于丧葬礼金而言，该款系死者亲属在为死者办理丧事过程中收取的亲朋好友向其赠与的礼金，孙某军主张分割孙某荣持有的丧葬礼金，二审法院认为，一则孙某军称其参与操办丧礼并出席丧礼，与其主张其本人未收取其亲朋赠与的礼金相悖，另则孙某军亦未提交证据证明孙某荣持有的礼金中包含其亲属或好友赠与的部分，孙某军要求分割孙某荣持有的礼金，没有事实和法律依据，法院对孙某军该项上诉理由亦不予采信。故二审法院判决驳回孙某军的上诉，维持一审判决，即抚恤金分割比例为孙某军、孙某生为30%、孙某荣为40%；丧葬费优先冲抵丧葬花销，因花销金额大于丧葬费用总额，故不应进行分割；丧葬礼金系当事人各方亲友之赠与，归各方当事人所有，亦不应进行分割。

案件评析

（一）本案判决思路

本案一审与二审在判决思路上存在着相似之处，针对丧葬费、抚恤金以及丧葬礼金进行性质上的梳理，判断该笔款项能否进行分割，在确定该笔款项能够分割的情况下，根据实际情况以及公序良俗原则确定分割方案。

首先是丧葬费，两审法院均认为，丧葬费是死者近亲属处理死者丧葬事宜时所产生的相关费用，应用于死者安葬事宜，所以将丧葬费用于操办死者丧葬事宜是该笔款项的应有之义。本案中孙某荣操办了两位死者的丧葬事宜，该笔支出数额已经高于所得丧葬费之总额，所以丧葬费全额冲抵该项花销是合理且正当的。尽管孙某军主张孙某荣是用死者的遗产支付了相应的丧葬费用，但是金钱作为种类物，且并未特定化，无法明确区分相关支出使用的是何种资金，故从法律上只需确定丧葬费冲抵了相应开销即可，超出部分可另案在遗产分配纠纷中予以解决，而并非在本案共有分割纠纷中解决。由于丧葬费已经被全额冲抵，此笔款项已无分割之必要。

其次是抚恤金，两审法院均认为，抚恤金系向死者近亲属发放用于补助死者亲属生活、抚慰死者亲属精神伤害的款项，用以优抚救济死者家属，特别是用来优抚那些依靠死者生活的未成年人和丧失劳动能力的亲属，具有精神抚慰性质，系基于特定身份产生的财产权。不同于死者遗产或死者亲属共有的一般财产，不能按照遗产分割原则进行分配，也不能适用对一般共有财产进行分割的原则进行简单均分，而是应以平均分配为原则，充分考虑各亲属在死者离世前对死者的精神依赖和物质依赖程度进行分配。在均分原则的基础上，考虑到孙某荣系家中长女，在父母离世后操办父母丧事，故适当向孙某荣多分10%比例的抚恤金。孙某军认为其在父母生前对父母尽到较孙某荣更多的赡养义务，不同意向孙某荣多分抚恤金，但是从公序良俗和中华孝道的角度出发，赡养父母是成年子女对父母应尽的法定义务，是中华民族的传统美德，亦是中国特色社会主义核心价值观的应有之义，国家和社会倡导全体公民发扬中国传统美德、积极践行社会主义核心价值观，所以三人在父母生前履行赡养义务，是三人作为子女应当做且应当做好的本分，并非三人要求分割因老人离世所得抚恤金的根据。故法院综合各方面因素，确定分割比例为孙某军、孙某生为30%，孙某荣为40%。

最后是丧葬礼金，两审法院均认为，丧葬礼金系死者亲属在为死者办理丧事过程中收取的亲朋好友向其赠与的礼金，并不是逝者的遗产。所以事实上，丧葬礼金的归属取决于相关亲朋好友将礼金赠与给了谁，是普通的赠与行为，如要分割，需要举出相应证据，以证明相关丧葬礼金的权利人。本案中孙某军并未能够证明孙某荣处保管的丧葬礼金有归属其的部分，因而本案中的丧葬礼金无须分配。

（二）相关法律规范、学理研究以及司法实践状况

与本案相关的法律问题是丧葬费、抚恤金与丧葬礼金的法律性质及处理方法。

一般来说，丧葬费与抚恤金的法律性质较为相似。《民法典》第1122条规定"遗产是自然人死亡时遗留的个人合法财产"（原《继承法》第3条，编入《民法典》时对该句仅作了字词上的修改），而丧葬费和抚恤金是公民所在单位在公民死亡时才给付的，不是基于公民死亡前的民事法律行为而取得的，所以丧葬费、抚恤金不是遗产。具体来说，抚恤金是公民所在单位在公民死亡时

按照有关规定发放给死者近亲属或抚养人的生活补助费，具有一定精神抚慰的性质，尽管其并非遗产，但从对于法律类推适用以及尊重公序良俗的角度来说，对于死亡抚恤金的处理可参照《继承法》中的遗产处理原则予以合理分割，适当照顾无经济来源的未成年人或丧失劳动能力的近亲属，或根据其他合理理由酌情确定分割比例。所谓公序良俗原则，就是要以确定最低限度的道德标准的方式，强调民事主体进行民事活动必须遵循社会所普遍认同的道德，从而维护社会生活的有序发展，其主要发挥一种维护行为底线的功能。[2] 丧葬费是对死者近亲属处理死者丧葬事务时所产生的相关费用，一般包括运尸费、火化费、遗体告别仪式费、购买骨灰盒费、骨灰存放费等。死者单位给付的丧葬费是对死者亲属处理丧葬事务的一种经济帮助。对死者的安葬是近亲属或遗产继承人应尽的义务，也是我国社会公序良俗的要求，让死者安息也是对死者亲属的一种抚慰。某一亲属或继承人支付的丧葬费可以从单位给付的丧葬费中扣除，但不足部分不应从抚恤金中扣除，而是由其他继承人或近亲属共同分担。但若出现丧葬费金额大于实际支出金额的情况，剩余部分也应当进行分割，(2015)济民五终字第404号判决书认为丧葬费在妥当安葬死者(被继承人)后仍有剩余的，可以按照共有财产由继承人进行分割；但是，如果死者后期的安葬费用可能再次发生且数额无法确定的情况下，不宜先行对丧葬费进行分割。[3]

至于丧葬礼金，其是死者近亲属操办丧事时有关亲友给付给死者亲属的财物，礼金并非死者之遗产。赠与丧葬礼金是一种风俗习惯，既是对死者近亲属的抚慰金，还包含着传统意义上的人情往来因素，在送礼者有红白事时，该丧葬礼金存在返还的可能性。[4] 所以，在考虑其分割事宜时，应当查明礼金之来源，并以此作为确定礼金权利人的主要依据，在无法查明的情况下，可以根据风俗习惯、公序良俗以及公平原则等进行分割。

---

[2] 王利明.论公序良俗原则与诚实信用原则的界分[J].江汉论坛,2019(3):131.

[3] 曹磊,赵庆.丧葬费分割条件之司法认定[J].山东审判,2016(4):84.

[4] 王勇.丧葬礼金的性质认定及分割原则[N].人民法院报,2017-06-15(7).

33 杨某波等诉中国铁路上海局集团有限公司南京站等铁路运输人身损害责任纠纷案[1]

核心价值：规则意识

事实概要

杨某系二原告杨某波、侯某素之子，2017年3月26日，杨某乘坐由苏州到南京南的G7248次列车到达南京南站，后横向穿越轨道，被由上海虹桥开往汉口的D3026次列车撞倒，向前拖拽致死。二原告认为，列车司机没有及时采取紧急处置措施，中国铁路上海局集团有限公司、中国铁路上海局集团有限公司南京站未在站台设置围墙栅栏或加装屏蔽门，未尽到安全防护、警示的义务，请求法院判令二被告承担赔偿责任。

判决结果

法院认为本案中铁路运输企业在车站设有上下车安全通道，且已经采取

[1] 改写自(2017)苏8602民初349号民事判决书。撰写人：刘颖，同济大学法学院助理教授。

必要的安全措施并尽到警示义务。受害人未经许可，违反众所周知的安全规则，进入正有列车驶入的车站内轨道、横穿线路，导致生命健康受到损害的，属于《中华人民共和国铁路法》(以下简称《铁路法》)第 58 条规定的因受害人自身原因造成人身伤亡的情形，铁路运输企业不承担赔偿责任。

案件评析

(一) 本案判决思路

1. 被告是否已充分履行了安全防护、警示义务

铁路运输方应在现有技术条件基础之上，采取必要措施，充分履行安全防护、警示等义务。事发站台设有专门的换乘通道，站台边缘设有安全白线，且指示标志明晰显著，位于事发地点附近。车站广播有“站在安全白线内、注意站台缝隙”的提示，显示屏滚动播出字幕中也有“严禁翻越轨道，注意安全!”“站在安全白线内”等提示，轨道道床距站台约 1.5 米，站台侧面写有“禁止跨越”等字迹。上述设置符合高速铁路设计规范。

站台未设置围墙、栅栏或屏蔽门是否影响铁路运输企业履行安全保障义务？目前我国高铁运输车型不一，停靠方向不相同，车门停靠处也不一致，并且列车高速运行过程中，车体周边气流冲击较强。因此，高速铁路设计规范并未要求在车站站台设置围墙、栅栏或屏蔽门。杨某在事故发生前，所处区域较为宽敞，在站台滞留时无任何异常举动，也未向铁路工作人员求助，其跃下站台，事发突然，并无前兆。站台值班人员在发现有人横穿线路后，奔跑过去并进行喝止。本案情况属突发事件，无法预见并提前阻止。因此，在地面有警示标识、站台有广播提示、站台侧面有提示、站台有人值班的情况下，车站已充分履行了安全保障与警示的义务。

2. 被告在事故发生后的处置是否及时、得当

事发时列车及时采取了紧急制动措施。事故现场示意图显示，受害人背

包及手机位于合宁高铁 K304+128 米处，机车停车于合宁高铁 K304+163 米处，距正常机车停车位 93 米。考虑到当次列车自重及载客重量质量约为 400 吨，质量巨大，惯性大，事发时杨某跃下站台，距列车车头仅有几米。司机采取紧急制动措施将时速 30 余公里的列车完全停稳，制动距离合理。当日 15 时 43 分事故发生。15 时 44 分，南京市急救中心接到车站工作人员电话，救护车于 16 时 05 分到达。15 时 45 分，南京铁路公安处南京南站派出所接到南京南站工作人员报警，并于 15 时 49 分到达处警。民警于 15 时 53 分拨打“119”消防电话，消防人员于 16 时 09 分到达现场，经过破拆站台，于 17 时 50 分将杨某遗体移出站台。综合以上事实证据，法院认为二被告在事故后已尽其所能，采取应急救助措施得当。

3. 二被告是否应对本起铁路交通事故承担赔偿责任

本案事故发生的场景系站台轨道内，故应基于车站站台这一场景，综合各方面因素，评判二被告是否应承担赔偿责任。车站内的轨道显然属于高度危险活动区域。杨某在看到 D3026 次列车开始进站后主动跃下 22 站台，横穿轨道试图攀上 D3026 次列车即将停靠的 21 站台。其举动极其危险，属于未经许可进入高度危险活动区域。法院推定，杨某系意图搭乘当日 D3026 次列车。铁路运输高效便捷，为维持铁路运行秩序，旅客需遵守国家法律和铁路运输规章制度，听从车站、列车工作人员的引导，按照车站的引导标志进、出站。杨某若想搭乘列车，应当遵守规定。其在无当日当次车票的情况下，不顾安全警示标识，违背安全常识。在车站设有安全通道的情况下，杨某横穿线路，造成人身损害，显然系引起本次事故发生的一方。

法院认为，杨某作为完全民事行为能力人，受过高等教育，具备预测损害发生的能力，对于损害结果也具备预防和控制能力。其只要遵守相关规则，就不致发生本次事故。车站已采取了充分的警示与安保措施，并给予了行人在车站内的各项通行权利。因此，上海铁路安全监督管理办公室作出的《铁路交通事故认定书》，认定杨某违法抢越铁路线路是造成本起事故的原因，杨某负本起事故的全部责任，并无不当。

（二）相关法律规范、学理研究及司法实践状况

1. 铁路交通事故责任划分

铁路运输系高度危险作业，因此法律条文中关于铁路运输责任的规定也就更加严格。严格的责任规定可以促使铁路企业在提供优质高效运输服务的同时，主动采取有效措施，避免和减少事故发生。但是，任何权利与义务都是对等的。承担严格责任的情况下，法律仍然赋予了责任人依法提出减轻责任甚至免责抗辩的权利，这也是出于均衡公平与效率的考量：一方面通过补偿受害人实现社会公正，维护和保障弱势群体的权益；另一方面，对各方当事人的行为给予指引和制约，规范各参与方的行为，兼顾公平与效率，维护和保障高度危险责任人及其所属行业的发展，从而有效降低高度危险行业损害事故的发生。关于铁路运输人身损害案件的责任划分，主要涉及以下法条：

《侵权责任法》第 76 条规定，未经许可进入高度危险活动区域或者高度危险物存放区域受到损害，管理人已经采取安全措施并尽到警示义务的，可以减轻或者不承担责任。

《民法典》第 1240 条规定，从事高空、高压、地下挖掘活动或者使用高速轨道运输工具造成他人损害的，经营者应当承担侵权责任；但是，能够证明损害是因受害人故意或者不可抗力造成的，不承担责任。被侵权人对损害的发生有重大过失的，可以减轻经营者的责任。第 1243 条规定，未经许可进入高度危险活动区域或者高度危险物存放区域受到损害，管理人能够证明已经采取足够安全措施并尽到充分警示义务的，可以减轻或者不承担责任。

《铁路法》第 58 条规定，因铁路行车事故及其他铁路运营事故造成人身伤亡的，铁路运输企业应当承担赔偿责任；如果人身伤亡是因不可抗力或者由于受害人自身的原因造成的，铁路运输企业不承担赔偿责任。违章通过平交道口或者人行过道，或者在铁路线路上行走、坐卧造成的人身伤亡，属于受害人自身的原因造成的人身伤亡。

通过对法条内容的梳理，可以看出关于铁路运输人身损害案件中，运输企业是否应承担法律责任、减轻责任的条件构成，各法律条文规定并不相同。《民法典》第 1240 条、1243 条与《铁路法》第 58 条之间的关系问题，也成为困扰司法审判的一个难点问题。

为统一司法审判尺度，避免出现同案不同判的现象，最高人民法院结合实践中铁路运输人身伤亡事故处理的实际情况以及以往的审判实践经验，按照依法公平保护各方当事人合法权益的要求，制定了《最高人民法院关于审理铁路运输人身损害赔偿纠纷案件适用法律若干问题的解释》（以下简称《解释》）。《解释》在第 5 条至第 7 条中具体规定了铁路运输企业适当减轻赔偿责任或不承担赔偿责任的不同情形。

1）适当减轻赔偿责任

《解释》第 6 条规定，受害人未经许可进入铁路线路、车站、货场等铁路作业区域的过错行为，造成人身损害的，应当根据受害人的过错程度适当减轻铁路运输企业的赔偿责任，并按照以下情形分别处理：铁路运输企业未充分履行安全防护、警示等义务，应承担全部损失的百分之八十至百分之二十之间的赔偿责任。

铁路运输企业已充分履行安全防护、警示等义务，应承担全部损失的百分之二十至百分之十之间的赔偿责任。

关于铁路运输企业赔偿责任的减轻程度，最高人民法院则认为应当根据案件的具体事实，综合考虑铁路运输企业履行安全防护、警示等义务的情况以及受害人自身过错情况等，作出妥当的判定。受害人自身的过错程度判定，应依据事故发生的时间、地点、环境等各方面因素进行考量。比如，穿过农田修建铁路，道口设置离农田很远。农田承包人为了从事农业生产活动更为方便而穿越铁路轨道，其过错程度就不宜认定得太高。又如，铁路沿线两侧的防护网、栅栏破损后，铁路运营管理部门并未及时修缮，行人在此通行在事实上形成了过道。此时铁路运输企业未尽到安全防护、警示义务，若发生事故，则受害人的过错程度不宜认定得过高。如“原告肖某凯、肖某诉被告上海铁路局铁路运输人身损害责任纠纷案”中[2]，法院即认为受害人因正常生活需求穿越线路，且事发地附近没有可供穿越线路的其他合法道口，因此穿越线路是行人通行的正当、正常行为。因穿越铁路引发人身损害的，受害人自身过错程度不宜认定过高。

此外，《解释》第 6 条中所规定的百分之八十至百分之二十之间、百分之二十至百分之十之间两个比例范围，主要是为了防止司法实务中出现太过悬殊

[2] 南京铁路运输法院(2014)宁铁民初字第 6 号民事判决书。

的裁判结果。制定较为明确的指导性规定,便于在尊重裁判者自由裁量权的基础之上统一裁判标准。总体而言,铁路运输事故案件的审理过程中需要裁判者在合理区间内,结合具体案情进行裁判。如"郑某某诉广深铁路股份有限公司铁路运输人身损害责任纠纷案"[3]中,法院权衡原、被告间的过错情形,将事故发生的具体责任比例判定为二被告铁路运输企业承担 40%,受害人承担 60%。

2)免除赔偿责任

《解释》第 5 条规定,铁路运输中因不可抗力、受害人故意以卧轨、碰撞等方式造成的人身损害,铁路运输企业不承担赔偿责任。

《解释》第 7 条规定,受害人强行通过铁路平交道口、人行过道,或者沿铁路线路纵向行走,或者在铁路线路上坐卧,造成人身损害的,铁路运输企业已充分履行安全防护、警示等义务的,不承担赔偿责任。

2. 铁路运输责任的特殊性

铁路运输责任的特殊性可通过与道路交通责任的对比进行分析。《铁路法》第 58 条规定,因铁路行车事故及其他铁路运营事故造成人身伤亡的,铁路运输企业应当承担赔偿责任;如果人身伤亡是因不可抗力或者由于受害人自身的原因造成的,铁路运输企业不承担赔偿责任。而《中华人民共和国道路交通安全法》(以下简称《道路交通安全法》)第 76 条规定,机动车与非机动车驾驶人、行人之间发生交通事故,非机动车驾驶人、行人没有过错的,由机动车一方承担赔偿责任;有证据证明非机动车驾驶人、行人有过错的,根据过错程度适当减轻机动车一方的赔偿责任;机动车一方没有过错的,承担不超过百分之十的赔偿责任。

两则条文的但书中规定,对于因受害人自身过错导致的事故,铁路运输企业不承担赔偿责任,而机动车只能适当减轻赔偿责任。为何铁路交通事故与道路交通事故中对于驾驶方的责任规制差距如此之大?法律对铁路运输与公路运输法律责任规定的不同,既是出于对铁路交通特殊性的考量,也是对社会公众免受铁路高速运输工具侵害的保障。铁路和公路虽都属于交通基础设施,但铁路运输的特殊性却也是不容忽视的。

---

[3] 南京铁路运输法院(2012)宁铁民初字第 21 号民事判决书。

第一，注意义务标准不同。铁路运行轨道系专用线路，不与其他车辆、行人混行。而公路除封闭式高速以外，机动车辆与非机动车、行人混行，交通状况复杂。法律对机动车运输规定了更为严苛的责任，意在要求公路运行车辆驾驶人更为谨慎，随时注意周边路况、来往车辆及行人。因此，机动车驾驶人的注意义务标准比火车司机的要高。

第二，避免事故发生的能动性不同。火车行驶轨道固定，且运行速度较快，一旦出现紧急事件，即使对火车进行紧急制动也无法躲避或改变方向，很难避免事故的发生。而机动车在驾驶过程中，即使遇到突发状况，依然可以在较为宽泛的空间范围内进行躲避或改变方向，具有较大的主观能动性。

第三，事故风险分散机制不同。道路交通事故风险，由机动车第三者责任强制保险分散，并且国家设立了道路交通事故社会救助基金，从制度层面而言，道路交通事故风险具有制度上的保障。而铁路运输则并不具备分散风险的有效机制。

第四，交通事故发生原因不同。现实生活中的铁路事故，绝大多数都是由于行为人、车辆违反相关法律规定所致。因铁路运输企业工作人员操作失误，导致事故发生的概率较小。另一层面而言，铁路运输方在遭遇突发状况时所能采取的唯一措施就是紧急制动，而对高速运行的列车采取紧急制动措施也难以达到避免事故发生的目的。通常情形下，面对因受害人过错而引发的铁路交通事故，铁路方往往只能被动地接受。

正是基于以上特殊性因素考量，我国对铁路运输责任的规定不宜过于严苛。

总而言之，应当说规则是一种以约束的形式展现出来的保护。社会发展节奏快，人类生活的群体性等因素都使得社会关系具有一定的复杂性，而规则正是维持社会秩序之重器。我们既是规则的制定者，也是规则的践行者。

司法审判其本质是对法律规则的运用，因此其社会角色定位应当立足于两方面，在妥当地处理具体案件的同时，起到积极的引导作用。首先是引导铁路运输企业提供合理、便利的通行设施，切实履行安全防护、警示义务。其次也要注意对群众的引导，教育呼吁群众遵守社会规则、珍爱生命。本案中法院对杨某横向穿越轨道行为的否定评价，即是向社会传递尊重规则的价值观。

铁路运输规则是对生命的尊重，遵守铁路交通规则文明出行，既是公民的义务更是一份责任。杨某正值青春遭遇不幸，是一件悲伤的事。我们更应当从此次事件中进行反思，漠视规则不仅严重影响铁路公共交通正常运行，还危及自身性命，给父母亲人造成巨大打击。作为社会的一分子，应坚守规则，不可心存侥幸，更不能无视铁路安全警示规定。规则意识发自于内心，实践于行为，“不逾矩”是每个人“从心所欲”的前提。遵守规则、信仰法律、珍爱宝贵的生命，对家人负责，应是所有社会主体的共同追求。

34 高某、闫某安与北京洲洋宾馆有限公司分公司、首都经济贸易大学生命权、健康权、身体权纠纷案[1]

核心价值：尊重生命、公序良俗

事实概要

高某和闫某安系夫妻，于1999年6月11日生育一女闫某。

2017年9月，闫某被首都经贸大学本科录取，就读于文化与传播学院。2017年9月22日13:00左右，闫某向辅导员发微信请假后前往洲洋宾馆，登记入住7层702号客房，大约13:36，闫某从客房窗户坠亡。

法院调取北京市公安局丰台分局2017年闫某非正常死亡案卷，关于闫某死亡的调查结论为：2017年9月22日，闫某在丰台区樊家村甲3号院1号楼东侧高坠死亡，该人死亡不属于刑事案件。北京市公安局丰台分局聘请有关人员对闫某的尸体进行了法医学尸表鉴定，鉴定结论是符合高坠致颅脑损伤合并创伤性休克死亡。

---

[1] 改写自(2019)京02民终7120号民事判决书。本案例一审判决被收录至“北京市丰台区人民法院弘扬社会主义核心价值观十大典型案例(第二辑)”。撰写人：陈洁蕾，同济大学法学院助理教授。

关于闫某坠楼的原因，各方均称不知情。高某、闫某安称闫某精神状态正常，未留遗言，事发前几分钟，闫某发微信朋友圈，内容大致是想去很远的地方静一静。首都经贸大学称有部分学生看到该朋友圈内容，闫某在校军训期间表现正常。

高某、闫某安主张首都经贸大学存在管理过失，闫某穿校服进入洲洋宾馆，洲洋宾馆未尽到警示义务和安保责任。经协商无果，闫某安、高某向北京市丰台区人民法院提起诉讼要求判令二被告连带赔偿原告死亡赔偿金572 750 元、精神损害抚慰金 5 万元。一审法院于 2019 年 1 月 28 日判决驳回高某、闫某安的诉讼请求。

高某、闫某安不服，上诉至北京市第二中级人民法院。

判决结果

一审法院认为，没有证据显示闫某在校期间有特别异常的表现需要首都经贸大学加大管理力度，亦无证据显示闫某前往洲洋宾馆时存在异常举止需要洲洋宾馆尽更谨慎的注意义务。综上，原告要求洲洋宾馆和首都经贸大学承担赔偿责任的诉讼请求，因缺乏事实依据不予支持。

二审驳回上诉，维持原判。

案件评析

（一）本案判决思路

本案中一审与二审的争议焦点为洲洋宾馆、首都经贸大学应否对闫某的死亡承担赔偿责任的问题。闫某父母闫某安、高某认为首都经贸大学、洲洋宾馆对闫某死亡存在过错，并提出应对其进行赔偿。就本案两被告是否承担责任，应当分别从首都经贸大学作为教育机构对于学生的人身伤害事故是否存在过错，以及洲洋宾馆作为经营场所经营者的安全保障义务出发分别进行判断。

就首都经贸大学以及洲洋宾馆是否承担责任，本案两审法院主要裁判思路如下：

首先，闫某选择以非正常方式结束自己的生命令人惋惜，但事发时其已年满十八周岁，系完全民事行为能力人，可正常支配个人言行，其自杀的行为直接导致损害结果的发生，因此应当对自己的行为负责。

其次，在首都经贸大学是否尽到管理义务以及对于闫某自杀是否存在过错的问题上，根据事实可知闫某入学后作为首都经贸大学入学新生，报到后即加入学校组织的正常军训，在此期间，除身体略有不适以外，并未有异常情况发生。首都经贸大学作为教育机构，在军训的组织和管理过程中，本身并无管理上的不当即过失行为。事发当日，闫某请假而班主任老师准假符合学校相关管理规定，闫某死亡之事实系自杀，且发生在校外，请假理由和时间均并不存在需要引起校方特别注意的情形，因此可以认定学校方已经尽到管理义务，并且对于闫某死亡之事实并不存在过错，首都经贸大学不应对闫某之死承担相应赔偿责任。

最后，而洲洋宾馆作为安全保障义务人，其承担侵权责任的前提是未尽到安全保障义务。在本案中，宾馆工作人员在审查闫某的身份证件后为其办理入住，在其要求"通风好"的高楼层房间时为其安排7层客房亦属合理。在发现闫某坠楼后，洲洋宾馆的工作人员立即拨打急救中心电话尽到了其作为公共场所的管理人的义务。原告方认定洲洋宾馆关于案发现场的窗户限位器的描述前后矛盾，有没有安装限位器及限位器是否完好是案件关键点。一审法院在案件审理过程中，并未对这一问题予以特别注意，也成为一审原告提起上诉的理由之一。在二审判决中，法官明确指出，虽然事后发现宾馆窗户限位器损坏，窗户打开40厘米，但是宾馆窗户限位器是否完好，并不是成为阻止此次事件发生的决定性因素。因此，因此洲洋宾馆没有违反安全保障义务，不应承担闫某坠亡的赔偿责任。

（二）相关法律规范、学理研究及司法实践状况

《民法典》、《中华人民共和国教育法》（以下简称《教育法》）、《中华人

民共和国高等教育法》、《学生伤害事故处理办法》等法律法规均对学生伤害事故作出了相关规定。就侵权责任而言，首先应当明确的是《民法典》第1199条至1201条的规定，仅适用于无民事行为能力或限制民事行为能力人在幼儿园、学校或者其他教育机构受到人身损害的情形，因此在大多数情况中并不适用于高等院校学生人身伤害案件。高校以人才培养为中心，教学活动有别于学前教育和中小学教育，这也是由高校学生一般是具有完全民事行为能力的成年人这一学生群体特征所决定的，除学生本身就属于特殊群体外，法律和客观现实也不要求高校对某个或某些学生给予特别关照。

当出现类似本案中学生自杀或者自伤等事件时，应当认定作为成年人的高校学生应当就其故意将自身置于足以危及生命安全的险地及其相应的后果承担责任。从侵权责任的一般规则来看，学校一方是否承担责任，应当主要视其过错以及学校的行为与损害后果是否存在因果关系来综合判断。这一点也为《学生伤害事故处理办法》所肯定。根据该办法第8条之规定："学生伤害事故的责任，应当根据相关当事人的行为与损害后果之间的因果关系依法确定。因学校、学生或者其他相关当事人的过错造成的学生伤害事故，相关当事人应当根据其行为过错程度的比例及其与损害后果之间的因果关系承担相应的责任。"这实际上也符合过错责任作为《侵权责任法》一般归责原则的要求。

当出现类似本案中学生自杀、自伤案件时，根据《学生伤害事故处理办法》第12条第4款之规定，学生自杀、自伤的，造成学生伤害事故，学校已履行了相应职责，行为并无不当的，不承担法律责任。因此，在讨论此类学生伤害事故的问题时，还应当注意学校一方是否尽到教育管理和安全保障的义务。《教育法》第45条规定："教育、体育、卫生行政部门和学校及其他教育机构应当完善体育、卫生保健设施，保护学生的身心健康。"《学生伤害事故处理办法》第5条第1款规定："学校应当对在校学生进行必要的安全教育和自护自救教育；应当按照规定，建立健全安全制度，采取相应的管理措施，预防和消除教育教学环境中存在的安全隐患；当发生伤害事故时，应当及时采取措施救助受伤害学生。"学校是否尽到安全保障义务，可以参考《学生伤害事故处理办法》第 9 条[2]规定的，学校须就学生伤害事故承担责任的 12 种具体情形来确定。司法实务中，类似案件还可以参考（2017）川 01 民终 7604 号、（2020）新 31 民终 730 号。针对学校存在未尽到管理义务或存在过错时，当事人之间的责任分配，可以参考（2020）云 0381 民再 2 号案件。

另外，存在较多争议的问题是，当学生存在特异体质、特定疾病或者异常心理状态如抑郁症等情形时，如果出现自杀、自伤等伤害事故，学校是否以及其承担责任的比例，则存在较多争议。根据《学生伤害事故处理办法》第 12 条第 3 款之规定，学生有特异体质、特定疾病或者异常心理状态，学校不知道或者难以知道的，不承担责任。在上诉人南京工业大学与被上诉人陆某山、陈某霞生命健康权纠纷一案[3]中，与本案类似的是，案件所涉南

---

[2] 《学生伤害事故处理办法》第 9 条规定，因下列情形之一造成的学生伤害事故，学校应当依法承担相应的责任：

（一）学校的校舍、场地、其他公共设施，以及学校提供给学生使用的学具、教育教学和生活设施、设备不符合国家规定的标准，或者有明显不安全因素的；

（二）学校的安全保卫、消防、设施设备管理等安全管理制度有明显疏漏，或者管理混乱，存在重大安全隐患，而未及时采取措施的；

（三）学校向学生提供的药品、食品、饮用水等不符合国家或者行业的有关标准、要求的；

（四）学校组织学生参加教育教学活动或者校外活动，未对学生进行相应的安全教育，并未在可预见的范围内采取必要的安全措施的；

（五）学校知道教师或者其他工作人员患有不适宜担任教育教学工作的疾病，但未采取必要措施的；

（六）学校违反有关规定，组织或者安排未成年学生从事不宜未成年人参加的劳动、体育运动或者其他活动的；

（七）学生有特异体质或者特定疾病，不宜参加某种教育教学活动，学校知道或者应当知道，但未予以必要的注意的；

（八）学生在校期间突发疾病或者受到伤害，学校发现，但未根据实际情况及时采取相应措施，导致不良后果加重的；

（九）学校教师或者其他工作人员体罚或者变相体罚学生，或者在履行职责过程中违反工作要求、操作规程、职业道德或者其他有关规定的；

（十）学校教师或者其他工作人员在负有组织、管理未成年学生的职责期间，发现学生行为具有危险性，但未进行必要的管理、告诫或者制止的；

（十一）对未成年学生擅自离校等与学生人身安全直接相关的信息，学校发现或者知道，但未及时告知未成年学生的监护人，导致未成年学生因脱离监护人的保护而发生伤害的；

（十二）学校有未依法履行职责的其他情形的。

[3] （2020）苏 01 民终 4396 号。

京工业大学学生陆某于校外酒店服毒自杀，该学生患有抑郁症伴精神症状。一审法院认为："南京工业大学未予足够重视，在同意陆某复学、返校住宿之后，没有采取相应的心理疏导等预防措施，也没有对陆某的上课考勤和在校住宿情况予以关注，且在对陆某进行处分的时候没有充分考虑到陆某的精神疾病状态，应当可以认定南京工业大学没有完全尽到对受教育者给以充分保护的责任，存在一定过错，酌定承担30%的赔偿责任。"二审法院认为："学校未能及时发现陆某在正常上课时间离校未上课；明知陆某患有精神类疾病，在日常的学生管理上，也未明显体现出对陆某的关怀等。因此，南京工业大学在陆某自杀事件中承担的是轻微管理过失责任，一审判决其承担30%责任不当，应予调整为15%。"在此类案件中，主要的争议焦点则在于当学生出现此类特殊情况时，如何认定学校是否知情；以及如果学校知道或者应当知道学生存在此类特殊情形，其是否应当承担更高的教育与管理义务，此时管理义务的限度何在，对此，(2016)渝05民终8404号等判决值得进一步参考。

本案另一被告洲洋宾馆是否承担责任，则涉及《民法典》第1198条第1款规定的安全保障义务，即"宾馆、商场、银行、车站、机场、体育场馆、娱乐场所等经营场所、公共场所的经营者、管理者或者群众性活动的组织者，未尽到安全保障义务，造成他人损害的，应当承担侵权责任"。与高校类似，安全保障义务人的责任限度是法院判断其对损害的发生是否应当承担赔偿责任的基础。在本案中，二审法院认为宾馆工作人员查阅了入住人的身份证，根据其合理请求安排楼层较高的客房，在发现闫某坠楼后，其工作人员立即拨打急救中心电话等行为，应当认定为尽到了其作为公共场所管理人的义务，故而不承担责任。因此，就公共场所的管理人损害赔偿责任的问题，关键在于确定安全保障义务人的责任限度。

安全保障义务的合理限度范围应当根据与义务人所从事的营业或者其他活动相适应的安全保障义务的必要性和可能性，从侵权行为的性质和力度、义务人的安全保障能力以及发生侵权行为前后所采取的防范措施、制止侵权行为的状况等方面，并结合案件具体情况，例如义务人的实际行为是否符合法律法规、规章或者特定操作规程的要求，是否属于同类社会活动或者一个诚信善良的从业者应当达到的注意程度予以认定。[4] 因此,如果安全保障义务人尽到其安全保障义务,则义务人不应承担责任,即使有人在相应场所受到损害,安全保障义务人也能因没有违反安全保障义务而不承担赔偿责任。司法实践中类似案例可以参考(2020)渝 02 民终 2956 号、(2020)沪 01 民终 11880 号、(2018)粤 01 民终 4942 号等。

"高等教育发展水平是一个国家发展水平和发展潜力的重要标志。"[5] 然而近年来,高校大学生自杀事件纠纷数量呈上升趋势,引起了社会的广泛关注与讨论。在校大学生虽然大多已经成年,但是其往往因为缺乏足够的生活经验,可能会因学业、情感、家庭等因素产生轻生的想法。诚如本案二审法院判决所言,这一类悲剧的产生提醒家长、老师,除了正常的学习之外,还应在日常生活中给予学生更多的情感关怀和思想关注,引导提倡学生培养积极向上的生活方式,细微体察,及时帮助。而学生特别是当代大学生,应当珍爱生命,培养坚毅的品格,要重视心理健康,学校、家长应当重视对学生的安全教育和心理指导。然而还应当注意到,学校或者其他经营场所、公共场所的经营者、管理者或者群众性活动的组织者承担侵权责任的前提条件是未尽到相应的教育管理义务或者安全保障义务。当出现此类案件时,不应当简单地以公平或者损害分担等理由为基础,要求不存在过错、尽到相应义务的安全保障义务人承担赔偿责任。

[4] 何健. 公共场所管理人的安全保障义务应限于合理限度范围内[N]. 人民法院报,2021-03-25(7).

[5] 王晨. 全国人民代表大会常务委员会执法检查组关于检查《中华人民共和国高等教育法》实施情况的报告——2019 年 10 月 21 日在第十三届全国人民代表大会常务委员会第十四次会议上[EB/OL]. (2019-10-21)[2021-08-25]. http://www.npc.gov.cn/npc/c30834/201910/5e021a6d9c5f4577a0a090c9757ed640.shtml.

35 李某月等诉广州市花都区梯面镇红山村村民委员会违反安全保障义务责任纠纷案[1]

核心价值：司法公正、公序良俗

事实概要

红山村为AAA级国家级旅游景区，不收取门票。红山村村委会是红山村情人堤河道旁的杨梅树的所有人，其未向村民或游客提供免费采摘杨梅的活动。此外，该村还于2014年1月26日通过了《红山村村规民约》。该村规第2条规定："每个村民要自觉维护村集体的各项财产利益，每个村民要督促自己的子女自觉维护村内的各项公共设施和绿化树木，如有村民故意破坏或损坏公共设施，要负责赔偿一切费用。"村民吴某私自爬上该村的杨梅树采摘杨梅，不慎从树上跌落。吴某受伤时，被告红山村村委会设立的医务室因医护人员下班而没人。后红山村的村民李某桥用自己的车送吴某到医院治疗，但吴某因抢救无效于当天死亡。吴某家属李某月等诉请被告承担人身损害金额901 923.3元的70%，即被告向原告赔偿631 346.31元。

[1] 改写自最高人民法院发布的第25批第140号指导性案例、(2018)粤01民终4942号。本案例入选最高人民法院发布的"人民法院大力弘扬社会主义核心价值观十大典型民事案例"。撰写人：刘颖，同济大学法学院助理教授。

判决结果

广州市中级人民法院认为，红山村是事件的发生地，杨梅树为红山村民委员会集体所有，村委会具有一定的安全保障义务。但是公共场所管理者的安全保障义务应限于合理限度范围内，与其管理和控制能力相适应。结合本案事实，红山村民委员会并未违反安全保障义务，且吴某作为完全民事行为能力人，私自攀爬景区内的果树采摘果实的行为本身就违反村规民约，与公序良俗相悖。吴某私自爬树采摘杨梅不慎坠亡，固然令人痛惜，但吴某不慎跌落所受损害是其自身行为造成的，红山村村委会不应承担赔偿责任。

案件评析

（一）本案判决思路

本案经历了一审、二审和审判监督程序，最终通过审判监督程序撤销了红山村村委会承担5%赔偿责任的判决，改判村委会不承担责任。再审法院结合本案事实和法律，从红山村村委会没有违反安全保障义务、红山村村委会对吴某坠亡无过错、红山村村委会与吴某所受损害之间并无法律上的因果关系三个方面来论证红山村村委会没有违反安全保障义务，村委会不承担吴某坠亡的赔偿责任。具体判决思路如下：

第一，要求红山村村委会对吴某坠亡承担责任超出了安全保障义务的合理范围。红山村民委员会作为红山村景区的管理人，虽负有保障游客免遭损害的安全保障义务，但安全保障义务的内容应在景区管理人的管理和控制能力范围之内。红山村景区属于开放式景区，未向村民或游客提供采摘杨梅的活动，杨梅树本身并无安全隐患，受害人行为具有非法性。红山村村委会作为景区管理人，虽然依据《侵权责任法》第 37 条第 1 款规定，村委会负有安全保障义务，但受害人实施的行为是否合法也是衡量义务人是否违反安全保障义务的因素之一。受害人吴某私摘杨梅的行为属于非法行为，考虑这一因素要求村委会对景区内所有的树木采取围蔽、设置警示标志等措施，无疑超过了善良管理人的注意标准，加重了村委会的负担。

第二，红山村民委员会对吴某私自爬树坠亡的后果不存在过错。吴某坠亡是其自身过失行为所致，红山村民委员会难以预见和防止吴某私自爬树可能产生的后果。吴某跌落受伤后，红山村村委会主任李某林也及时拨打 120 电话求救，在救护车到达前，另有村民驾车将吴某送往医院救治。因此，红山村民委员会对吴某损害后果的发生不存在过错。

第三，吴某的坠亡系其私自爬树采摘杨梅所致，与红山村民委员会没有法律上的因果关系。首先，吴某作为具有完全民事行为能力的成年人，应当充分预见攀爬杨梅树采摘杨梅的危险性，并自觉规避此类危险行为。其次，《红山村村规民约》规定："村民要自觉维护村集体的各项财产利益，包括公共设施和绿化树木等。"该村规是红山村村民的行为准则和道德规范，属于红山村的公序良俗，村民吴某自应遵守。吴某作为红山村村民，私自爬树采摘杨梅，违反了村规民约和公序良俗，导致了损害后果的发生。所以，该损害后果与红山村民委员会不具有法律上的因果关系。综上，红山村村委会没有违反安全保障义务，不承担赔偿责任。

（二）相关法律规范、学理研究及司法实践状况

"安全保障义务"这一概念首次出现在 2003 年的《最高人民法院关于审理人身损害赔偿案件适用法律若干问题的解释》（以下简称《人身损害赔偿司法解释》）当中。该解释第 6 条第 1 款规定："从事住宿、餐饮、娱乐等经营活动或者其他社会活动的自然人、法人、其他组织，未尽合理限度范围内的安全保障义务致使他人遭受人身损害，赔偿权利人请求其承担相应赔偿责任的，人民法院应予支持。"到了 2007 年《侵权责任法》时期，安全保障义务才正式上升为法律。该法第 37 条第 1 款规定："宾馆、商场、银行、车站、娱乐场所等公共场所的管理人或者群众性活动的组织者，未尽到安全保障义务，造成他人损害的，应当承担侵权责任。"与司法解释相比，《侵权责任法》删除了"合理限度"

一词，并且将“经营活动或者其他社会活动场所”修改为“公共场所”。这既扩大了安全保障义务人的责任范围，也扩大了安全保障义务人的数量。此后，2013年的《消费者权益保护法》第18条[2]又采用列举式的方式对经营者对消费者须尽的安全保障义务做了规定。2019年施行的《电子商务法》第38条第2款[3]还首次确立了平台经营者违反安全保障义务的责任。

现行《民法典》对原有的安全保障义务条款加以整合后，在该法第1198条第1款将安全保障义务规定为：“宾馆、商场、银行、车站、机场、体育场馆、娱乐场所等经营场所、公共场所的经营者、管理者或者群众性活动的组织者，未尽到安全保障义务，造成他人损害的，应当承担侵权责任。”相比前《民法典》时代的安全保障义务条款，《民法典》对安全保障义务主体的规定更加明确具体，而在安全保障义务人责任限度上仍与《侵权责任法》保持一致。但安全保障义务人的责任限度又是法院判断义务人对损害发生有无过错的基础。本案一审和二审法院的审理结果与再审法院不同就是因为一审和二审的法院认为，红山村是国家AAA级旅游景区，红山村民委员会的安全保障义务包括对景区内的所有树木加以围蔽、设置警示标志等防护措施来防止村民或游客攀爬杨梅树采摘果实带来的危害人身财产安全的情形。红山村村委会没有对这种危险作出警示告知，违反安全保障义务，对吴某的坠亡存在一定的过错。

学界对安全保障义务的争议主要集中在违法性和过错这两个要件的判断标准是否相同上，这一争议的焦点又聚焦在能否因义务人“违反安全保障义务”而直接得出其对损害的发生存有过错。认为二者判断标准相同的学者认为，《侵权责任法》第73条第2款的过错认定有其特殊性。义务人是否承担安全保障责任应以是否违反安全保障义务这一客观标准来判定。不作为侵权中违法性和过错判断标准之间具有高度的相关性，如受害人能够证明义务

[2]《中华人民共和国消费者权益保护法》第18条：“经营者应当保证其提供的商品或者服务符合保障人身、财产安全的要求。对可能危及人身、财产安全的商品和服务，应当向消费者作出真实的说明和明确的警示，并说明和标明正确使用商品或者接受服务的方法以及防止危害发生的方法。宾馆、商场、餐馆、银行、机场、车站、港口、影剧院等经营场所的经营者，应当对消费者尽到安全保障义务。”

[3]《中华人民共和国电子商务法》第38条第2款：“对关系消费者生命健康的商品或服务，电子商务平台经营者对消费者未尽安全保障义务，造成消费者损害，应当承担相应的责任。”

人没有尽到安全保障义务，就可以证明义务人对损害的发生有过错。[4] 认为二者判断标准不同的学者认为，违法性考量的是义务人能否尽到一般人的注意义务，而过错考虑的是具体场景下，义务人应当具备的能力。将“是否尽到安全保障义务”作为判断义务人是否存有过错的标准有将安全保障义务的过错责任扩张为过错推定的嫌疑。[5] 但是个案事实只是法院衡量安全保障义务人承担侵权责任大小的考量因素，而不是判断是否承担侵权责任的构成要件。义务人的主观态度很难辨别，法院只能根据义务人客观上是否采取了恰当的行动履行了安全保障义务来判断其主观上是否具有过错。[6] 这一观点在我国司法实践中也能得到印证。

从 1999 年“上海银河宾馆案”开始，我国司法实践中有关安全保障义务的案件层出不穷。整理与安全保障义务有关的案例不难发现此类案件有两种审理结果：一种是以本案再审法院观点为代表的由“安全保障义务人不承担赔偿责任”。如“马某诉上海国际主题乐园等公共场所管理人责任纠纷案”[7]“郁某兰、张某军等生命权、健康权、身体权纠纷案”[8]“岑某川秦某英与石柱土家族自治县石龙石材有限公司石柱土家族自治县水利局生命权纠纷案”[9]“姚某明与柞水县民政局、柞水县中心敬老院生命权纠纷案”[10]“王某明、广州医科大学附属脑科医院生命权、健康权、身体权纠纷案”[11]。这些案例的论证思路与本案判决思路极为相似，都认为为防范社会风险，法律要求义务人尽力采取措施减少风险，这是法律上的安全保障义务。这种义务并不是让义务人承担绝对的、无条件的义务，而应是合理、适度的。对受害者的

---

[4] 杨立新. 论违反安全保障义务侵权行为及其责任[J]. 河南省政法管理干部学院学报，2006(1)：30.

[5] 王利明，周友军，高圣平.《侵权责任法》疑难问题研究[M]. 北京：中国法制出版社，2012：343.

[6] 江必新，何东宁，等. 最高人民法院指导性案例裁判规则理解与适用 · 侵权赔偿卷一[M]. 北京：中国法制出版社，2014：196.

[7] (2020)沪 01 民终 11880 号。

[8] (2019)苏 09 民终 4482 号。

[9] (2020)渝 0240 民初 71 号。

[10] (2020)陕 10 民终 114 号。

[11] (2020)粤 01 民终 20069 号。

保护并不意味着忽视义务人的合理需求和利益。[12] 义务人不应对其完全不能预见、超出一般人正常行为的危险负责。判断是否尽到必要的安全保障义务还需要考察相关安全保障行为是否能满足特定公共场合下的民事主体对安全交往的合理期待。[13] 上述案例都是根据案件实际情况先划定了义务人的安全保障限度,并基于义务人在该限度内尽到了合理的保障义务,进而认为义务人对受害人的损害没有过错、受害人所受损害与义务人没有因果关系。

另一种则是以本案一审和二审法院判决为代表的要求"安全保障义务人承担一定比例的赔偿责任"。比如"刘某兰与陈某山、长沙田汉物业服务有限公司生命权、健康权、身体权纠纷案"[14]"上诉人李某峰与上诉人李某珍公共场所管理人责任纠纷案"[15]"王某与长春海外旅游有限责任公司健康权纠纷案"[16]"黄某金、余姚市莱迪声娱乐有限公司违反安全保障义务责任纠纷案"[17]"林某浪、谢某芽与天台县洪畴镇东新联村村民委员会、项某飞等生命权、健康权、身体权纠纷案"[18],在上述案件的审理中,法院泛化了安全保障义务。如在"刘某兰与陈某山、长沙田汉物业服务有限公司生命权、健康权、身体权纠纷案"中,法院就认为受害人私自爬上普通人不借助工具无法到达的三楼隔热层而摔伤,义务人没有在该区域做必要的安全防护,对受害人摔伤也存在一定过错。

尽管有很多案例的判决与本案一审和二审相同,要求义务人承担较高的安全保障义务,进而判令义务人在一定比例上对受害人承担赔偿责任。但是近年来,越来越多的法院像本案的再审法院一样,根据案件事实,合理划定安全保障义务人的责任限度:只要义务人采取的安全保障措施能够达到法律规定、合同约定、行业惯例等所要求的注意程度,或者达到了一个善良管理人应当达到的注意程度,就应认为义务人已经采取了合理的保障措施。即使有人

[12] 余建华,郑珊珊.经营者尽到安全保障义务可不担责——浙江宁海一女子在 KTV 摔倒后索赔被驳回[N].人民法院报,2020-07-29(3).

[13] 刘圣磊,陈雷,栾海洋.违规横跨高架桥栏坠亡,自甘风险理应自负其责——江苏盐城中院驳回翻桥坠亡者亲属索赔诉求[N].人民法院报,2021-04-19(3).

[14] (2017)湘 0104 民初 8870 号。

[15] (2014)邵中民一终字第 559 号。

[16] (2017)吉 0102 民初 2871 号。

[17] (2018)浙 02 民终 738 号。

[18] (2013)浙台民终字第 710 号。

受损，义务人也能因没有违反安全保障义务而不承担赔偿责任。

就本案而言，受害人吴某在有村规民约的前提下，还私自攀爬杨梅树采摘杨梅，这一行为本身就是违法的。安全保障义务人只对合法、谨慎的受害人无法发现和避免的风险负责，要求无辜的村委会为完全民事行为能力人吴某的违法行为买单于情于理实难接受。而且安全保障义务采过错责任原则，其目的就是为了避免使人动辄得咎。村委会已经尽到了善良管理人的注意义务，在法律上不具备让其承担责任的正当性基础。[19] 本案还明确了安全保障义务不是无限保护义务，而应限于义务人的管理和控制能力范围之内。审理此类案件还应结合具体案情，合理划分安全保障义务的边界。

司法是社会公平正义的最后一道防线，案件审理结果对人们的价值观和行为具有导向作用。过去一些法院让没有违反安全保障义务的义务人承担了其不应承担的责任，对义务人来说是不公平的，这无疑与司法公正的初衷背道而驰。法不能向不法让步，让违法行为人自担风险对树立规则意识和责任意识具有积极意义。

---

[19] 盛学友. 景区私摘杨梅坠亡案：如何界定安全保障义务的边界[J]. 法律与生活，2020(7)：33.

36 段某辉与马某学、骆某生义务帮工人受害责任纠纷二审民事判决书[1]

核心价值：公平公正、友善互助

事实概要

2019 年 10 月 6 日下午，段某辉碰见马某学时，让原告晚上过来给其帮忙装棉花，原告同意帮忙。10 月 7 日凌晨 0 时，被告骆某生雇佣的驾驶员罗某某驾驶采棉机给段某辉位于包家店镇西戈壁村的棉花地进行机械采棉。凌晨 2 时许，原告过来给被告段某辉帮忙装棉花。当原告站在装棉花的车斗上踩实棉花的时候，罗某某驾驶采棉机采了一机仓棉花往车上装，装的时候从棉花仓中卸下来的棉花把原告砸到地下，原告头朝下栽倒在地上受伤。段某辉找车把原告送往石河子大学医学院第一附属医院进行救治。2020 年 4 月 8 日，新疆康正司法鉴定所出具康正司鉴(2020)法临鉴字第 78 号鉴定意见书一份，鉴定意见为：(一)被鉴定人马某学右侧桡骨远端、尺骨胫骨骨折，伤残评定为九级；右侧股骨粗隆间骨折，伤残评定为十级；(二)2019 年 10 月 7 日发生的外伤是此残情的直接原因；(三)被鉴定人马某学的损伤其误工(休

[1] 改写自(2021)新 23 民终 387 号民事判决书。撰写人：陈洁蕾，同济大学法学院助理教授。

息)期限为 170 日,营养(营养补偿)期限为 120 日,护理(陪护)期限为 120 日;(四)被鉴定人马某学右侧股骨粗隆间骨折内固定物取出费用为 9 000 元。事故发生后,被告段某辉支付了原告住院期间的全部门诊医疗费用和住院医疗费用,并支付了原告住院期间的护理费和营养费,接送原告住院、出院。因和被告就后续赔偿事宜协商无果,原告遂诉至新疆维吾尔自治区玛纳斯县人民法院。一审法院判决:一、被告段某辉于判决生效之日起十日内向原告马某学赔偿人身损害经济损失共计 223 690. 4 元;二、驳回原告马某学的其他诉讼请求。

被告段某辉不服,提起上诉。二审审理过程中,对一审查明事实中表述的“罗某某驾驶采棉机采了一机仓棉花往车上装,装的时候从棉花仓中卸下来的棉花把原告砸到地下,原告头朝下栽倒在地上受伤”之事实因缺乏证据证实不予确认,对一审法院查明的其他事实予以确认。

判决结果

一审法院认为原告在为被告段某辉装棉花的帮工活动中受伤致残,造成其身体损害,对由此给原告造成的各项经济损失,作为被帮工人的段某辉依法应当承担赔偿责任。庭审中,原告明确要求被告段某辉承担赔偿责任,符合法律规定,法院予以支持。原告受伤后造成的损失为:误工费 38 216 元、护理费 21 805. 6 元、住院伙食补助费 575 元、营养费 2 425 元、残疾赔偿金 145 588. 8 元、精神损害抚慰金 2 500 元、后续治疗费 9 000 元、残疾辅助器具费 340 元、鉴定费 3 180 元、复印费 60 元,以上合计 223 690. 4 元,故被告段某辉应向原告赔偿各项损失共计 223 690. 4 元,对原告主张的合理部分损失,法院予以支持,超出部分不予支持。遂判决:一、被告段某辉于判决生效之日起十日内向原告马某学赔偿人身损害经济损失共计 223 690. 4 元;二、驳回原告马某学的其他诉讼请求。

二审法院认可了本案系义务帮工造成人身损害的案件属性,但指出马某学作为帮工人在帮工过程中应尽到安全防范和自我保护的义务,尽量避免发生危险而导致人身遭受损害。本案损害后果的发生与马某学未尽到安全防范义务亦有关联，其应当自行承担部分责任。因此，二审法院在撤销了一审判决的同时，支持上诉人段某辉的部分上诉请求，判决其赔偿被上诉人马某学经济损失178 952.32元，并驳回上诉人段某辉的其他上诉请求。

案件评析

（一）本案判决思路

本案中一审与二审的争议焦点均在于原告马某学受伤的原因以及当事人之间的法律关系的认定。根据一审以及二审法院认定的事实，马某学接受被告段某辉的请求给其帮忙装棉花，原告系自愿无偿地提供劳务，被告段某辉无须对原告的帮忙行为支付报酬，原告与被告段某辉之间构成帮工与被帮工的关系。确定帮工人因帮工活动遭受人身损害的责任承担，首先需要确定帮工人受到人身损害的原因，即帮工人在帮工活动中遭受人身损害是否存在第三人的原因，以及帮工人与被帮工人之间责任的划分。本案中一审法院在事实中"认定当原告站在装棉花的车斗上踩实棉花的时候，罗某某驾驶采棉机采了一机仓棉花往车上装，装的时候从棉花仓中卸下来的棉花把原告砸到地下，原告头朝下栽倒在地上受伤"，但未就本案另一被告骆某生是否承担责任予以说明。仅根据《人身损害赔偿司法解释》第14条第1款的规定，认定原告在为被告段某辉装棉花的帮工活动中受伤致残，造成其身体损害，对由此给原告造成的各项经济损失，作为被帮工人的段某辉依法应当承担赔偿责任。

固然在义务帮工的案件中，被帮工人应当就帮工人因帮工活动遭受的人身损害承担责任，但是如果这一损害系因第三人的行为，那么应当由该第三人承担侵权责任，此时被帮工人的责任为适当的补偿责任。因此，本案原告在帮工过程中受到人身损害，是否涉及第三人原因，应当是案件争议的关键之一。在本案二审中，法官认定前述"损害后果是被采棉机卸载的棉花将其从车上砸到地下致伤的”事实无相关证据证实,故不予确认。而原告在为被告段某辉装棉花的帮工活动中受伤致残,造成其身体损害,对由此给原告造成的各项经济损失,作为被帮工人的段某辉依法应当承担赔偿责任。而原告马某学作为帮工人在帮工过程中应尽到安全防范和自我保护的义务,尽量避免发生危险而导致人身遭受损害。本案损害后果的发生与马某学未尽到安全防范义务亦有关联,其应当自行承担部分责任。至于赔偿责任划分,二审法院根据双方各自经济情况及马某学作为帮工人的过错程度并结合案件事实予以认定,由被告段某辉承担马某学经济损失中的80%,而剩余20%的责任由原告马某学自行承担。

(二)相关法律规范、学理研究及司法实践状况

义务帮工,又称无偿帮工,一般认为是指为满足被帮工人生产或者生活等方面的需要,没有法定或者约定义务的帮工人不以追求报酬为目的,自愿、无偿、临时地为被帮工人提供劳务,被帮工人接受劳务而发生的关系。[2]

在前《民法典》时代,《民法通则》对此并未作出直接规定,有关义务帮工较为直接的规定来自《民通意见》第157条。根据这一规定:“当事人对造成损害均无过错,但一方是在为对方的利益或者共同的利益进行活动的过程中受到损害的,可以责令对方或者受益人给予一定的经济补偿。”就无偿帮工而言,这一规则的问题在于帮工人“在为对方的利益进行活动的过程中受到损害”请求经济补偿的前提在于,帮工人本人不存在过错,如果帮工人存在过错,则只能自担损害。相比现行规则,也未考虑损害系第三人原因造成或被帮工人拒绝帮工的情形。[3] 2003年《人身损害赔偿司法解释》对于这一规定进行了修正,在一定程度上弥补了前述缺陷。该解释第14条规定:“帮工人因帮工活动遭受人身损害的,被帮工人应当承担赔偿责任。被帮工人明确拒绝帮工的,不承担赔偿责任;但可以在受益范围内予以适当补偿。帮工人因第三人侵权遭受人身损害的,由第三人承担赔偿责任。第三人不能确定或者没有赔偿能力的,可以由被帮工人予以适当补偿。”

---

[2] 王雷.民法学视野中的情谊行为[M].北京:北京大学出版社,2014:156.

[3] 王竹,刘忠炫.“帮工关系”的内涵改造与体系位移——兼论无偿个人帮工关系人身保护公平责任的构建[J].烟台大学学报(哲学社会科学版),2019(2):22.

2020年，最高人民法院基于《民法典》的颁布对前述司法解释进行了修正。修正后的《人身损害赔偿司法解释》第5条规定:“无偿提供劳务的帮工人因帮工活动遭受人身损害的，根据帮工人和被帮工人各自的过错承担相应的责任;被帮工人明确拒绝帮工的，被帮工人不承担赔偿责任，但可以在受益范围内予以适当补偿。帮工人在帮工活动中因第三人的行为遭受人身损害的，有权请求第三人承担赔偿责任，也有权请求被帮工人予以适当补偿。被帮工人补偿后，可以向第三人追偿。”修正后的这一规定在原有规范的基础上，进一步明确了帮工人与被帮工人之间责任承担规则，即帮工人和被帮工人各自的过错承担相应的责任。本案二审判决认定帮工人马某学未尽到安全防范义务，即其对于损害的发生存在过错，应当承担一定的责任也体现了这种过错责任的精神。因此，这一规则一方面肯定了无偿帮工人可以就帮工活动中受到的损害请求被帮工人进行赔偿，是对于无偿帮工人助人为乐行为的充分肯定，也是免除其“后顾之忧”法律保障;另一方面，这次司法解释的修正，通过过错原则的确立明确了帮工人与被帮工人之间的责任分配，也能够起到引导帮工人、被帮工人在帮工活动中注意安全防范、恪尽职守的积极作用。在司法实践中，(2019)京02民终5976号[4]同样体现了这一规则，在本案判决中法官指出:“帮工人因帮工活动遭受人身损害的，被帮工人应当承担赔偿责任。帮工人对损害的发生也有过错的，可以减轻侵权人的责任。杨乙作为被帮工人，依法应对杨甲在帮工过程中意外身亡承担相应赔偿责任。杨甲作为施工人，因过于自信在未采取安全措施的情况下进行施工，未尽到对自身安全防护的谨慎义务，其对事故的发生负有重要过失，应依法减轻杨乙相应的赔偿责任。”类似的案件还可以参考(2021)皖16民终861号、(2021)湘04民终787号、(2013)庆中民终字第478号、(2011)沪一中民一(民)终字第577号等。

另外，根据前述司法解释的规定，被帮工人明确拒绝帮工的，被帮工人不承担赔偿责任，但可以在受益范围内予以适当补偿。帮工人出于助人为乐的目的进行的无偿帮工活动，应该得到法律的认可和鼓励。但是这种善意也不应当强加于被帮工人的意思之上，因此“明确拒绝”可以作为被帮工人免责之

[4] 本案例一审判决被收录至“北京市丰台区人民法院弘扬社会主义核心价值观十大典型案例(第二辑)”。

事由。但即便如此,帮工活动依然客观上给被帮工人带来利益,因此被帮工人在受益范围内予以适当补偿,也符合民法公平正义的精神。然而在这里仍有一个问题值得进一步澄清,即“明确拒绝”如何认定及其举证责任的承担。实践中,帮工活动多发生于亲友邻里之间,可能会存在“婉言谢绝”“客套推辞”,此时能否认定为“明确拒绝帮工”不无疑问。从尊重意思自治的角度出发,明确拒绝应当由被帮工人向帮工人明确提出。不同于本案中的被帮工人主动请托,司法实践中可能存在帮工人基于情谊或亲属关系主动帮工,此时应当被帮工人婉拒后又默许帮工人继续进行帮工活动的行为不构成“明确拒绝”。换言之,被帮工人在“拒绝”后应当有阻止帮工人参与帮工活动的义务,否则仍应当对其“默许”的帮工活动承担相应的损害赔偿责任。在诉讼过程中,如果被帮工人以“明确拒绝”提出抗辩,则应当承担相应的举证责任,这不仅符合“谁主张谁举证”的一般规则,同时避免对于无偿帮助他人的帮工人不课以过重负担,还体现了法律对于相互帮助、相互关心这种良好道德风尚的肯定与支持。[5]

在无偿帮工的过程中,还可能涉及的问题是帮工人在帮工活动中致第三人损害。对此,根据《人身损害赔偿司法解释(2020 修正)》第 4 条的规定,无偿提供劳务的帮工人,在从事帮工活动中致人损害的,被帮工人应当承担赔偿责任。被帮工人承担赔偿责任后向有故意或者重大过失的帮工人追偿的,人民法院应予支持。被帮工人明确拒绝帮工的,不承担赔偿责任。在这里被帮工人所承担的责任实际上是一种替代责任,其法理基础之一在于被帮工人享有帮工利益,根据利益与风险相一致的原则,除非帮工行为违背被帮工人的意思,即后者明确拒绝,否则被帮工人对帮工人因帮工活动造成他人损害的应当承担赔偿责任。在司法实践中此类案件也较为典型,具体可以参考(2021)辽 01 民终 5027 号、(2020)豫 03 民终 2721 号民事判决、(2018)鄂民申 4781 号、(2015)亳民一终字第 01082 号等。

应当说,社会公众的互助行为是中华传统美德的具体体现,亦是现代社会大力支持与鼓励的良善行为。帮工人提供无偿劳务的行为体现了社会生活中人与人之间相互帮助、相互关心的道德风尚,是践行社会主义核心价值

---

[5] 谢新旭.明确拒绝帮工的举证责任应由被帮工人承担——河南周口中院判决张华某诉万海某、张某无偿帮工人受害责任纠纷案[N].人民法院报,2017-04-20(6).

观中友善、和谐的直接体现。然而在帮工过程中，帮工人可能会因帮工活动受到损害或者造成他人损害，完善相应的法律规则，平衡各方当事人之间的权利义务关系，则有助于维护社会公平正义，鼓励公民之间形成互相尊重、互相关心、互相帮助、和睦友好的社会主义新型人际关系。

37 吴某某、俞某与中国人寿财产保险股份有限公司上海市分公司机动车交通事故责任纠纷案[1]

核心价值：互助友善、公平和谐

事实概要

吴某某与俞某系同事。2014 年 9 月 10 日中午，吴某某、俞某及另外一名同事潘某共同从位于杨浦区的办公场所出发前往位于宝山区的工厂，由俞某驾驶其私家车，俞某未向吴某某及潘某收取任何费用。当日 11 时 55 分许，在上海市蕰川公路进共悦路路口处，俞某驾驶的沪 A6××××轿车，追尾案外人曹某某驾驶的沪 CV××××轿车，造成乘坐在俞某轿车上的吴某某受伤。后经交警部门认定，俞某负事故全部责任。事发后，吴某某就医治疗，花费医疗费 10 591.49 元。吴某某之伤经鉴定构成Ⅹ伤残，并评定给予了一定的休息、营养、护理期。吴某某支付鉴定费 2 300 元。吴某某聘请律师花费 5 000 元。

沪 CV××××轿车在人寿保险上海分公司处投保了交强险。

2015 年 9 月，宝山区人力资源和社会保障局认定吴某某所受道路交通事

[1] 改写自(2016)沪 02 民终 10526 号民事判决书。撰写人：陈洁蕾，同济大学法学院助理教授。

故伤为工伤。2016年1月、3月，经两次鉴定，上海市劳动能力鉴定委员会认定吴某某之伤构成工伤九级。2016年4月上海市社会保险事业管理中心宝山分中心作出《工伤人员待遇核定表》，核定一次性伤残补助金为53 624.70元。

吴某某系本市非农户籍。吴某某自2014年2月18日起与案外人上海济阳科技发展有限公司建立劳动关系，从事行政业务工作，2015年2月6日吴某某达到法定退休年龄。

吴某某起诉至上海市宝山区人民法院，要求保险公司在交强险无责限额内予以赔偿，不足部分，由被告俞某予以赔偿。一审判决俞某在交强险范围外承担60%的赔偿责任，吴某某、俞某不服提起上诉。

判决结果

一审法院经审理认为，根据本案事实可以确定俞某驾驶机动车追尾案外人曹某某驾驶的机动车，造成乘坐在俞某轿车上的吴某某受伤。经交警部门认定，俞某负事故全部责任。人寿保险上海分公司所承保的沪CV××××轿车，在本起事故中为无责方，故应依法在交强险无责险限额内承担赔偿责任。俞某与吴某某系同事，其出于好意让吴某某免费搭乘，虽然俞某由于其过错造成交通事故，但其赔偿责任应当酌情减轻。基于此法院酌情确定，对吴某某超出交强险无责险范围的合理损失，由俞某承担60%的赔偿责任。

二审驳回上诉，维持原判。

案件评析

（一）本案判决思路

本案争议焦点为吴某某在俞某的允许下免费搭乘后者驾驶的轿车，双方之间形成好意同乘关系后，由于俞某的过错发生交通事故，致使吴某某受到人身损害时，俞某是否以及如何承担侵权责任的问题。

一审法院从保险公司在交强险无责险范围内的赔偿责任和过错一方机动车驾驶人俞某的侵权责任两个方面对吴某某所受人身损害的赔偿责任进行了认定。就保险公司的赔偿责任而言，机动车之间发生交通事故，造成人身伤亡、财产损失的，应由保险公司在交强险责任限额范围内予以赔偿。被追尾车辆沪 CV××××轿车在人寿保险上海分公司处投保了交强险，因此其应当在交强险责任限额内对被保险人以外的受害人即本案中的吴某某所受的人身损害承担强制性的赔偿责任。就俞某的侵权责任而言，机动车交通事故责任属于侵权责任的一种，机动车之间的交通事故责任适用过错责任原则。在本起事故中，俞某因未尽到谨慎驾驶义务，追尾前车，依法在道路交通事故中应承担全部责任。然而，道路交通事故的全责并非当然意味着其应对于吴某某的损失承担全部赔偿责任。俞某与吴某某系同事，其出于好意让吴某某免费搭乘，在这种情形中，俞某所应承担的赔偿责任应与其所负担的义务相对等，而不应等同于出租车、公共汽车等提供社会公共运输服务并收取一定费用的车辆所承担赔偿责任。因此，对吴某某超出交强险无责险范围的合理损失，酌定由俞某承担 60%的赔偿责任。

二审法院肯定了一审法院的判决结果，并指出吴某某在俞某的允许下免费搭乘俞某驾驶的轿车，双方之间形成好意同乘关系，但即便是好意同乘，机动车驾驶员仍负有高度安全注意义务，以保障自身和同乘人的人身、财产安全，应当按照道路交通安全法律、法规的规定，合理安全地操作车辆。经交警部门认定，俞某负事故全部责任，因此对于吴某某因交通事故所致人身损失，俞某作为肇事机动车驾驶人应承担赔偿责任。同时，好意同乘是一种普通的社会现象，一种情谊行为，是驾驶员好意施惠的行为，双方之间并不存在强制约束力，按照公序良俗及公平观念，俞某无偿施惠而又造成侵权时，其应承担的赔偿责任可以相对减轻。一审法院根据案件事实，酌定俞某承担 60%的赔偿责任尚属妥当。

（二）相关法律规范、学理研究及司法实践状况

交通事故的法律责任主要由《民法典》《道路交通安全法》等法律及相关司法解释进行规范。《民法典》第 1208 条规定，机动车发生交通事故造成损害

的，依照道路交通安全法律和本法的有关规定承担赔偿责任。从《民法典》侵权责任的角度来看，机动车之间发生交通事故，适用过错责任原则。《道路交通安全法》第76条第1款进一步规定，机动车发生交通事故造成人身伤亡、财产损失的，由保险公司在机动车第三者责任强制保险责任限额范围内予以赔偿；不足的部分，按照下列规定承担赔偿责任：机动车之间发生交通事故的，由有过错的一方承担赔偿责任；双方都有过错的，按照各自过错的比例分担责任。

本案涉及的交通事故较为特殊，即通常所说的好意同乘，是指乘车人在运行供用者好意并无偿地邀请或允许下同乘于运行供用者之车的现象。[2]“好意同乘”是学界常用的概念，在实践中还有“搭便车”“搭顺风车”“免费搭乘”“无偿同乘”“顺路搭车”“拼车”等说法。[3] 好意同乘行为通常发生在亲友、同事之间，体现了中华民族团结友爱、助人为乐的传统美德，不仅有利于维系人际交往之间的和谐关系，也有利于减少交通拥堵，节约能源和保护环境，因此应当得到鼓励。好意同乘在法律上属于民法中的情谊行为，即行为人不具有受法律约束的意思表示，后果直接无偿利他的行为。[4]

好意同乘虽然体现了施惠者无偿帮助他人的善意，但是车辆在行驶过程中同样会发生交通事故，产生侵权责任的问题。如果在好意同乘的过程中发生交通事故，致使乘车人受到人身或财产损害时，能否以及如何减轻驾驶人的赔偿责任存在争议。在《民法典》实施之前，我国相关立法和司法解释对此并没规定，但是基于好意同乘而减轻驾驶人的损害赔偿责任在司法实践中得到了一定程度上的认可。例如：在(2013)桂民提字第47号案件中，广西壮族自治区高级人民法院再审认为：“好意搭乘对乘车人而言是完全单方获益的行为，乘车人得以免费搭乘没有支付任何对价。按照社会一般人的认识，无论搭乘司机是否明示事故风险的存在，作为有完全行为能力的乘车人林某应当能够预见到搭乘车辆是存在风险的，其搭乘具有‘自甘冒险’的因素，乘车人林某应当为自己的搭乘行为承担相应的后果。二审判决林某自行承担30%的责任是恰当的。”类似的(2018)京03民终12149号、(2016)苏0102民初1002号、(2016)赣0430民初1392号、(2013)一中民少终字第61号等判决

[2] 李薇.机动车事故损害赔偿法律制度研究[M].北京:法律出版社,1997:100.

[3] 王雷.情谊侵权行为论——以好意同乘中的侵权行为为例[J].私法研究,2013(2):37.

[4] 程啸.侵权责任法[M].3版.北京:法律出版社,2021:615.

均认为好意同乘下的机动车交通事故系发生在情谊行为过程中，基于鼓励助人为乐、相互帮助的公序良俗，可以根据案件具体情况，酌情减轻车辆驾驶人对搭乘者的赔偿责任。但也有观点认为，好意同乘中驾驶人对搭乘人负有安全注意义务。驾驶人因过错致使搭乘人人身、财产受到侵害的，应承担相应的赔偿责任，但搭乘人亦存在过错的，应减轻驾驶人的责任，如(2007)岩民终字第 016 号、(2016)京 0105 民初 55945 号等民事判决。[5]

在《民法典》编纂过程中，立法者吸收了理论和实务界的意见，于第 1217 条专门对好意同乘的行为进行了规制，即“非营运机动车发生交通事故造成无偿搭乘人损害，属于该机动车一方责任的，应当减轻其赔偿责任，但是机动车使用人有故意或者重大过失的除外”。基于这一规定，好意同乘的构成要件可以理解为：搭乘人为无偿搭车；所搭乘的车辆应当为非营运机动车；供搭乘的机动车一方对于交通事故负全部或部分责任。如果该机动车一方对于交通事务不承担责任，无偿搭乘人对于交强险不足部分只能请求对方机动车承担责任。[6] 另外需要注意的是，好意同乘只是减轻供搭乘的机动车一方驾驶人的赔偿责任，即好意同乘只能产生减轻而非免除责任的效果，但如果机动车使用人有故意或者重大过失，则不在此限。另外，如果搭乘人对于损害的发生同样存在过错，如不按照规定系安全带，明知车辆驾驶人存在酒后驾驶、无证驾驶等情形，或者明知车辆存在问题时，也应当根据《民法典》第 1173 条“被侵权人对同一损害的发生或者扩大有过错的，可以减轻侵权人的责任”之规定，承担相应的责任。

应当说，类似好意同乘等情谊行为，体现了人与人之间在日常交往活动中互帮互助的良好风气，还是实现绿色出行、节能减排的手段之一。虽然好意同乘这类行为不能免除机动车驾驶人的注意义务以及可能的侵权责任，但是不应当对其过于苛责，使其承担等同于营运机动车驾驶人的责任。《民法典》关于好意同乘的这一规定，减轻了机动车驾驶人的责任，即体现了法律的对于公平公正追求和对于人与人之间善良交往的鼓励，是社会主义核心价值观中友善与和谐的直接体现。

---

[5] 张济坤，李文丹．张保权与张文金等机动车交通事故责任纠纷案——好意同乘中侵权的认定[J]．人民司法(案例)，2019(26)：46．

[6] 程啸．侵权责任法[M]．3 版．北京：法律出版社，2021：616-617．

38 谢某淑与安顺市康捷物流有限公司等财产损害赔偿纠纷案[1]

核心价值:诚实守信、和谐友善

事实概要

2018年2月3日,第三人安顺市西秀区华西办事处竹林村村民委员会(以下简称“竹林村委会”)就被告安顺市西秀区杨康药材经营部(以下简称“杨康药材经营部”)承租案涉场地一事向华西办党工委、政府作出竹林村招商引资请示报告。案涉场地原先在高铁建设中被租用作为混凝土拌和站,高铁工程竣工后,由于地面已硬化,土地不能复垦。后竹林村委会将该土地承包给安顺市众利鑫农民专业合作社,但由于该合作社自身原因,村民土地流转费用及承包费仍然得不到解决。现竹林村委会与杨康药材经营部达成招商意向,由被告杨康药材经营部租赁案涉场地,并支付所涉村民土地流转费用,解决高铁建设遗留问题。2018年2月11日,安顺市西秀区华西办事处就杨康药材经营部用地情况作出情况说明,认为其租用案涉用地属于前期沪昆客运专线拌和站使用遗留,未占用基本农田。2018年2月12日,竹林村委会(出租方)与杨康药材经营部(承租方)签订场地租赁协议。2018年4月21

[1] 改写自(2020)黔04民终715号民事判决书。撰写人:朱冰,同济大学法学院教授。

日，竹林村委会（出租方）与杨康药材经营部（承租方）、被告安顺市康捷物流有限公司（以下简称康捷物流公司，经营方）签订场地租赁补充合同。2018 年 2 月 11 日，竹林村委会收到康捷物流公司的预付款 180 000 元，用来处理和解除胡某萍的补偿款。2018 年 2 月 12 日，竹林村委会收到康捷物流公司现金 558 720 元，用于支付农户的土地租金。另查明，原告谢某淑所承包的土地（诉讼争议土地）位于案涉场地内，但原告谢某淑未与竹林村委会签订土地租赁合同，且未领取土地租金。现诉讼争议土地上已由康捷物流公司修建厂房。

原告谢某淑以损害赔偿纠纷为由将被告杨康药材经营部、康捷物流公司及第三人竹林村委会起诉至安顺市西秀区人民法院，请求判令二被告停止侵害、恢复原状、返还土地并赔偿损失。一审法院作出（2019）黔 0402 民初 2122 号民事判决，判令康捷物流公司承担相应的侵权责任。

康捷物流公司不服，提起上诉。

判决结果

一审法院认为，原告谢某淑诉请的基础在于被告对原告土地是否存在侵权行为，故本案实际为财产损害赔偿纠纷。行为人因过错侵害他人民事权益，应当承担侵权责任。康捷物流公司未经原告同意在其承包土地上修建厂房，其行为侵害了原告的土地承包经营权，应当停止侵害。关于原告对杨康药材经营部的诉请，因杨康药材经营部已将案涉场地的经营权转让给康捷物流公司，且原告提交的证据不足以证明杨康药材经营部对其承包土地实施了侵权行为，不予支持。因本案诉讼争议土地的地貌已改变、四周已遭破坏，康捷物流公司应当按照租赁给其修建厂房前状况将受损土地恢复，返还原告，并赔偿经济损失。

二审法院认为，土地承包经营权属于被上诉人享有的具有一定身份属性的财产权利，一审法院确定本案的案由为财产损害赔偿纠纷并无不当。土地承包经营权的转让不影响被上诉人仍享有案涉土地的承包经营权，中铁五局在租用期间对土地的利用行为并不改变土地的所有权及承包经营权状态，并未形成新的共有物权。被上诉人享有案涉土地的承包经营权，合法有据。是否存在过错是判断侵权行为是否成立的必要条件。本案中，上诉人租用案涉土地时土地的原貌已破坏，其不存在破坏农业用地的情形；上诉人开展租用土地工作经依法审批，主观上不存在过错；案涉土地经前期租用后形成了较为规则的成片土地，上诉人基于土地现状及此前租赁的情况，合理信任竹林村委会有相应的权限与之签订合同，并按照合同约定履行了租金支付义务后，投入了大量资金修建厂房，现已建成使用，其信赖利益应得到保护。基于此，上诉人主观上无过错，不构成侵权，无须承担相应的侵权责任。从和谐友善的社会主义核心价值观出发，谢某淑享有案涉土地的承包经营权是客观事实，其合法权利应当予以保护，但权利不得滥用。谢某淑的土地仅是被租赁的 60 余亩土地中的 0.73 亩，且并非在案涉场地的边缘，拆除厂房返还土地，必然会影响将相邻的其他大部分村民的权利。在此情形下，谢某淑无其他充分理由要求拆除厂房返还土地，有滥用权利之嫌。因此，二审法院认判决撤销一审判决，并驳回原审原告谢某淑的全部诉讼请求。

案件评析

（一）本案判决思路

本案的争议焦点在于，康捷物流公司是否侵害谢某淑的土地承包经营权，以及应否承担停止侵害、恢复原状、返还土地，并赔偿损失的责任。一审法院的判决思路为，首先依据原告诉讼请求的基础认定本案系财产损害赔偿纠纷。其次，分别判定二被告对原告土地是否存在侵权行为，若有，则承担相应的侵权责任。康捷物流公司未经原告谢某淑同意在其承包的土地修建厂房，侵害原告的土地承包经营权；杨康药材经营部虽曾与竹林村委会签订场地租赁合同，但随后其将场地的经营权转让给了康捷物流公司，并未实施侵害案涉土地的行为，且原告也无法提供相应的证据证明，不应认定其构成侵权。最后，在审查原告所提出的诉讼请求的合理性并确定侵权责任的分配后，一审法院作出裁判。

在本案的二审中，安顺市中级人民法院首先认可一审法院对本案案由的定性，并基于土地承包经营权的性质认可被上诉人对案涉土地的权利。对于上诉人所提出的关于“因租用土地性质、面貌的改变而形成新的共有物权”，因没有法律依据予以否定。其次，通过判断上诉人主观上是否存在过错来认定其是否构成侵权。二审法院主要从上诉人是否具有破坏农业用地的情形、租用案涉场地的手续审批、上诉人签订场地租赁合同时是否尽到注意义务以及案涉土地的现状等方面的考量，认定上诉人主观上不存在过错，从而不构成侵权，无须承担停止侵害、恢复原状、返还土地、赔偿损失的侵权责任。除了从是否构成侵权的角度考量外，二审法院还考量了土地的现状及所设计的案外人的权利，认为被上诉人享有承包经营权的土地仅为 0.73 亩，在被租用的 60 余亩土地中占比很小，且案涉场地已形成较规则的整体场地，而诉讼争议土地并非处于边缘，强行要求拆除厂房返还土地会影响大部分村民利益，有滥用权利之嫌。基于和谐友善、诚实守信的社会主义核心价值观，支持被上诉人的诉讼请求情理不合。由此，二审法院撤销一审判决，驳回了原审原告的全部诉讼请求。

（二）相关法律规范、学理研究及评析

本案是基于土地承包经营权流转所引发的财产损害赔偿纠纷。《民法典》第 339 条规定：“土地承包经营权人可以自主决定依法采取出租、入股或者其他方式向他人流转土地经营权。”《中华人民共和国农村土地承包法》第 36 条规定：“承包方可以自主决定依法采取出租（转包）、入股或者其他方式向他人流转土地经营权，并向发包方备案。”土地承包经营权作为具有一定身份属性的财产权利，其流转可分为家庭土地承包经营权流转与其他方式土地承包经营权流转。现行法律及政策所列举的家庭土地承包经营权包括：一是移转土地承包经营权，具体形式体现为互换、转让、入股等，承包人在承包期内将某一宗土地的经营权转移给另一方，不再享有该宗地的土地承包经营权；二是在土地承包经营权上设定负担，具体表现为出租、转包、抵押等，其流转的对象为同一集体经济组织内的其他农户，原承包关系不变。[2] 家庭土地承包经营权的移转属于物权性质的变更，其本质是对用益物权的处分，前者

[2] 张红霄. 农村土地承包经营权及其流转性质的法律辨析[J]. 河北法学，2011(6)：14.

转移用益物权，后者不转移。其他方式土地承包经营权的流转则是将债的内容移转给第三人享有和承担，其本质是对债权债务的处分。[3] 本案中，案涉场地的处分属于其他方式土地承包经营权的流转，实现须取得本集体经济组织成员的同意。基于此，一方面，诉讼争议土地向中铁五局的转让行为只是转让一定期限的土地使用权，并非物权性质的变更，不影响谢某淑继续享有该土地的承包经营权，当权利受到侵害时，其有权提起诉讼；另一方面，案涉场地租用合同的签订意味着案涉场地的土地承包经营权的流转已经取得经济组织成员的大多数同意，其背后体现的是村民多数人利益。应当指出的是，康捷物流公司在上诉中所提出的关于案涉场地因土地原有性质、面貌改变且不可恢复原状，形成新的“不动产物权共有状态”的说法应当予以否定，物的共有份额是抽象的，其本质是对物的共有而非物的状态的共有，共有状态不会因物的状态改变而变更。

本案系物权的一般侵权责任纠纷。依据《民法典》第 1165 条第 1 项规定：“行为人因过错侵害他人民事权益造成损害的，应当承担侵权责任。”一般侵权责任纠纷以过错为归责原则。就“过错”的评价而言，一方面应当对行为人本身的可责难性作出评价，另一方面也要对其主观是否存在故意或者重大过失予以考量，从而保证对于行为人的责任具有正当性。一审法院和二审法院在本案审理中均是以是否存在过错为审理重点，但二者判断过错的标准并一致。一审法院通过“诉讼争议土地的土地承包经营权归谢某淑所有——康捷物流公司未经谢某淑同意在该土地上修建厂房——康捷物流公司侵害谢某淑的土地承包经营权”这样简单的逻辑认定康捷物流公司具有过错，而不考察其他因素，显然过于粗暴。二审法院则结合该行为的前因后果，对康捷物流公司的主观状态、修建厂房行为的可归责性等予以全面考量，认为康捷物流公司与竹林村委会的场地租赁合同合法、有效，不存在过错，且其作为合同向对方的信赖利益亦值得保护，从而认定其不构成侵权。相较而言，二审法

---

[3] 有学者认为土地承包经营权可分为物权性和债权性两种类型：
丁关良. 土地承包经营权流转法律制度研究[M]. 北京：中国人民大学出版社，2011：284.
也有学者提出反对意见，认为在《物权法》定义之下，土地承包经营权均属物权，不存在债权性质的土地承包经营权：
丁文. 论土地承包权与梯地承包经营权的分离[J]. 中国法学，2015(3)：163.

院对于“过错”的认定显然更具有说服力，值得学习借鉴。

本案的审理对于宣扬诚实守信、和谐友善的社会主义核心价值观理念具有积极意义。一方面，诚信作为社会主义核心价值观的基点，是现代市场经济健康有序发展的重要保障。康捷物流公司作为有效合同的相对方，其信赖利益应当得到保护，这也是严守契约的本质要求。另一方面，同为集体经济组织的成员，不能为争取自己的微小权益而滥用权利、牺牲多数人的利益，应当弘扬友善的社会主义核心价值观，做到推己及人，营造和谐的社会氛围，使每一名成员都能从中获益，从而实现乡村振兴、民族富强。

39 红色经典作品著作权纠纷——电视剧《沙家浜》著作权侵权案[1]

核心价值:公平正义、红色精神

事实概要

1958 年,上海人民沪剧团根据崔左夫的纪实文学《血染着的姓名——三十六个伤病员的斗争纪实》、上海警备区副司令员刘飞的回忆文章《阳澄湖畔》创作抗日题材沪剧《芦荡火种》,由沪剧团专职编剧文牧先生执笔,讲述 1939 年秋留在阳澄湖畔养伤的数十名新四军伤病员面对日伪顽匪相互勾结的险恶环境,在地方党组织和群众的支持帮助下,不畏艰苦,重建武装,坚持斗争的事迹。1960 年 1 月,《芦荡火种》首演获得成功,并在此后成为上海沪剧团久演不衰的保留节目。剧中郭建光、阿庆嫂、胡传魁、刁德一等人物形象刻画得惟妙惟肖,深入人心。"芦苇疗养院,一片好风光"等唱段更是广为传唱。

1964 年 1 月,沪剧《芦荡火种》进京演出。随后,北京京剧团将其改编为

[1] 本案例系调解结案,调解书并未公开,所以事实概要系根据媒体的公开报道——2008 年 4 月 24 日《人民法院报》纪实报道《握手"红色经典"——电视剧〈沙家浜〉著作权侵权纠纷始末》整理而成。撰写人:袁秀挺,同济大学法学院教授。

现代京剧《芦荡火种》。后剧名改为《沙家浜》。1968年，现代京剧《沙家浜》被拍成电影在全国各地上映。同一时期，现代交响音乐《沙家浜》创作完成并在全国巡演。

2005年3月，由“中国新四军和华中抗日根据地研究会、沈阳电视台、江苏省广播电视总台、北京幻聪影视文化有限公司、北京朱氏联合传媒有限公司”等联合摄制的电视连续剧《沙家浜》在江苏常熟开机。就在消息发布后不久，以“文牧家人叫停《沙家浜》”“电视剧《沙家浜》拍摄牵涉侵权”等为标题的报道纷纷见诸报端。剧组回应称电视剧的拍摄得到了广电总局的立项许可，并表示将与文牧家人、上海沪剧院进行协商以消除误解。与此同时，剧组的拍摄工作仍紧张进行着。其后，拍摄杀青。2006年上半年，三十集电视连续剧《沙家浜》在全国各地方电视台陆续播出。借助红色经典家喻户晓的故事背景以及陈道明、许晴、程前等著名演员的加盟，该剧一经播出收视率即全线飘红，受到广大观众的喜爱。

2006年5月，沪剧《芦荡火种》的执笔人、已故剧作家文牧先生的遗孀筱惠琴女士，携膝下六名子女连同上海沪剧院一起向上海市第二中级人民法院提起诉讼，将包括电视剧《沙家浜》的投资方及发行方等多家单位告上法庭，要求被告停止出版、发行、放映电视连续剧《沙家浜》，并赔偿损失、赔礼道歉。

判决结果

经过公开开庭审理，在查明事实的基础上，法官开展了大量的工作，最终促成原告文牧家属和上海沪剧院与各被告共同拟定一份和解协议。在分清是非、明辨责任的前提下，被告充分尊重原告上海沪剧院、文牧家属对《芦荡火种》剧本各自享有的权利，愿一次性赔偿原告上海沪剧院、文牧家属经济损失；北京朱氏联合传媒有限公司、北京幻聪影视文化有限公司在本协议签订之日起一周内在《新民晚报》刊登致歉声明。原告对诸被告在中国大陆地区播放电视连续剧《沙家浜》表示许可。此外，原告上海沪剧院和文牧家属之间也就《芦荡火种》剧本著作权达成共识，一致确认双方都是沪剧《芦荡火种》剧本的共同著作权人，上海沪剧院在对剧本享有著作权的同时充分尊重文牧先生的署名权。

2007 年 12 月 20 日，文牧家属和上海沪剧院正式向上海市第二中级人民法院申请撤诉，并获得法院准许。本案最终以双方握手言和而顺利结案。

案件评析

（一）相关法律规范、学理研究及评析

本案在法律上有几个焦点问题需要解释：

第一，沪剧《芦荡火种》的著作权归属于谁，即谁有权在本案中来主张权利。1964 年，《芦荡火种》剧本首次公开发表，当时的署名是“上海人民沪剧团集体创作，文牧执笔”。根据《中华人民共和国著作权法》（以下简称《著作权法》）的规定，通常情况下，著作权属于作者，如无相反证明，在作品上署名的自然人或单位为作者。仅从署名看，《芦荡火种》的著作权是应归属于上海沪剧团还是文牧，抑或二者共有，存在一定争议。在 1997 年的一场诉讼中，法院出具的诉讼调解书明确写明“上海沪剧院、文牧系沪剧《芦荡火种》剧本的著作权人”。但在 1999 年上海沪剧院状告扬子江音像出版社侵权一案的判决书中，则认定《芦荡火种》剧本是法人作品，著作权归上海沪剧院所有。本案中，文牧先生的继承人和上海沪剧团作为共同原告提起诉讼，对被告而言，就权属问题提起争议，也是一种诉讼策略。但从根本上讲，权利归属只涉及相关主体内部的关系，在本案中并不影响对被告行为的定性。事实上，通过本案也促成了原告之间在权属问题上达成共识。上海沪剧院和文牧家属确认双方都是沪剧《芦荡火种》剧本的共同著作权人，上海沪剧院在对剧本享有著作权的同时充分尊重文牧先生的署名权。

第二，各被告的行为是否侵犯了原告的著作权，以及具体侵犯了何种权利。著作权从本质上讲，指的是权利人就其作品可以实施及制止他人实施某些利用行为的专有权。针对具体的利用行为，就构成了《著作权法》上规定的各项权能，如修改权、保护作品完整权、复制权、改编权、信息网络传播权等。

本案中,原告诉称的侵权行为主要是被告未经许可而将沪剧作品改编为电视剧,并制作成音像制品加以出版、发行的行为。因为不同被告实施的行为不同,因而具体的侵权表现也有所不同。本案中,原告主张的权利主要包括修改权、保护作品完整权和改编权,也就是主张相关被告未经原告许可,擅自修改并歪曲、篡改其作品,未经原告许可,在原作基础上创作新作品的行为构成侵权。而相关被告的出版、发行行为,是改编等行为的后续行为,也构成侵权。当然,原告的主张是否成立,需要结合证据,由法官加以具体判断。本案最终虽以和解撤诉结案,但法院通过开庭审理,已经查清了事实,在促进原被告达成和解协议时,做到了在分清是非的基础上明辨责任。被告表示充分尊重原告上海沪剧院、文牧家属对《芦荡火种》剧本各自享有的权利,也承认自身的行为构成侵权。

第三,各被告具体应承担何种责任。通常而言,侵犯著作权应承担的民事责任主要体现为停止侵害、赔偿损失。如果是侵犯修改权、保护作品完整权这样的著作人身权的,还可能要赔礼道歉。本案原告的诉请即包括这三类责任形式。如前述,本案的定性应该比较清楚,但在责任承担上,却有其特殊之处。《沙家浜》作为红色经典剧目,拍摄该电视连续剧的目的是纪念抗日战争胜利 60 周年,同时也是为了弘扬喜闻乐见的红色文化。《沙家浜》电视剧播映后,实现了较好的社会效果,具有积极、正面的社会影响和意义。如果简单地停止出版、发行、放映等行为,客观上会影响到公众的利益,也可能造成当事人之间利益的失衡。这也不符合当时知识产权审判实践中把握的司法政策。[2] 因此,在相关个案中,可考虑允许侵权作品继续放映,但通过加重被告侵权赔偿的方式给予权利人补偿。当然,因本案是以案外和解并撤诉的方式了结的,被告对原告经济损失的赔偿体现在和解协议中,并未对外公开。和解协议同时明确被告应通过媒体公开致歉,原告则对诸被告在中国大陆地区播放电视连续剧《沙家浜》表示许可。

---

[2] 参见《最高人民法院副院长曹建明在全国法院知识产权审判工作座谈会上的讲话》(2007 年 1 月)。另外,曾入选“2009 年中国法院知识产权司法保护十大案件”的“武汉晶源公司与日本富士化水株式会社侵犯发明专利权纠纷案”中,一、二审法院就曾根据具体案情,并未判被告停止侵权行为,而是责令其按实际使用年限支付使用费至专利权终止。参见福建省高级人民法院(2001)闽知初字第 4 号民事判决书,最高人民法院(2008)民三终字第 8 号民事判决书。

（二）案件影响与意义

“沙家浜”案当年曾广受关注，在原告起诉时及案件审理过程中，媒体多有报道。但随着案件的顺利处理，热度反而消退了。一个重要的原因在于当事人之间是以案外和解的方式平息个案争议，出于种种考量，并不希望最终的处理结果受到太多关注。因此，“案结事了”是最为妥善的，也可以说在个案中体现了公平正义。但是从另一方面讲，今天我们回顾本案，仍可以总结出超越个案同时富含时代意蕴的价值和意义。

“沙家浜”案促成和解的一个前提是认定被告行为“构成侵权但无须停止”，形成这一认识的出发点是要兼顾著作权人与社会公众的利益平衡。显然，在案件处理中体现出对“公共利益”的考量。需要指出的是，在知识产权领域，即使是国外的案例，也出现过对侵权行为不予颁发禁令的判决。[3] 但不同国家法官面对的“公共利益”却有不同的内涵。在当下的中国，红色经典的传播无疑构成了符合社会总体价值取向的公共利益。同样需强调的是，公共利益不是否定法律的“挡箭牌”，法官审理案件还是应在查明事实的基础上，严格适用法律规定。本案的突出亮点之一就是法官充分发挥人民司法的宝贵经验，做了大量的工作促进当事人的案外和解，既避免了机械适用法律所可能遭遇的难题，又保证案件的结果合乎社会的主流价值观，实现了法律效果与社会效果的统一。

2020 年 11 月，在中央全面依法治国工作会议上，正式提出了习近平法治思想。在司法工作中，必须身体力行习近平法治思想，不能照搬别国模式和做法，“要坚持从实际出发，突出中国特色、实践特色、时代特色”。[4] 因此，我们看到，董存瑞、黄继光等英雄烈士名誉权纠纷公益诉讼案成为弘扬社会主义核心价值观的典型案例，而“沙家浜”案也可谓一个恰当的注脚。

---

[3] 鲁灿，詹锐. 从 ebay 案看美国专利保护趋势——兼论我国专利“停止侵权”责任方式[J]. 电子知识产权，2006(9)：49.

[4] 贺荣. 身体力行习近平法治思想在人民法院工作中牢牢坚持党的绝对领导[N]. 学习时报，2021-06-11(A2).

40 天津天隆种业科技有限公司与江苏徐农种业科技有限公司侵害植物新品种权纠纷案[1]

核心价值：维护社会公共利益、保障国家粮食安全

事实概要

天津天隆种业科技有限公司（以下简称“天隆公司”）与江苏徐农种业科技有限公司（以下简称“徐农公司”）相互以对方为被告，分别向法院提起两起植物新品种侵权诉讼。

2000 年 11 月 10 日，由徐州农科所、北方杂交粳稻工程技术中心（与辽宁省稻作研究所为一套机构两块牌子）共同培育成功的三系杂交粳稻 9 优 418 水稻品种通过国家农作物品种审定。9 优 418 水稻品种源于父本 C418、母本 9201A。

2003 年 9 月 25 日，徐州农科所就其选育的徐 9201A 水稻品种向农业部申请植物新品种权保护，于 2007 年 1 月 1 日获得授权。2008 年 1 月 3 日，徐

[1] 改写自最高人民法院第 16 批第 86 号指导性案例、江苏省高级人民法院（2011）苏知民终字第 0194 号、（2012）苏知民终字第 0055 号民事判决书。撰写人：袁秀挺，同济大学法学院教授。

州农科所许可徐农公司独占实施徐 9201A 植物新品种权。

2003 年 12 月 30 日，辽宁省稻作研究所向农业部提出 C418 水稻品种植物新品种权申请，于 2007 年 5 月 1 日获得授权，并许可天隆公司独占实施 C418 植物新品种权。

审理中，法院查明，徐农公司和天隆公司生产 9 优 418 使用的配组完全相同，都使用母本徐 9201A 和父本 C418。

判决结果

就天隆公司诉徐农公司一案，江苏省南京市中级人民法院判决：一、徐农公司立即停止销售 9 优 418 杂交粳稻种子，未经权利人许可不得将植物新品种 C418 种子重复使用于生产 9 优 418 杂交粳稻种子；二、徐农公司于判决生效之日起十五日内赔偿天隆公司经济损失 50 万元。

就徐农公司诉天隆公司一案，江苏省南京市中级人民法院判决：一、天隆公司于判决生效之日起立即停止对徐农公司案涉徐 9201A 植物新品种权之独占实施权的侵害；二、天隆公司于判决生效之日起十日内赔偿徐农公司经济损失 200 万元。

徐农公司、天隆公司不服一审判决，就上述两案分别提起上诉。江苏省高级人民法院于 2013 年 12 月 29 日合并作出(2011)苏知民终字第 0194 号、(2012)苏知民终字第 0055 号民事判决：一、撤销江苏省南京市中级人民法院(2009)宁民三初字第 63 号、(2010)宁知民初字第 069 号民事判决。二、天隆公司于本判决生效之日起十五日内补偿徐农公司 50 万元整。

案件评析

(一) 相关法律规范、学理研究及评析

我国《民法典》第 123 条明确规定植物新品种为一类知识产权客体，因此

植物新品种权作为一种知识产权应当受到尊重和保护。《中华人民共和国植物新品种保护条例》(以下简称《植物新品种保护条例》)第6条规定:“完成育种的单位或者个人对其授权品种,享有排他的独占权。任何单位或者个人未经品种权所有人许可,不得为商业目的生产或者销售该授权品种的繁殖材料,不得为商业目的将该授权品种的繁殖材料重复使用于生产另一品种的繁殖材料。”但本案的情形有特殊之处。一般品种权纠纷发生在品种权人与被诉侵权人之间,而本案纠纷则发生在享有父本独占许可实施权的天隆公司与享有母本独占许可实施权的徐农公司之间。双方分别生产的9优418水稻品种本身并不享有品种权,只是因该品种系杂交粳稻,其父本和母本分别享有品种权。这意味着9优418的生产事实上受到限制。9优418的合作培育源于20世纪90年代国内杂交水稻科研大合作,本身系无偿配组。同时还需注意,9优418品种性状优良,在江苏、安徽、河南等地广泛种植,受到广大种植农户的普遍欢迎,已成为中粳杂交水稻的当家品种,具有较高的经济价值和市场前景,涉及本案双方当事人的重大经济利益。

本案中,双方当事人为独占生产9优418水稻品种,而相互指控对方侵权,且在整个诉讼过程中无法达成妥协,导致司法裁判面临难题。在二审期间,法院做了大量调解工作,希望双方当事人能够相互授权许可,使9优418这一优良品种能够继续获得生产,但最终调解未能成功。天隆公司与徐农公司不能达成妥协,致使9优418品种不能继续生产,不能认为仅关涉双方的利益,实际上已经损害了国家粮食安全战略的实施,有损公共利益,且不符合最初育种者的根本目的,也不符合促进植物新品种转化实施的根本要求。从表面上看,双方当事人的行为系维护各自的知识产权,但实际结果是损害知识产权的运用和科技成果的转化。鉴于该两案已关涉国家粮食生产安全等公共利益,影响9优418这一优良品种的推广,双方当事人在行使案涉植物新品种独占实施许可权时均应当受到限制,即在生产9优418水稻品种时,均应当允许对方使用己方的亲本繁殖材料,这一结果显然有利于合作育种者及本案双方当事人的共同利益,也有利于广大种植农户的利益,故二审纠正了一审判令双方相互停止侵权并赔偿对方损失的做法。

二审考虑到9优418品种的具体情况,在其配组中父本与母本具有相同的地位及作用,最终认定本案双方当事人均有权使用对方获得授权的亲本繁殖材料，且应当相互免除许可使用费，但仅限于生产和销售9优418这一水稻品种，不得用于其他商业目的。这一认定非常特别，可以说是突破式的创新裁判。另外，鉴于徐农公司为推广9优418品种付出了许多商业努力并进行种植技术攻关，而天隆公司是在9优418品种已获得市场广泛认可的情况下进入该生产领域，相对而言减少了推广该品种的市场成本，故法院判令天隆公司给予徐农公司50万元的经济补偿。这样的处理结果可以说兼顾到了公平合理。

（二）案件影响与意义

第86号指导性案例的案情并不复杂：当事人互为原被告，提起了两起植物新品种侵权诉讼，双方分别持有植物新品种的父本与母本，互相指责对方侵权。双方的行为均构成未经品种权人许可，为商业目的生产授权品种的繁殖材料。一审法院判决双方均构成侵权，并承担赔偿责任。二审法院则认为双方均不构成侵权，仅判决一方补偿另一方一定费用，驳回了双方的诉请。从法律适用看，该案并没有提供具体的新的法律规则。但该案在裁判结论和裁判方法上具有“开创性”，所以具有指导作用，而成为指导性案例。[2] 该案的一个特别之处是在侵权纠纷解决时强调彼此的合作关系，以促成双方相互的授权许可为目标。最终法院从维护社会公共利益，保障国家粮食安全的角度出发，得出双方均不侵权的结论，相当于判决相互强制许可并免除相应的许可费。

该案二审判决没有囿于狭隘的法律适用方法，而是从更为宏观的视角进行了综合考量，最终的结果无疑更契合利益平衡，也更具社会效果。《植物新品种保护条例》第11条规定的强制许可制度，本来仅限于审批机关（国务院农业、林业行政部门）作出，并且取得实施强制许可者还应支付合理的使用费。第86号指导性案例的结果实际上是以司法裁判的形式实施了强制许可[3]，同时因为许可是相互的，在双方无法达成一致的条件下，法院通过判决排除了当事人的谈判权，而直接免除了双方的许可费。这样的举措充分体现了司

---

[2] 参见《最高人民法院关于案例指导工作的规定》第2条关于指导性案例条件的规定。

[3] 宋健．指导案例86号《天津天隆种业科技有限公司与徐州徐农种业科技有限公司侵权职务新品种权纠纷案》的理解与参照[M]//姜启波，主编．中国案例指导（第六辑）．北京：法律出版社，2018：289．

法能动积极的一面。

第86号指导性案例是第一个关于植物新品种纠纷的指导案例。该案的意义并不在于确立了司法的具体规则或正确实现了疑难问题的法律适用，但其裁判体现出来的创新性思维，却是值得珍视且发扬光大的。诚如有学者所言，指导性案例之推进法律发展，实现司法公正，不仅限于确立司法政策或解释法律，更应鼓励和引导法官参照指导性案例的判案思路和说理模式，促进整体司法治理能力的提高。[4] 通过该案，我们不仅能看到法官着眼于调整公共秩序、平衡当事人利益的裁判思路，也能从中去领悟司法能动促进纠纷解决的积极理念，还能进一步得到启示：面对错综复杂、不断变迁的社会现实（比如本案所代表的植物新品种案件不可回避的一个背景就是转基因农作物带来的争论），司法是否以及如何去适应和回应？究其根本，司法实践要解决的是当下的问题，所以必须将中国场景、本土裁判置于至关重要的考量因素。近年来，最高法院在知识产权司法实践中整理、总结出若干类司法政策，“服务大局”就是其中之一。在笔者看来，最高法院通过发布第86号指导性案例，无疑体现了一种导向，其间体现的关键词包括“关注民生”“回应重大现实问题”等，构成对“服务大局”司法政策的经典诠释。进一步说，第86号指导性案例从有利于育种者利益和社会公共利益的角度出发，判令涉讼双方互不侵权，同时应相互许可，也是与“和谐”等社会主义核心价值观高度契合的。

[4] 李红海.案例指导制度的未来与国家治理能力[J].中外法学,2018(2):493.

41 张某锋诉3M中国有限公司职务发明报酬纠纷案[1]

核心价值:遵守契约、平衡利益、和谐公平

事实概要

3M中国有限公司是诉外的全球著名跨国公司3M母公司的关联投资公司在中国设立的全资子公司,3M母公司还设立了全资子公司3M创新公司,后者是本案案涉职务发明专利("反射偏振片和具有该反射偏振片的显示装置")的专利权人。2006年1月,3M母公司、3M中国有限公司、3M创新公司签订了《合同研究协议》。根据该协议,为了帮助技术、产品、服务和知识产权权利在全球3M公司集团内部各个成员间的转移,3M创新公司可以从3M母公司及其全球其他成员(包括3M中国有限公司)处获取各种新的知识产权(包括商业秘密和专利),并且许可给母公司和公司集团的其他成员和第三方以交换许可费。据此,3M中国有限公司自愿将获得的知识产权转让给3M母公司和3M创新公司,以交换适当的对价。

案涉专利发明人张某锋(一审原告、二审上诉人)于2003年与3M中国有限公司(一审被告、二审上诉人)签订了《个人聘用合同》,2003年4月21日至

---

[1] 改写自(2014)沪高民三(知)终字第120号、(2012)沪一中民五(知)初字第240号民事判决书。撰写人:张韬略,同济大学法学院副教授。

2010年10月29日之间在3M中国有限公司工作。3M中国有限公司还颁布了“3M中国职务发明奖金计划”(约定的奖金计算方式为:年销售×0.01%×产品系数×专利分配系数×发明人分配系数)。张某锋在职期间参与作出的案涉中国发明由3M创新公司于2006年在华申请发明专利,并于2010年3月获得中国发明专利的授权,但是该发明的另外3名共同发明人是公司外籍员工。张某锋认为,相较于案涉专利产品在市场上所获得的巨大收益,3M中国有限公司没有向其支付合理的报酬,3M创新公司作为被授予专利权的单位,也未向其支付合理的报酬,二者共同侵犯了其获得职务发明报酬的权利,因此向一审法院提起诉讼,请求法院判定3M中国有限公司和3M创新公司侵犯其职务发明报酬权,并请求二者支付案涉职务发明报酬及利息。

本案争论焦点主要有三:第一,在职务发明的大部分是由境外共同发明人作出的情况下,张某锋的职务发明报酬纠纷,是否适用中国法律;第二,在雇主并非专利权人的情况下,张某锋的报酬请求是否应该获得支持;第三,根据《个人聘用合同》以及“3M中国职务发明奖金计划”进行职务发明报酬的计算是否合理。

判决结果

本案一审于2014年11月14日审理完毕。判决被告3M中国有限公司支付原告张某锋职务发明报酬人民币200 000元,驳回原告张某锋的其余诉讼请求。二审于2015年4月22日审理终结,维持原判。

一审法院认为:1.中国系争发明创造实施地之一,张某锋是发明人之一,在中国公司工作期间完成了共同发明,且发明已经在中国申请并获得授权,所以有权根据中国法律主张职务发明的奖励和报酬。2.张某锋的雇主3M中国有限公司不是专利权人,但根据3M母公司、3M中国有限公司、3M创新公司签订的《合同研究协议》,申请发明专利的权利在申请之前就转让给了3M创新公司。职务发明或设计人获得报酬的范围,除了从被授予专利权的单位许可其他人实施专利而收取的使用费中提取之外,还应当包括转让专利权

（包括转让专利申请权并已经实际获得授权）后由该受让人实施或者许可他人实施该专利获得经济效益后应支付的报酬，这也符合科技成果转化实施的目的。3.企业与雇员之间订立的《个人聘用合同》中的奖金计划具有民主性，但具体计算标准应当合理。本案奖金计划中的系数（0.01%）与《中华人民共和国专利法实施细则》（以下简称《专利法实施细则》）的系数（2%）相差太多，因此奖金计划有不合理的地方，但张某锋主张根据利润率的50%来计算同样不合理。一审法院最后酌情确定，3M中国有限公司、3M创新公司应该向张某锋支付职务发明报酬20万元。

二审法院认为：1.跨地域的发明活动是常见现象，并不要求发明的整体技术方案和各个部分都在某地完成，其中部分技术贡献的完成地，也应当认定为发明完成地之一；张某锋的发明人地位获得了3M中国有限公司、3M创新公司的承认，说明张某锋对案涉发明创造作出了实质性技术贡献；中国发明人就中国专利发明提出的职务发明报酬请求，应适用中国法。2.关联企业之间有关职务发明转让、归属的协议，不应该妨碍职务发明人行使获得合理报酬的权利，因此，张某锋的雇主3M中国有限公司虽然不是最后的案涉职务发明的专利权人，仍需要支付职务发明报酬。但张某锋向3M创新公司主张报酬则缺乏依据。3.一审法院酌情确定的职务发明报酬合法合理。

案件评析

（一）相关法律规范

我国现行《中华人民共和国专利法（2020年修正）》（以下简称《专利法》）第15条第1款规定：“被授予专利权的单位应当对职务发明创造的发明人或者设计人给予奖励；发明创造专利实施后，根据其推广应用的范围和取得的经济效益，对发明人或者设计人给予合理的报酬。”[2]

《专利法实施细则》中有关职务发明奖酬的规定集中在第76—78条。根

[2] 在本案审理时，《专利法》尚未进行第四次修改，有关职务发明奖酬的规定在当时《专利法》的第16条，其第一款与目前的规定完全一样。

据《专利法实施细则》第 76 条有关“约定优先”的规定，被授予专利权的单位可以与发明人、设计人约定或者在其依法制定的规章制度中规定《专利法》第 16 条规定的奖励、报酬的方式和数额。企业、事业单位给予发明人或者设计人的奖励、报酬，按照国家有关财务、会计制度的规定进行处理。

如果当事人没约定的或企业规章制度没有奖金或报酬的相关规定的，被授予专利权的单位应当根据法定的标准支付奖金或报酬，具体而言：1. 就奖金而言，被授予专利权的单位应当自专利权公告之日起 3 个月内发给发明人或者设计人奖金。一项发明专利的奖金最低不少于 3 000 元；一项实用新型专利或者外观设计专利的奖金最低不少于 1 000 元。由于发明人或者设计人的建议被其所属单位采纳而完成的发明创造，被授予专利权的单位应当从优发给奖金(《专利法实施细则》第 77 条)。2. 就报酬而言，被授予专利权的单位在专利权有效期限内，实施发明创造专利后，每年应当从实施该项发明或者实用新型专利的营业利润中提取不低于 2%或者从实施该项外观设计专利的营业利润中提取不低于 0.2%，作为报酬给予发明人或者设计人，或者参照上述比例，给予发明人或者设计人一次性报酬；被授予专利权的单位许可其他单位或者个人实施其专利的，应当从收取的使用费中提取不低于 10%，作为报酬给予发明人或者设计人(《专利法实施细则》第 78 条)。

(二) 现行法律规定在司法适用上的争议

本案反映了我国《专利法》上述法律规定在适用时的若干难点，下面择其要者进行分析：

1. 承担给付奖酬义务的主体

依据现行《专利法》第 15 条第 1 款规定的规定，给予发明人奖励和报酬的义务主体是“被授予专利权的单位”，但在本案中，发明人所在单位 3M 中国有限公司并不是“被授予专利权的单位”，无法满足该条对报酬给付义务主体的要求。而专利权人即 3M 创新公司虽然依据协议受让专利申请权并获得案涉专利授权，但它和张某锋之间并没有劳动合同关系，不存在雇佣关系，根据法律规定的字面含义，同样难以构成职务发明报酬给付主体。显然，这是企业集团经常使用的所谓“中央集权式”的知识产权管理模式，即企业集团母公司指定其中一家子公司对全球范围内该集团所有成员进行“中央集权”模式的知识产权管理。该指定的子公司全面管理和经营母公司及其麾下其他子公司或者关联公司的知识产权，包括知识产权的申请、保护、许可和运用。在跨国企业“中央集权模式”的知识产权协议安排之下，发明创造的（也即与职务发明人有雇佣关系的）主体、申请专利的主体、最终拥有发明的主体和最终实施专利的主体很容易出现分离，这导致职务发明给付奖酬义务的承担者的认定成为本案司法适用的难点，也加重了职务发明人的维权成本。

在实践之中，出现了与法律规定字面含义不一致的由发明人的雇主单位（非专利权人）承担奖酬义务的判决。例如，在本案中，由于发明人所在单位依据协议将专利申请权转移给其他单位，自身未获得专利授权，在这种情况下，如果严格解释《专利法》第 15 条第 1 款（将职务发明报酬给付义务主体严格限定在了“被授予专利权的单位”），那么发明人所在单位将不构成合格的职务发明报酬给付主体。对此，法院认为“在适用法律时应当进行漏洞补充，类推适用《专利法》关于被授予专利权单位应向职务发明人支付合理报酬的规定”。二审法院也认定：“立法本意是给予发明人应得的劳动报酬，该获得报酬的合法权利不应由于跨国企业内部的协议安排而受到损害。”即便发明人所在单位并非“被授予专利权的单位”，但作为雇主仍应支付职务发明的报酬。因此，本案所确立的判断标准是：在企业集团内部，在发明人的雇佣单位和“被授予专利权的单位”不一致的情况下，前者是职务发明报酬支付义务的主体，后者没有支付义务。不过，司法实践里也出现了要求由专利权人的非雇主单位承担奖酬义务的裁判。[3] 可以理解，法院没有将奖酬义务主体完全局限于雇主的主要原因在于，这样做很容易导致奖酬义务被关联企业规避掉。法院的认定明显提高了职务发明发明人的奖酬权的保护力度，确保了个案的公平，不过会在一定程度上牺牲奖酬义务规则的可预见性。[4]

我国专利行政执法机关曾根据本案的裁判规则，建议修正《专利法》的相关规定。例如，《中华人民共和国专利法修改草案（征求意见稿 2015）》第 16 条就取消了职务发明报酬给付义务主体必须为“被授予专利权的单位”的

---

[3] 参见北京一中院（2010）一中民初字第 465 号、北京高院（2011）高民终字第 3343 号：许祖泽与中国钢研科技集团有限公司、宝钢集团有限公司等职务发明创造发明人报酬纠纷案。

[4] 蒋舸．职务发明奖酬管制的理论困境与现实出路[J]．中国法学，2016(3)：125-144.

限制，改为："职务发明创造被授予专利权后，单位应当对其发明人或者设计人给予奖励；发明创造专利实施后，单位应当根据其推广应用的范围和取得的经济效益，对发明人或者设计人给予合理的报酬。"但是该修订建议最后没有被吸收到2020年修订的《专利法》之中。

2. 奖酬数额的合理性

奖酬数额的合理与否，也是职务发明的争议之一，其中尤其以报酬数额的争议为甚。如前所述，我国《专利法》第15条确立了"合理报酬"标准，《专利法实施细则》确立了"约定优先、法定为辅"的原则，并且规定了法定的标准。但在实践之中，如何确立报酬的约定数额或者计算标准是"合理"的，在约定标准远低于法定标准时，可否认定约定的标准"不合理"，有导致争议的可能性？[5] 例如，本案的张某锋，实际就对企业规章制度公示的报酬计算标准提出了质疑。而本案的两审法院都认为，显著背离"法定最低标准"的约定结果，属于不合理的报酬。学界也有支持将这类约定认定为"显失公平"的观点。[6]

[5] 我国不同立法如《促进科技成果转化法》《促进科技成果转化条例》乃至地方标准对保底比例标准的不一致，加大了合理性判断的难度。

[6] 陶鑫良.职务发明性质之约定和职务发明报酬及奖励——我国专利法第四次修订中有关职务发明若干问题的讨论[J].知识产权，2016(3)：3-13.

42 蓝野酒业公司诉百事可乐公司商标侵权纠纷案[1]

核心价值：诚实守信、有序竞争

事实概要

2003年12月14日，丽水市蓝野酒业有限公司申请取得了注册号为第3179397号"蓝色风暴"文字、拼音、图形组合注册商标，核准使用商品为第32类：包括麦芽啤酒、水（饮料）、可乐等，有效期自2003年12月14日至2013年12月13日止。2006年1月24日，经国家工商行政管理总局商标局核准，注册号为第3179397号"蓝色风暴"文字、拼音、图形组合注册商标商标权人变更为蓝野酒业公司。

百事可乐公司系百事集团公司在中国投资成立的中外合资经营企业。2005年5月，百事中国有限公司在全国范围内开展了以"蓝色风暴"命名的夏季促销及宣传活动。百事可乐公司在促销及宣传活动中，不仅将"蓝色风暴"标识使用在宣传海报、货架价签、商品堆头等宣传品上，也将"蓝色风暴"标识直接使用在其生产、销售的可乐等产品的外包装和瓶盖上。

蓝野酒业公司以联华华商公司、百事可乐公司构成商标侵权为由，于

[1] 改写自浙江高院(2007)浙民三终字第74号民事判决书。撰写人：张韬略，同济大学法学院副教授。

2005年12月12日向法院起诉，请求判令：1. 联华华商公司、百事可乐公司停止侵权，消除在同类商品上带有“蓝色风暴”的商标标识，停止带有“蓝色风暴”商标的生产、销售、广告、宣传行为；2. 联华华商公司、百事可乐公司消除影响，至少在《丽水日报》《浙江日报》上澄清事实，消除影响；3. 联华华商公司、百事可乐公司赔偿300万元及赔偿蓝野酒业公司的合理开支11 925.50元。

判决结果

一审法院认为，百事可乐公司在其产品上使用“蓝色风暴”标识并非商标使用，同时百事可乐公司的行为不构成对公众的误导，也不会造成公众的混淆。因此，蓝野酒业公司根据《中华人民共和国商标法》（以下简称《商标法》）主张百事可乐公司、联华华商公司商标侵权的请求缺乏相应的事实依据和法律依据，不予支持。

一审法院认为：1. 争议焦点之一是百事可乐公司在产品上使用“蓝色风暴”标识的行为是否属于商标使用。商标是使用于一定商品或服务项目上，用于将自然人、法人或者其他组织的商品和服务与他人的商品和服务区别开来的可视性标识。因此，商标是直接表示商品的不同来源的标识，其根本目的和基础作用在于识别和区分来源。百事可乐公司在使用“蓝色风暴”标识的同时已将百事可乐商标在商品醒目位置突出使用，并在促销规则中也明确标注“蓝色风暴”系指促销活动，这些已足以使消费者区分商品来源，即消费者会以百事可乐商标区别百事可乐公司产品与其他产品，已不需要“蓝色风暴”标识来区分其商品来源。2. 争议焦点之二是百事可乐公司的行为是否会造成公众混淆、误导公众。《商标法》上的“误导”“混淆”应当同时具备主客观要件，即主观上具有谋取不当利益、误导公众的意愿，客观上会使普通消费者将二者产品混淆或产生误解。首先，百事可乐公司并非将“蓝色风暴”标识作为商标或产品名称使用，仅仅是作为商品包装装潢、促销活动主题名称。其次，由于百事可乐公司在其产品醒目位置突出使用了具有相当知名度的百事可乐系列商标，而蓝野酒业公司至今并未在包括可乐的饮料上使用过其“蓝色风暴”注册商标。

二审法院撤销了一审判决，要求百事可乐公司立即停止带有“蓝色风暴”商标产品的生产、销售、广告、宣传行为，要求联华华商公司立即停止销售带有“蓝色风暴”商标的侵权产品，并支持了蓝野酒业公司刊登声明、消除影响、赔偿损失等诉讼请求。

二审法院认为：1.百事可乐公司使用的“蓝色风暴”标识属于商标。百事可乐海报宣传中突出显示“蓝色风暴”标识，在其产品的瓶盖上仅注明“蓝色风暴”标识等行为，其区别商品来源的功能已经得到充分的彰显。通过其一系列的促销活动，已经使“蓝色风暴”标识事实上成为一种商标。2.百事可乐公司使用“蓝色风暴”标识的行为属于商标的使用行为。百事可乐公司不仅将“蓝色风暴”商标用于宣传海报、货架、堆头等广告载体上，还在其生产的可乐产品的容器包装上直接标注“蓝色风暴”商标，百事可乐公司的上述行为，明显属于商标的使用行为。3.百事可乐公司使用的“蓝色风暴”商标与蓝野酒业公司的“蓝色风暴”注册商标构成近似。首先，蓝野酒业公司注册的是“蓝色风暴”文字、拼音、图形组合商标，其显著部分是文字，与百事可乐公司使用的“蓝色风暴”商标相比，二者的字形、读音、含义相同。其次，百事可乐公司使用“蓝色风暴”商标的行为，已经使相关公众对“蓝色风暴”产品的来源产生误认。4.百事可乐公司使用“蓝色风暴”的商品与蓝野酒业公司核准使用的商品相同。百事可乐公司使用“蓝色风暴”商标的“可乐”与蓝野酒业公司核准使用的商品“可乐”，构成商品相同。

案件评析

（一）相关法律规范

根据我国《商标法》（2001年第二次修正）第3条的规定，经我国商标局核准注册的商标为注册商标，商标注册人享有商标专用权，受法律保护。

我国《商标法》（2001年第二次修正）第52条第（一）项规定：未经商标注

册人的许可，在同一种商品或者类似商品上使用与其注册商标相同或者近似的商标的，属侵犯注册商标专用权的行为。

具体如何认定“商标的使用”，《中华人民共和国商标法实施条例》第 3 条规定：“商标法和本条例所称商标的使用，包括将商标用于商品、商品包装或者容器以及商品交易文书上，或者将商标用于广告宣传、展览以及其他商业活动中。”

现行《商标法》基本承继了上述“侵犯注册商标专用权的行为”以及“商标的使用”的认定规则，但也有细微的区分，例如将“双相同”（不考虑或推定导致混淆）的侵权单独出来，并强调商标的使用是“用于识别商品来源的行为”。具体如下：

现行《商标法》第 57 条第（一）、（二）项规定，有下列行为之一的，均属侵犯注册商标专用权：（一）未经商标注册人的许可，在同一种商品上使用与其注册商标相同的商标的；（二）未经商标注册人的许可，在同一种商品上使用与其注册商标近似的商标，或者在类似商品上使用与其注册商标相同或者近似的商标，容易导致混淆的。

现行《商标法》第 48 条规定：“本法所称商标的使用，是指将商标用于商品、商品包装或者容器以及商品交易文书上，或者将商标用于广告宣传、展览以及其他商业活动中，用于识别商品来源的行为。”

此外，《最高人民法院关于审理商标民事纠纷案件适用法律若干问题的解释》（2020 修正）第 9 条第二款规定：“商标法第 52 条第（一）项规定的商标近似，是指被控侵权的商标与原告的注册商标相比较，其文字的字形、读音、含义或者图形的构图及颜色，或者其各要素组合后的整体结构相似，或者其立体形状、颜色组合近似，易使相关公众对商品的来源产生误认或者认为其来源与原告注册商标的商品有特定的联系。”

（二）法律适用及分析

“蓝色风暴”商标争议案被称为 2007 年全国十大知识产权典型案例之一。该案的特殊背景在于，拥有“蓝色风暴”注册商标的蓝野公司是中国一家中小企业，而实施涉嫌商标侵权行为的企业是巨型跨国企业。该“蚂蚁撼大象”案件的最终结果——二审法院认为百事可乐公司对蓝野公司的注册商标专用权造成损害，是一种典型的“反相混淆”侵权行为——也具有典型意义，被视为我国中小企业维护自主知识产权的典型案件。

百事可乐公司在产品销售和宣传中，对“蓝色风暴”字样的使用是否构成商标的使用，进而构成商标侵权是本案双方争议的焦点。如前所述，根据我国《商标法》和《中华人民共和国商标法实施细则》的规定，商标的使用包括“商标用于商品、商品包装或者容器以及商品交易文书上，或者将商标用于广告宣传、展览以及其他商业活动中”。

在本案中，百事可乐公司认为当其在使用“蓝色风暴”时，实际上是在使用早已存在的自主创意的营销主题，“蓝色风暴”并不是百事可乐公司产品的商标，在商品买卖和宣传时起真正识别作用的是更具有显著性的“百事可乐”商标和百事圆球商标，因此百事可乐公司使用“蓝色风暴”并非作为商标使用，进而其使用“蓝色风暴”的行为在主观上和客观上均不会与蓝野酒业公司商标混淆。

与之相反，原告和二审法院持更加客观的标准。原告公司认为百事可乐公司将与其注册商标相同的“蓝色风暴”商标不仅用于广告宣传、促销活动（间接使用），而且用在商品名称、包装和装潢上（直接适用），构成了商标侵权。二审法院同样认为，百事可乐公司投入大量的资金，通过多种方式，长时间地在中国宣传“蓝色风暴”产品的促销活动，特别是其海报宣传中突出显示“蓝色风暴”标识，在其产品的瓶盖上仅注明“蓝色风暴”标识等行为，已经在客观事实上导致“蓝色风暴”标识成为一种商标标识，具有了区别商品来源的功能。在这种思路之下，即便百事可乐公司的产品或者宣传同时有包括“百事可乐”商标和百事圆球商标等多个标识，也不能否定百事可乐公司使“蓝色风暴”商标具有区分商品来源的显著性，进而会导致消费者将其与百事可乐公司产生联系，误认为蓝野酒业公司生产的“蓝色风暴”产品与百事可乐公司有关。在这种混淆的影响下，蓝野酒业公司与其注册的“蓝色风暴”商标的联系将会被割裂，“蓝色风暴”注册商标将失去其识别来源于蓝野酒业公司的基本识别功能，蓝野酒业公司通过“蓝色风暴”商标来获取和累积市场声誉的努力将受到抑制，其商标专用权受到的利益损失是明显的。

可见，对企业而言，即使主品牌是自有的知名商标，但是，附属标识的使用也应当注意检索是否属于他人的注册商标，否则同样有构成商标侵权的可能。

43 闪银商标无效案[1]

核心价值：诚信、法治

事实概要

2013 年 12 月 5 日，武汉中郡校园服务有限公司（以下简称“中郡公司”）申请注册第 13675000 号“闪银”商标（以下简称“争议商标”），并于 2015 年 2 月 14 日核准注册，核定使用在第 36 类“保险、金融服务、担保”等服务上。经查，争议商标未实际投入使用，中郡公司自成立至今在多个类别的商品和服务上申请注册了包括争议商标在内的 1 000 余件商标，其中包括大量与他人知名品牌相近似的商标，如在第 9 类上申请注册的“支付保闪银”“徽信闪银”等商标，在第 14 类上申请注册的“周大庆”“周大盛”“周传福”“周盛福”等商标，且中郡公司在关联公司网站上大量公开售卖商标。

2015 年 12 月 7 日，北京闪银奇异科技有限公司（以下简称闪银公司）对争议商标提出无效宣告请求，主张中郡公司自成立至今，先后在 45 个类别上申请、注册了包括争议商标在内的共 1 049 件商标，中郡公司无实际使用争议商标的意图，而系通过高额的转让费谋取不正当利益。此外，中郡公司股东刘某某、傅某某还设立了多家关联公司抢注商标，其中有两家是专业的商标

[1] 改写自(2017)最高法行申 4191 号行政裁定书。撰写人：张伟君，同济大学法学院教授；张秋欣，同济大学法学院研究生。

代理机构。中郡公司答辩称，该公司虽然申请注册商标数量较多，但并不违反法律规定，其申请注册商标一部分用于自用，一部分拟向社会有需求的企业提供授权许可使用。据悉，在商标评审阶段，中郡公司明确表示其“闪银”与“闪银钱包”商标均尚未投入使用。

2016年10月19日，国家工商行政管理总局商标评审委员会(以下简称“商评委”)作出无效宣告请求裁定，认为中郡公司申请注册争议商标具有不正当利用闪银公司商标以营利的目的，此类抢注行为不仅会导致相关公众对服务来源产生误认，更扰乱了正常的商标注册管理秩序，并有损于公平竞争的市场秩序，违反了诚实信用原则，不应鼓励和支持。据此，商评委裁定对争议商标予以无效宣告。

中郡公司不服商评委的上述裁定，随后向北京知识产权法院提起行政诉讼，闪银公司作为第三人参加诉讼。一审法院作出(2016)京73行初5994号行政判决书，判决驳回原告中郡公司的诉讼请求。

中郡公司不服一审判决，继而向北京市高级人民法院提起上诉。二审法院作出(2017)京行终4126号行政判决书，判决驳回上诉，维持原判。

中郡公司仍不服二审判决，继而向最高人民法院申请再审。

判决结果

本案争议焦点在于，争议商标的注册是否违反《商标法》第44条第1款的规定。

一审法院认为，在案证据显示，中郡公司的商标申请注册行为具有明显的抄袭、模仿他人商标的主观故意，同时其超出经营范围，非以使用为目的，无正当理由大量囤积商标，并通过商标转让等手段谋取不正当利益的行为，不仅扰乱了正常的商标注册管理秩序，还会不正当地占用公共资源，有损于公平竞争的市场秩序，损害公共利益，已构成《商标法》第44条第1款规定之情形。据此，法院一审判决驳回中郡公司的诉讼请求。

二审法院认为，虽然《商标法》并未就申请注册商标的数量作出规定，但是，申请商标注册应当遵循诚实信用原则，维护良好的商标注册秩序。本案中，中郡公司在多个类别的商品和服务上申请注册了包括争议商标在内的1 000余件商标，且未提交相关商标实际使用的证据，上述行为不仅扰乱了正常的商标注册管理秩序，使商标申请注册行为本身成为牟利的手段，而且会不正当地占用公共资源，影响有正常需求的市场主体依法注册商标，增加其注册商标的成本，损害不特定多数商标申请人的利益，有损公平竞争的市场秩序，违反诚实信用基本原则。据此，二审法院判决驳回上诉，维持原判。

再审法院认为，《商标法(2013年修正)》第4条第1款规定："自然人、法人或者其他组织在生产经营活动中，对其商品或者服务需要取得商标专用权的，应当向商标局申请商标注册。"根据该规定，自然人、法人或者其他组织申请注册商标应出于生产经营活动的需要。如果商标申请人违反《商标法》第4条规定，没有真实使用目的，无正当理由大量囤积商标，谋取不正当利益的，可以认定属于《商标法》第44条第1款规定的"其他不正当手段"。本案中，根据一、二审查明的事实，法院认为中郡公司的前述商标注册行为，并非基于生产经营活动的需要，而是无正当理由大量囤积商标，谋取不正当利益，违反了《商标法》第4条的规定。中郡公司的行为不但扰乱了正常的商标注册秩序，而且不正当占用了公共资源，有损公平竞争的市场秩序，属于《商标法》第44条第1款规定的"其他不正当手段取得注册"的情形。据此，再审法院裁定驳回中郡公司的再审申请。

案件评析

我们国家注册商标确实存在着出于申请动机不良，也就是所谓的恶意注册的情况。恶意注册一般分成两类：一类是"傍名牌"；另一类是"囤积注册商标"——注册很多商标，但并不是为了自己使用，而是把商标用来叫卖、转让给别人，谋取利益。对于前面一类的恶意注册行为，在法律中规定得很多，也很明确，这些年打击的力度很大，应该说得到了有效遏制。但是在囤积注册这一块，法律中有原则性规定，但是直接的、明确的、具可操作性的条款不多，在执行中并不是特别顺畅。

2019年4月20日，司法部部长在十三届全国人大常委会第十次会议上就《商标法》修订草案作出说明：《商标法》修订草案增加了注册申请人的使用义务，拟增加规定"不以使用为目的的商标注册申请，应予以驳回"，这是"为了规制恶意申请、囤积注册等行为"。此后，有些常委会组成人员提出，考虑到已经取得商标注册并实际使用的企业为预防性目的申请商标注册的实际情况，对此类申请不宜一概予以驳回。宪法和法律委员会经研究，建议《商标法》第4条增加规定为："不以使用为目的的恶意商标注册申请，应当予以驳回。"

"不以使用为目的"条款是具有中国特色的《商标法》规则，因为该条款是为了解决中国特色的不以使用为目的的囤积注册问题而量身定制的。之前，虽然我国执法和司法机关已经在一些个案中利用现有的法律规则去解决囤积注册问题，比如，在商标异议案件中，将扰乱商标注册秩序的囤积注册行为解释为违反诚实信用原则，并依据《商标法》第10条中的"不良影响"条款予以制止，或者在宣告商标无效案件中，将囤积注册行为解释为违反《商标法》第4条的规定(不是为了生产经营需要，不具有真实使用目的)，并依据第44条第1款关于"其他不正当手段申请商标注册"的规定宣告其无效，比如上述"闪银"商标无效案，甚至直接依据现行《商标法》第4条的规定作出驳回注册的决定。但是，《商标法》规定这样一项新的驳回商标注册或宣告注册商标无效的独立理由，依然有其存在的特殊背景和独立价值。司法或执法机关可以直接从商标申请人的囤积行为中推论出其不具有使用商标的目的，减轻当事人在一些案件中的举证责任，并依据这个更为明确的规定及时地在商标审查、异议程序中驳回这样的商标注册，以及有力地制止商标代理机构参与这样的囤积注册，提高打击囤积注册的效率。

不过，在商标注册的执法和司法实践中，我们不能也无须把"不以使用为目的"条款做更多扩大化的解释，不应该用这个条款去处理《商标法》已经明确的商标注册中的各种恶意或非诚信问题；更不能理解为申请商标注册的时候需要证明商标使用的目的或者声明意图使用，因为我国《商标法》并没有改变获得注册商标的"先申请原则"。

"不以使用为目的"条款附加"恶意"要件，并不是为了一般性地制止所谓的“恶意”商标注册。因为《商标法》第 7 条要求的诚实信用原则已经涵盖了否定恶意的商标注册的意思,《商标法》第 7 条才是制止商标恶意注册的原则性条款。“不以使用为目的”的囤积注册只是《商标法》所要禁止的商标恶意注册的一种特殊情形,在大多数情形下,禁止商标恶意注册(比如,傍名牌行为)并不需要考虑商标申请人是不是具有“实际使用”目的。因此,如果以“不以使用为目的”条款作为基本规则来禁止商标恶意注册,反而不利于制止那些非诚信的恶意注册行为。也因此,除了制止“不以使用为目的”的囤积注册行为外,对于其他的商标恶意注册行为,第 4 条禁止“不以使用为目的的恶意商标注册申请”的规定,不是驳回该商标注册或宣告该注册商标无效的适当法律依据。

总之,“不以使用为目的”条款所要解决的问题就是大量囤积注册商标的行为。我们在解释“不以使用为目的”条款的时候,不要忘了这个初心,才能更好完成其使命。因此,商标注册部门在判断商标注册申请是否属于违反《商标法》第 4 条规定时,“申请注册商标数量”是适用“不以使用为目的”条款所必须考虑的一个基本事实前提。

44 周某伦诉新百伦贸易(中国)有限公司商标侵权案[1]

核心价值:平等保护、公平公正

事实概要

新平衡运动鞋公司(NEWBALANCEATHLETICSHOE, INC.,以下简称新平衡公司)于1983年4月15日获得核准在第54类“鞋”上注册“N”“NB”商标,于2003年4月15日获得核准在第25类“鞋”上注册“NEW BALANCE”商标。新百伦贸易(中国)有限公司(以下简称“新百伦公司”)于2006年12月成立,新平衡公司于2007年11月1日起授权新百伦公司在中国境内使用上述商标。随着该品牌市场拓展,“新百伦 NEW BLANCE”产品被越来越多的中国消费者所熟悉。

潮阳市(今广东省汕头市潮阳区)工商经济发展总公司鞋帽公司(以下简称“潮阳鞋帽公司”)于1996年8月获准注册“百伦”商标,核定使用商品为第25类:服装;鞋;帽;袜。该商标于2004年4月转让给周某伦。2004年6月周某伦申请注册“新百伦”商标,2008年1月获得核准注册,核定使用在第25类“鞋(脚上穿着物)”等商品上。

[1] 改写自(2015)粤高法民三终字第444号民事判决书。撰写人:袁秀挺,同济大学法学院教授。

2013 年 7 月 15 日，周某伦以新百伦公司、销售商广州市盛世长运商贸连锁有限公司（以下简称“盛世公司”）侵犯其“百伦”“新百伦”注册商标专用权为由，向广州市中级人民法院提起诉讼，请求判令两被告停止侵权，分别赔偿经济损失 30 万元和 9 800 万元。

一审法院判定：新百伦公司在类似商品上使用与上述注册商标相同或者近似的标识，导致相关公众的混淆，侵害了周某伦的注册商标专用权，应承担停止侵权、赔偿经济损失、消除影响等责任。

根据法院保全证据来看，新百伦公司在周某伦所主张的侵权期间的获利共约 1.958 亿元，综合考虑新百伦公司主要是在销售过程中使用“新百伦”来介绍和宣传其产品，属于销售行为侵权等因素，一审法院酌情确定新百伦公司向周某伦赔偿的数额应占其获利总额的二分之一，即 9 800 万元（含合理支出）。盛世公司的使用具有合法来源，因此不承担赔偿责任，但应向周某伦支付合理支出费用 5 000 元。

新百伦公司不服，提起上诉。

广东省高级人民法院二审另查明，新百伦公司二审期间提供的其委托第三方评估公司作出的资产评估报告记载：“新百伦”中文标识在评估基准日 2011 年 1 月 1 日至 2013 年 11 月 30 日期间内对新百伦公司的利润贡献率为 0.76%，如果以新百伦公司在此期间净利润为基础，则“新百伦”中文标识的利润贡献额为 1 487 907.97 元，如果只考虑对新百伦公司的鞋类产品的贡献额，则数额约为 1 458 149.81 元。

判决结果

二审法院经审理认为：新百伦公司成立时间晚于周某伦案涉注册商标的申请日。现有证据无法证明新百伦公司对“新百伦”标识享有在先的企业名称字号权、未注册商标先用权和在先使用的知名商品特有名称权。新百伦公司侵害了周某伦注册商标专用权。

从资产评估报告可以看出，新百伦公司在被诉侵权期间因侵权所获得的直接利益在 1 450 000 元以上，明显超过《商标法》规定的法定赔偿最高限额 50 万元，因此，本案应根据周某伦的请求并综合考虑全案证据，在法定最高限额以上合理确定赔偿额。

综合全案证据，广东省高级人民法院确定新百伦公司应赔偿周某伦经济损失及为制止侵权行为所支付的合理开支共计 500 万元。原审判决以新百伦公司被诉侵权期间销售获利总额的二分之一作为计算赔偿损失的数额，予以纠正，其他事项维持原审判决。

案件评析

（一）相关法律规范、学理研究及评析

“新百伦”一案曾引起广泛的关注。有种观点认为，被告自身的“新百伦 NEW BLANCE”产品在中国已具有极高的知名度，原告作为个人，注册“百伦”“新百伦”商标，本有抢注之嫌，主张被告侵权更无从谈起。如果说被告的使用行为引起了消费者的混淆，那也是将原告自己的产品误认为是被告的更有名气更有口碑的产品，并未对原告造成损失。对于这一点，一、二审法院均给予否定的回答，在行为定性上，明确被告的行为构成对原告享有的注册商标专用权的侵害。

我国现行《商标法》确立了判断商标侵权的“容易导致混淆”标准[2]，具体表现为：在同一种商品上使用相同的商标的，推定混淆并构成侵权；在同一种商品上使用近似的商标，或者在类似商品上使用相同或近似的商标的，应具有混淆可能性，方构成侵权。针对混淆可能性，需注意两点：一是不以发生实际混淆为要件；二是不仅指将侵权人的商品误认为权利人的商品，将权利人的商品误认为是侵权商品也属其列。后者在理论上称为“反向混淆”，一般是侵权人对其商标和商品有大量投入，从而使其知名度远高于在先注册商标。[3] 反向混淆行为同样构成商品来源的混淆，也阻断了商标权人就其商

[2] 王莲峰. 商标法学[M]. 3 版. 北京：北京大学出版社，2019：125.

[3] 冯术杰. 商标法原理与应用[M]. 北京：中国人民大学出版社，2017：204.

标与商品之间的识别关系，因而也构成商标侵权。

本案中，虽然被告新百伦公司得到授权使用的商标在原告商标之前即获得注册，但二者并非近似标识，故不能以此对抗原告的商标；同时被告公司成立的时间又晚于原告同名商标的申请日，故被告也不能据此主张在先权利。所以两审法院均认定被告的行为导致了相关公众的混淆，构成对原告商标权的侵害。

本案的另一个焦点是在赔偿数额上，一审法院酌情确定损害赔偿额为被告获利总额的二分之一，达到 9 800 万元。二审法院则考虑到消费者购买新百伦公司的商品，更多是因为“N”“NB”“NEW BALANCE”商标较高的声誉及其所蕴含的良好的商品质量，新百伦公司的经营获利并非全部源于侵害原告“百伦”“新百伦”的商标，因此周某伦无权对新百伦公司因其自身商标商誉或者其商品固有的价值而获取的利润进行索赔，不能以新百伦公司被诉侵权期间的全部产品利润作为计算损害赔偿数额的依据。二审法院引进了比例原则来进行考量，认定原告商标“新百伦”对被告新百伦公司的利润贡献率为 0.76%，在此基础上确定被告的赔偿额。因新百伦公司在被诉侵权期间因侵权所获得的利润明显超出《商标法》规定的法定赔偿最高限额 50 万元（当时），二审法院最终根据全案证据，将一审确定的赔偿额大幅降低为 500 万元。

司法实践中，知识产权侵权纠纷的一个疑难问题就是侵权损害赔偿额的确定。这是因为，商标等知识产权的客体本身具有非物质性的特点，其价值难以确定。实践中，能确定的往往是凝聚着知识产权的载体的数量及价格，而权利人因为其知识产权被侵权而招致的损害则很难客观计算。所以，大量案件因难以确认“权利人因被侵权所受到的实际损失、侵权人因侵权所获得的利益”或缺乏注册商标许可使用费，最终只有通过法定赔偿的方法来解决，即法律规定一定限额内的赔偿数额，由法官根据个案具体情况，在法定范围内确定。[4] 可以想见，法定赔偿未能做到精确计算，而是赋予法官在一定范围内自由裁量的权力。因而，很多案件的赔偿额被认为畸高或畸低，而遭到批评。

---

[4] 参见《商标法》第 63 条、《著作权法》第 54 条、《专利法》第 71 条、《反不正当竞争法》第 17 条等条文。本案适用的是 2001 年修正的《商标法》，当时的规定是“由人民法院根据侵权行为的情节判决给予五十万元以下的赔偿”。

如上所述，本案在赔偿方面没有简单适用法定赔偿的方法。二审法院实际上是在有证据证明损害赔偿超过法定赔偿限额的基础上，采取了酌定的方法。应该说既考虑到了计算的科学性，也考虑到了损害的实际情况和影响。

（二）案件影响与意义

本案的社会影响巨大，树立了中国法院对中外当事人平等保护的良好形象。本案被告新百伦公司自身享有商标使用权的“N”“NB”“NEW BLANCE”等鞋类产品在中国为广大消费者所熟悉，但被告明知他人在鞋类商品上在先注册“百伦”“新百伦”商标，仍将自身的品牌“NEW BLANCE”的中文译名对应为“新百伦”，并进行使用。我国的商标制度采用的是先注册制，新百伦公司的行为已在市场上造成混淆，对原告的商标权造成了侵害。两级法院并没有因为被告是境外著名运动鞋公司的关联公司，自身即有知名品牌，而姑息其违法行为，充分体现了我国知识产权司法保护中的“平等保护”原则。通过本案，也启发人们对社会主义核心价值观中的“平等”一词有更为深刻的认识。

另外，本案的赔偿数额也广受关注。一审判决基于被告利润的一半而判决的 9 800 万元被认为是创造了纪录，二审最终采用裁量性赔偿的方法确定损害赔偿金额为 500 万元，较之一审虽有巨大调整，但仍然是在法定赔偿的上限以上。而且二审判决在金额的计算上持之有据，有针对性地进行说理，从而使判决具有较强的说服力，体现出知识产权司法保护中“严格保护”原则的要义。本案中，人民法院在确定损害赔偿金额上的精益求精，正是契合了对“公正”的社会主义核心价值观的积极追求。

45 迈克尔·乔丹(Michael Jordan)诉乔丹体育股份有限公司等姓名权纠纷案[1]

核心价值:诚信、公正

事实概要

原告迈克尔·乔丹(Michael Jordan)系美国职业篮球史上最伟大的运动员之一,在世界范围内具有知名度和影响力。在中国,其名字被翻译为迈克尔·乔丹,简称乔丹(以下简称"乔丹")。被告乔丹体育股份有限公司(以下简称"乔丹体育公司")系国产体育品牌,申请注册了多类别的涉及"乔丹"字样或图像的商标,并在商号、产品和商业推广活动中使用"乔丹",另一被告百仞贸易公司(以下简称"百仞公司")销售乔丹体育公司的侵权产品。

在本案之前,球星乔丹与乔丹体育公司之间的纠纷就经历了很大的转折。2012年,乔丹以乔丹体育公司侵犯其姓名权,请求商标局注销"乔丹体育"多项商标,但遭到商评委驳回,理由包括"乔丹"并非 Michael Jordan 的姓名等。随后,乔丹对乔丹体育公司提起行政诉讼,2014年至2015年,北京市

[1] 改写自(2012)沪二中民一(民)初字第1号民事判决书。撰写人:张伟君,同济大学法学院教授;张秋欣,同济大学法学院研究生。

第一中级人民法院、北京市高级人民法院对本案进行一审、二审，均以乔丹败诉收场，北京市高院给出的理由包括“不能认定‘乔丹’与迈克尔·乔丹的对应关系强于与乔丹公司的对应关系”。乔丹仍不服，向最高人民法院申请再审。最高人民法院提审后，于 2016 年 12 月作出再审判决，要求撤销以上判决，称乔丹体育公司明知乔丹在我国具有长期、广泛的知名度，仍然使用“乔丹”申请注册争议商标，容易导致相关公众误认为标记有争议商标的商品与乔丹存在代言、许可等特定联系。

在本案中，原告乔丹以被告乔丹体育公司、百仞公司侵犯其姓名权为由，向上海市第二中级人民法院提起诉讼，本案于 2012 年 3 月 1 日被法院受理，但直到 2016 年最高人民法院在行政诉讼再审中推翻一、二审后，本案于 2017 年第二次公开庭审，并于 2020 年 12 月 30 日作出一审判决。

原告迈克尔·乔丹诉称，自 1984 年以来，中国各大媒体对原告进行了持续几十年的新闻报道，都用中文译名“乔丹”指代原告，故“乔丹”这个译名已与原告建立了特定的联系并为中国公众所熟知，原告由此对中文“乔丹”享有姓名权。被告乔丹体育公司未经原告许可，擅自在其商号、产品和商业推广活动中使用原告的姓名“乔丹”，对广大消费者造成了误导，已构成对原告姓名权的侵害。百仞公司销售乔丹体育公司的侵权产品，故构成共同侵权。

两被告共同辩称，Jordan 只是英美国家的一个普通姓氏。原告不可能对一个英美普通姓氏的惯常翻译享有中国法律意义上的姓名权。被告注册并使用“乔丹”商标已有数十年，对“乔丹”商标依法享有商标权。原告早就知道被告使用“乔丹”商标和商号，却不及时主张权利，早已过了诉讼时效。而百仞公司销售的产品均通过合法渠道进货，故已尽到了合理的注意义务，不构成共同侵权。

判决结果

本案主要的争议焦点在于，被告乔丹体育公司在商业活动中使用中文“乔丹”是否侵害原告姓名权，以及被告百仞公司销售乔丹体育公司产品是否侵害原告姓名权。

经审理，上海市第二中级人民法院认为，乔丹体育公司是在明知迈克尔·乔丹具有较高知名度的情况下，仍然擅自选择“乔丹”二字进行商标注册，并登记了“乔丹”商号。除此以外，乔丹体育公司还将迈克尔·乔丹曾经的球衣号码“23”和他两个儿子的中文译名马库斯·乔丹和杰夫·乔丹均注册为商标，其指向性非常明显，足以认定其具有导致或放任公众产生混淆的故意。尽管“乔丹”商标系合法注册，但法院认为，姓名权属于人格权，而商标权系财产权，姓名权虽在人格权范畴内属于排他性较弱的权利，但即便是同名同姓亦不代表允许故意混淆。当人格权与财产权相冲突时，应当确立人格权价值的高阶性和保护的优先性。另外，尽管其中部分“乔丹”商标过了5年的争议期，成为不可撤销的商标，但商标权的行使仍然应当以不侵害到原告的人格权为限，否则并不当然免除乔丹体育公司的民事侵权责任。据此，法院认定，乔丹体育公司的行为构成了对原告姓名权的侵害。而销售商百仞公司不具备共同的侵权故意，但今后不得再销售侵权产品。

因此，在法院认定乔丹体育公司侵犯了原告姓名权的前提下，乔丹体育公司应当停止对原告姓名权的侵害。对于尚在5年争议期内的“乔丹”商标，因侵犯了原告的姓名权，应当停止使用，而对于超出5年争议期的“乔丹”商标，由于乔丹体育公司注册的部分“乔丹”商标早已超过了《商标法》上的5年争议期，成为不可撤销的商标，故对该部分商标应采取合理方式以阻断社会公众对原、被告之间关联性的联想，这样既达到了停止对原告姓名权侵害的目的，也兼顾了《商标法》关于5年争议期的立法目的。由于原告在本案中明确表示不主张经济损失，故法院仅就原告主张的精神损害抚慰金及诉讼中的合理支出进行裁判。

据此，上海市第二中级人民法院依法判决乔丹体育公司公开在报纸和网络上向原告赔礼道歉，并澄清二者关系；乔丹体育公司停止使用其企业名称中的“乔丹”商号；乔丹体育公司应停止使用涉及“乔丹”的商标，但对于超过5年争议期的涉及“乔丹”的商标，应采用包括区别性标识等在内的合理方式，注明其与前美国篮球运动员迈克尔·乔丹(Michael Jordan)不存在任何关联；乔丹体育公司应赔偿原告精神损害抚慰金人民币300 000元；乔丹体育公司赔偿原告因本案诉讼所支出的合理费用人民币50 000元；驳回原告的其他诉讼请求。

案件评析

我国《商标法》司法实践中，有一个困扰已久的问题是：在一个注册商标构成侵害姓名权的情况下，是否可以责令被告停止侵权？

根据《商标法》第32条，“申请商标注册不得损害他人现有的在先权利”；另据第44条，“已经注册的商标，违反本法第32条规定的，自商标注册之日起5年内，在先权利人或者利害关系人可以请求商评委宣告该注册商标无效。对恶意注册的，驰名商标所有人不受5年的时间限制”。实践中，当他人的注册商标对自然人的在先姓名权构成侵害时，姓名权人及其利害关系人可以对该商标提出无效宣告申请，然而该救济途径有一个重要的限制，即该申请必须在“自商标注册之日起5年内”提出。也就是说，一旦侵犯在先姓名权的商标注册超过5年，则在正常情况下权利人已经丧失了通过申请商标无效宣告以获得救济的权利。

那么在无法通过商标无效宣告获得救济的情况下，在先姓名权人是否可以通过发起姓名权侵权之诉来请求停止侵权商标的使用呢？从理论上来讲，对于侵害姓名权等人格权的行为，权利人当然可以根据相关法律规定请求侵权人承担包括停止侵害在内的侵权责任，然而在涉及通过注册商标实施的侵权行为时，该救济途径在司法实践中仍然存在一定的障碍。根据2009年出台的《最高人民法院关于当前经济形势下知识产权审判服务大局若干问题的意见》第9条的规定：“与他人著作权、企业名称权等在先财产权利相冲突的注册商标，因超过《商标法》规定的争议期限而不可撤销的，在先权利人仍可在诉讼时效期间内对其提起侵权的民事诉讼，但人民法院不再判决承担停止使用该注册商标的民事责任。”因此，若按照对于该司法政策的字面理解，即使在先权利人发起姓名权侵权之诉，或许法院在审理时也难以支持其停止侵权商标使用的诉请。

但是，即使商标已经注册并超过提起宣告无效申请的期限，若该商标早在注册之初就侵犯了他人在先合法权利，在先权利人也应当有权以其在先权利受到侵害为由请求该注册商标的使用人停止侵权行为。若刻意去保护那些侵权商标经过多年使用所形成的所谓“市场格局”,则反而会打破法律的基本原则,有损于法律的公正性和稳定性。近年来,已有一些法院在案件审理中认定了侵害他人在先著作权的注册商标,即使注册已经超过 5 年,在先著作权人仍有权要求商标权人停止对该注册商标的使用。然而,在姓名权领域,侵犯他人在先姓名权的注册商标若已经注册满 5 年,在先姓名权人在司法实践中却很难请求停止该商标的使用。

在“乔丹”姓名权侵权纠纷案中,法院的裁判就陷入了两难的境地。最后,法院采用的办法是:判决被告乔丹体育公司停止使用涉及“乔丹”的商标,但对于超过 5 年争议期的涉及“乔丹”的商标,应采用包括区别性标识等在内的合理方式,注明其与美国前篮球运动员迈克尔·乔丹(Michael Jordan)不存在任何关联,以消除联系,显示区别,停止侵害。也就是说,一方面,法院明确指出了即使是对于超过 5 年争议期的“乔丹”注册商标而言,也应当停止对迈克尔·乔丹姓名权的侵害;另一方面,其判令的停止侵害方式则是注明其与迈克尔·乔丹不存在任何关联,以消除联系,显示区别,而并不是责令停止该商标的使用。尽管这是一个在已有的法律规则之下作出的充满司法智慧的裁判,但是这也从侧面反映了在《民法通则》时代法院往往囿于姓名权内涵的不明确及相关司法政策的影响而在相关案件的处理中左右为难。

我国司法实践中难以直接判令停止使用注册超过 5 年的侵害他人在先姓名权的商标,这个问题存在的原因在于:在《民法通则》时代,法律上并未明确姓名的财产利益是否属于人格权中的姓名权范畴抑或属于一种其他类型的权利或利益;即使可以将姓名的财产利益解释为姓名权所保护的利益,但在《民法通则》第 99 条中,姓名权的禁用权仅有禁止他人“干涉、盗用、假冒”其姓名这三种权能,而未经许可将他人姓名注册为商标并进行商业化使用的行为很难被归入该三项禁用权能中的任意一种之中。因此在姓名权的规定尚欠完善而司法政策中又主张保护注册商标所形成的“市场格局”的情况下,侵害他人在先姓名权的注册商标,若其注册已满 5 年,则很难通过姓名权侵权之诉来请求法院判令停止该商标的使用。《民法典》明确了可以用姓名权保护姓名中的财产利益,并且对姓名权的禁用权能采用了“任何组织或者个人不得以干涉、盗用、假冒等方式侵害他人的姓名权”的开放式立法模式,为对未经许可将他人的姓名注册为商标并在商业活动中使用造成公众混淆的损害姓名权人财产利益的行为的规制提供了空间。因此,依据《民法典》的姓名权保护条款,姓名权人可以通过提起侵害姓名权之诉来制止那些侵害其姓名中财产利益的超过 5 年的注册商标的使用行为。

类似的“傍名人”的行为无疑是不值得提倡的。国内的一些企业在创业之初,喜欢走“捷径”,不注重培育自己独创性的品牌。事实上,“傍名人”只能让企业获得一些短期利益,从长远来看将会得不偿失。以本案为例,与“飞人”乔丹无任何关系这一事实被公众广泛认知后,“乔丹”品牌在消费者中的形象无疑会大打折扣,其“傍名人”的行为在一定程度上会引起公众的反感。乔丹体育公司即使最终可以逃脱“乔丹”商标被禁止使用或者被撤销的厄运,但是,“乔丹”案应该给成长中的所有中国企业带来最大的启示:诚信为本。当然,我们最希望看到的是乔丹体育公司能和“飞人”乔丹达成和解,乔丹体育公司能理直气壮地继续使用“乔丹”商标,并建立起良好的品牌声誉和形象。

46 “捕鱼达人”商标无效案[1]

核心价值：文明、法治

事实概要

广州市希力电子科技有限公司（以下简称“希力公司”）主营大型街机游乐设施开发，并推出多款游戏机产品。2009 年，希力公司推出街机游戏“捕鱼达人”，同年 12 月 1 日取得捕鱼达人游戏软件著作权登记证书。希力公司的“捕鱼达人”游戏软件有一定的对外宣传，但其购买主体有大部分是希力公司的子公司与另一家公司。经查，“捕鱼达人”游戏是从日本引入，在同期甚至更早的市场上，已有其他同类同名的捕鱼游戏，故该游戏模式并非希力公司原创。另外，市面上其他“捕鱼达人”游戏机曾因属于赌博机涉嫌行政或者刑事处罚。

济南千贝信息科技有限公司（以下简称“千贝公司”）主营游戏软件开发，于 2011 年 6 月 14 日取得捕鱼达人 OL 游戏软件 V1.0 著作权登记证书。千贝公司经营的“17175 捕鱼达人”游戏在互联网上有一定程度的浏览量和点击量。

上海波克城市网络科技股份有限公司（以下简称“波克公司”）主营游戏软件开发，其于 2009 年 8 月推出“航海大冒险”网络版捕鱼游戏，并于 2011 年 8 月 16 日获得捕鱼达人网页版游戏系统软件 V1.0 计算机软件著作权登记证书，该

[1] 改写自(2016)最高法行再 97 号行政判决书。撰写人：张伟君，同济大学法学院教授；张秋欣，同济大学法学院研究生。

游戏现已成为波克公司最受玩家欢迎的游戏之一。2011 年 3 月 29 日，波克公司向商标局申请注册第 9274903 号“捕鱼达人”商标，指定使用在第 42 类“计算机软件设计、计算机软件更新等”服务上。2012 年 1 月 6 日，该商标初审公告。

异议期内希力公司和千贝公司提出异议，理由是被异议商标的申请损害了两公司的在先权利。2013 年 6 月，商标局作出异议裁定，认定希力公司和千贝公司的异议理由不成立，被异议商标予以核准注册。

广州希力公司和济南千贝公司不服，向商评委提出异议复审申请，认为被异议商标的申请是对两公司在先使用并有一定影响的“捕鱼达人”商标的恶意抢注。2014 年 4 月 15 日，商评委作出异议复审裁定，认为希力公司和千贝公司取得计算机软件著作权登记证书的时间和使用“捕鱼达人”日期均在波克公司之前，两家公司提交的证据能够证明其在与被异议商标指定使用的“计算机软件设计、计算机软件更新”相同或类似服务上在先使用了“捕鱼达人”商标，并已使之具有一定知名度；但未能证明在与被异议商标指定使用的“技术研究、包装设计、室内装饰设计、服装设计、书画刻印艺术设计、无形资产评估、气象信息、质量体系认证”服务相同或类似服务上在先使用了“捕鱼达人”商标并使之具有了一定知名度。商评委依据 2001 年《商标法》第 31 条的规定，裁定被异议商标在“计算机软件设计、计算机软件更新”服务上不予核准注册，在“技术研究”等其余服务上予以核准注册。

波克公司不服复审结果，向北京市第一中级人民法院提起诉讼，北京市第一中级人民法院则于 2014 年 12 月 30 日作出一审判决，维持商评委裁定。

波克公司不服一审判决，上诉至北京市高级人民法院，北京市高级人民法院改判一审，令商评委重新作出裁定。

希力公司和千贝公司不服二审判决，继而向最高人民法院申请再审。2016 年 9 月 29 日，最高人民法院裁定提审本案。

判决结果

本案的争议焦点在于被异议商标的申请注册是否违反《商标法》第 31 条

的规定。

一审法院认为，希力公司提供的证据可以证明其从2009年开始在计算机软件等商品上实际使用“捕鱼达人”商标，在2009年即进行了计算机软件著作权登记，并且，自2009年开始大规模地销售“捕鱼达人”单机版游戏，相关行业杂志对希力公司的产品进行了宣传报道，使得希力公司的“捕鱼达人”商标在行业内具有了一定的知名度。千贝公司提供的证据材料亦可以证明其从2010年开始推广网页版的“捕鱼达人”游戏并具有了一定的知名度。因此，作为同行业经营者的波克公司应当知道希力公司和千贝公司对“捕鱼达人”商标的实际使用情况，波克公司在本案中提交的计算机软件著作权登记证书及相关使用证据均晚于希力公司和千贝公司的使用时间，在此情况下波克公司在“计算机软件设计、更新”等服务上申请注册“捕鱼达人”商标难谓正当。综上，商评委认定被异议商标的申请注册违反了《商标法》第31条后半段规定的认定正确，商评委作出第58754号裁定的主要证据充分，适用法律正确。据此，一审法院判决维持商评委裁定。

二审法院认为，针对希力公司，虽然希力公司所提供的证据能够证明其“捕鱼达人”游戏产品在被异议商标申请注册日前进行了一定的使用，但是，首先，希力公司主要涉及的是计算机软件产品及相关游戏机的销售情况，与被异议商标指定使用的“计算机软件设计、更新”服务存在明显区别；其次，希力公司相关游戏软件的销售对象仅其子公司与金龙公司，在其他地区的销售对象数量极为有限；最后，仅从使用时间上看，希力公司对“捕鱼达人”商标的使用也未明显地早于被异议商标的申请注册日，甚至晚于与波克公司具有关联关系的长络公司、幻奇公司使用“捕鱼达人”的时间。因此，综合以上证据，二审法院否认希力公司在相同或者类似的商品或者服务上使用了“捕鱼达人”商标并具有一定知名度。针对千贝公司，其提供的证据彼此之间缺乏紧密的联系，且其真实性难以认定，亦不足以认定其在先使用“捕鱼达人”商标并具有一定知名度。鉴于波克公司的关联公司长络公司、幻奇公司之前对“捕鱼达人”商标的使用行为，波克公司就被异议商标提出注册申请，并不具有抢先注册他人在先使用并有一定影响的商标的主观故意，被异议商标的申请注册不属于以不正当手段抢注他人商标的行为，不属于《商标法》第31条规制的行为。据此，二审法院判决撤销一审判决和被诉裁定，并要求商评委对异议复审申请重新作出裁定。

再审法院认为,被异议商标的申请注册构成以不正当手段抢先注册他人在先使用并有一定影响的商标,需要同时满足下列要件:一是在先使用商标具有一定影响;二是被异议商标构成以不正当手段抢先注册,即被异议商标申请人具有主观恶意,其明知或者应知在先使用并有一定影响的商标而予以抢注,但其举证证明没有利用在先使用商标商誉的除外;三是对在先使用并有一定影响的商标的保护限于相同或者类似商品或者服务。

首先,针对要件一"在先使用商标具有一定影响",再审法院综合分析本案证据,认为希力公司和千贝公司提供的证据均不足以证明其在被异议商标申请日之前使用的"捕鱼达人"已经具有一定影响。

其次,针对要件二"以不正当手段抢先注册",再审法院认为,"捕鱼达人"游戏是对日本世嘉公司游戏的模仿,其游戏内容就是捕鱼,2009 年国内已经有娱乐场所经营名称为"捕鱼达人"的游戏机,"捕鱼达人"作为游戏名称,本身在很大程度上是对游戏内容的描述。据此,虽然 2012 年形成的波克公司简介使用了与希力公司在先使用的"捕鱼达人"游戏宣传图片实质性相似的图片,但尚不足以据此认定波克公司在申请被异议商标时明知或者应知希力公司在先使用"捕鱼达人"并具有一定影响,即不能认定波克公司申请注册被异议商标构成以不正当手段抢先注册。

再次,针对要件三"限于相同或者类似商品或者服务",再审法院认为,希力公司、千贝公司将"捕鱼达人"使用在游戏软件产品上,而被异议商标指定使用的服务是"计算机软件设计、更新",二者存在较大的关联性,应当认定属于类似商品或者服务。

最后,再审法院分析了在先使用行为的合法性对在先使用商标保护的影响。波克公司主张希力公司是在赌博机上在先使用"捕鱼达人",因此不应当受到保护。再审法院认为,波克公司提供的此组证据存在瑕疵,并且在法院已经认定希力公司在先使用的"捕鱼达人"不具有一定影响的情况下,希力公司的"捕鱼达人"游戏机是否属于赌博机这一情节不会改变本案的裁判结果。但法院最后还是补充回应了该问题,认为对于在专门用于赌博的具有赌博功能的游戏机即赌博机上在先使用的商标,不应当予以保护。

据此,再审法院最终认定被异议商标的申请注册不属于以不正当手段抢先注册他人已经使用并有一定影响的商标，并判决维持二审判决。

案件评析

围绕最高人民法院再审中的“捕鱼达人”商标行政纠纷案，我国知识产权界讨论非常热烈。争议的焦点是如何适用《商标法》第 32 条，“申请商标注册不得损害他人现有的在先权利，也不得以不正当手段抢先注册他人已经使用并有一定影响的商标”，其中引申出来的一个问题是：即便他人已经在先使用的商标确实具有了一定影响，但是，如果该商标所使用的商品是属于被法律禁止在市场中销售或流通的商品，那么，在先使用者是否仍然可以“在先使用并有一定影响的商标”为理由来撤销在先注册的商标？

这个问题的答案如何，将会对今后的法律实践产生直接的影响。除了涉及《商标法》第 32 条的适用问题外，它还会涉及在“撤三”案件中如果商标权人提供了在被法律禁止流通的商品上使用的证据，能否作为“撤三”的抗辩理由；它还会影响驰名商标的认定，与此相类似的商标使用行为所产生的市场知名度是否可以作为驰名商标保护的依据；以及在《反不正当竞争法》的适用中，一个未注册的商业标识使用在非法商品上产生了知名度，能否享有《反不正当竞争法》保护的问题。对于这个问题的讨论，还涉及在知识产权领域中普遍存在的争议：一个知识产权的产生或存在是否应该受公序良俗及公共利益的限制和约束，以及知识产权的合法存在与该权利的非法行使之间究竟具有怎样的关系。

在知识产权法中，一个知识产权的产生或存在确实应该受公序良俗以及公共利益的限制和约束。比如，受知识产权法保护的客体（文艺作品、技术发明、商业标识等）如果本身违反公序良俗，其是否应该受到知识产权法的保护就会受到质疑。但是，对于不同的知识产权，以及在不同的国家，这个问题的答案其实并非总是一致的。

首先，就我国而言，依据《专利法》的规定，对违反国家法律、社会公德或者妨害公共利益的发明创造，不授予专利权；依据《商标法》的规定，有害于社会主义道德风尚和其他不良影响的标识，就不得作为商标使用，当然也不可能成为注册商标。但是，在《著作权法》中，这个规则就有所不同了。虽然我国《著作权法》曾经规定：依法禁止出版传播的作品不受本法保护，也就是不能产生著作权，但是随着 2009 年中美知识产权 WTO 争端裁决的作出，2010 年《著作权法》修改后删除了这个规定，也就意味着即便是依法禁止出版传播的作品（一般是违反公序良俗的作品），也依然可以享有著作权的保护。因为著作权是自动产生的权利，不能因为后来可能被禁止出版传播而否定其著作权的存在，这是与专利权、注册商标权是依授权产生的权利有所不同的。所以，依据《著作权法》的这个规定来讨论《商标法》中的相关问题，并没有什么可比性。

其次，在这个问题上，著作权和专利权有类似的地方：二者的客体都是创造性成果，一般来说，如果一项发明创造并不违反法律和公序良俗，那么依据该技术发明制造的产品也是允许市场流通的；如果一个作品本身没有违反法律和公序良俗，那么该作品的出版物也是可以合法流通的。然而，《商标法》保护的商业标识只是一个标识性成果，即便受《商标法》保护的注册商标是合法的，并不代表其所使用的商品一定是合法的或允许市场流通的——即便该商品是属于核定使用的商品的范畴，比如，游戏机，也不排除该商品所使用的特定的商品可能是非法的（用于赌博的游戏机）。因此，在一个商标已经获准合法注册的情况下，如果商标权人将该商标用于非法的商品上，他人是否可以依据“连续三年不使用”为理由来撤销该商标，就会产生争议。笔者以为，这个需要根据“非法”的不同情形来进行分析。正如我国法院在“卡斯特”商标行政纠纷案以及“小拇指”商标侵权与不正当竞争纠纷案中所得出的结论那样，如果这个非法的情形只是因为行政许可法的规定（销售许可、经营范围许可等）导致的，并不妨碍该商标权的继续合法存在和有效——因为这样的违法是可以通过以后的许可程序得到补救的。但是，如果这个非法的情形是由于该商业标识使用的商品本身就是法律禁止流通的商品，那么，行为人仅仅在这样的商品上使用，是否可以对抗他人的“撤三”请求，就值得怀疑——因为这样的违法是根本性的，也是无法通过补救性的程序合法化的，如果《商标法》对这样的行为仍然加以支持的话，未免过于偏向私权而放弃了对公共利益和公共秩序的维护。

最后，商标权（包括未注册商标的权益）还有一个与著作权和专利权都不一样的地方：商标权的产生既不同于著作权的自动产生，也不同于专利权的授权产生。除了可以依据注册而产生注册商标专用权外，还可以通过商标使用产生未注册商标的权益——包括驰名商标的权益、知名商品特有名称包装装潢的权益，以及以在先使用具有一定影响的商标来对抗他人注册的权益——而这也恰恰是“捕鱼达人”商标行政纠纷案所涉及的问题。如前所述，即便在通过注册产生注册商标权的情形下，如果商标权人仅仅在法律禁止流通的商品上使用该注册商标，而没有在其他核定使用的商品上使用该商标，为了维护公共利益和公序良俗，可以依据“撤三”规则撤销该注册商标；那么，同理，对于一个未注册的商标，如果标识使用人仅仅在法律禁止流通的商品上使用该商品，即使该商品在市场上具有影响力，无论是《商标法》还是《反不正当竞争法》，都不应该保护因这样的非法行为而产生的市场声誉。当然，标识使用人的行为如果仅仅是涉及销售许可或者经营许可等违法问题，尚可以通过后续的补救程序来消除违法情形的，那么，《商标法》或者《反不正当竞争法》也不妨保护因这样的违法行为而产生的市场声誉。

如果依据上述思路来分析在先使用的“捕鱼达人”标识是否可以对抗在后注册的商标，那么答案是不言而喻的，即在法律禁止流通的商品上使用的商业标识并不会产生在先的商标权益。

47 微信商标无效案[1]

核心价值：平等、法治

事实概要

2010 年 11 月 12 日，创博亚太科技（山东）有限公司（以下简称“创博公司”）向商标局申请注册“微信”商标，指定使用在第 38 类“信息传送、电话业务、电话通讯、移动电话通讯”等服务上。2011 年 8 月 27 日，被异议商标经商标局初步审定公告。除进行商标注册外，创博公司还于 2011 年 2 月 23 日开发完成了“微信系统”软件，即一项向被叫用户提供，当来电时，显示主叫号码及其归属城市的信息与资讯的服务，但实际推出时该软件被命名为“沃名片”。

2011 年 1 月 21 日，腾讯公司发布微信 1.0 测试版，且不久用户量便持续迅猛增长，截至 2013 年 7 月，腾讯公司的“微信”注册用户至少已经增长到 4 亿人。

在法定异议期内，自然人张某河对创博公司注册“微信”商标提出异议，认为该商标对社会生活的各个方面都有广泛、深远影响，具有其他不良影响，违反了《商标法》第 10 条第 1 款第(8)项的规定，创博公司不应获得该商标。2013 年 3 月 19 日，商标局作出异议裁定，以“微信”商标容易使消费者误认、

[1] 改写自(2015)高行知终字第 1538 号行政判决书。撰写人：张伟君，同济大学法学院教授；张秋欣，同济大学法学院研究生。

产生不良社会影响为由裁定不予核准注册。

创博公司不服该裁定，向商评委申请复审。2014 年 10 月 22 日，商评委作出商标异议复审裁定书，认为在社会公众对“微信”的认知发生变化，社会客观环境和公众利益内容发生变化的情况下，商评委应对被异议商标的注册是否会对变化了的社会公共利益和公共秩序造成不良影响作出判断。考虑本案的事实，如核准被异议商标注册，将会对多达 4 亿人次的微信注册用户以及广大公共服务微信的用户带来极大不便乃至损失，同时也可能使他们对创博公司提供的“微信”服务的性质和内容产生误认，从而可能对社会公共利益和公共秩序产生消极、负面的影响。因此被异议商标已经构成《商标法》第 10 条第 1 款第(8)项所禁止的情形。综上，商评委裁定：被异议商标不予核准注册。

创博公司不服复审结果，向北京知识产权法院提起诉讼，北京知识产权法院于 2015 年 3 月 11 日作出一审判决，维持商评委的裁定。

创博公司不服一审判决，上诉至北京市高级人民法院。

判决结果

本案的争议焦点在于被异议商标申请注册是否违反《商标法》第 10 条第 1 款第(8)项的规定。

一审法院认为，先申请原则是我国商标注册制度的一般原则，但在尊重“在先申请”这个事实状态的同时，对商标注册申请核准与否还应当考虑公共利益和已经形成的稳定市场秩序。当商标申请人的利益与公共利益发生冲突时，应当结合具体情况进行合理的利益平衡。本案中，一方面是商标申请人基于申请行为产生的对特定符号的先占利益和未来对特定符号的使用可能产生的期待利益，另一方面是庞大的微信用户群体已经形成的稳定认知和改变这种稳定认知可能造成的较大社会成本，鉴于此，选择保护不特定多数公众的现实利益具有更大的合理性。因此商评委认定被异议商标的申请注册构成《商标法》第 10 条第 1 款第(8)项所禁止的情形并无不当。

二审法院认为虽然被异议商标的申请注册并不具有“其他不良影响”，但被异议的商标在指定使用服务上缺乏商标注册所必需的显著特征，其注册申请违反了《商标法》第 11 条第 1 款第(2)项的规定，依法不应予以核准注册。

针对被异议商标是否具有“其他不良影响”，二审法院认为具有“其他不良影响”属于商标注册的绝对禁止事项，一旦认定某一标志具有“其他不良影响”，即意味着不仅该标志在所有的商品和服务类别上都不得作为商标使用，更不得作为商标注册。而且任何主体均不得将具有“其他不良影响”的标志作为商标使用和注册。本案中，被异议商标由中文“微信”二字构成，现有证据不足以证明该商标标志或者其构成要素有可能会对我国政治、经济、文化、宗教、民族等社会公共利益和公共秩序产生消极、负面影响。因此，就标志本身或者其构成要素而言，不能认定被异议商标具有“其他不良影响”。而且，即使在本案中考虑创博公司申请注册被异议商标这一商标注册申请行为，也难以认定“其他不良影响”的存在。一方面，即使腾讯公司的“微信”即时通讯应用程序被包括政府机关在内的社会公众大量使用，“微信”由腾讯公司以外的其他主体作为商标加以申请注册，涉及的也仅仅是该应用程序的名称或者商标标志如何确定的问题，并不影响该应用程序自身的正常使用。另一方面，基于互联网环境下计算机应用程序能够及时在线更新的特点，即使该计算机应用程序的名称或者商标标志发生变化，也能够十分迅捷便利地通知到相关用户，不会造成相关公众对相关应用程序及其来源的混淆误认，不会损害包括政府机关在内的腾讯公司“微信”即时通讯应用程序用户的利益，当然更不会损害广大社会公众的利益和公共秩序。据此，本案被异议商标的申请注册，不属于《商标法》第 10 条第 1 款第(8)项规定的具有“其他不良影响”的情形，原审判决及异议裁定的相关认定错误。

针对被异议商标在指定服务类别上是否具有显著性，二审法院认为，被异议商标由中文“微信”二字构成，指定使用在“信息传送、电话业务、电话通讯、移动电话通讯”等服务上。“微”具有“小”“少”等含义，与“信”字组合使用在上述服务项目上，易使相关公众将其理解为是比电子邮件、手机短信等常见通信方式更为短小、便捷的信息沟通方式，是对上述服务功能、用途或其他特点的直接描述，而不易被相关公众作为区分服务来源的商标加以识别和对待，因此，被异议商标在上述服务项目上缺乏显著特征，属于《商标法》第 11 条第1款第(2)项所指情形。而且,创博公司提交的证据不足以证明被异议商标经过使用,已经与创博公司建立起稳定的关联关系,从而使被异议商标起到区分服务来源的识别作用,构成《商标法》第11条第2款规定的可以作为商标注册的情形。因此,被异议商标不应予以核准注册。

此外,二审法院还分析了在先申请原则在本案的适用,认为在先申请原则有其适用范围,它解决的主要是两个以上的商标注册申请之间的优先性问题。在先申请原则的适用必须与《商标法》的其他规定相协调,对不具有显著特征、不得作为商标使用和注册的标志,无论其注册申请时间早晚,均不涉及在先申请原则的适用。本案中,虽然创博公司依法提出了被异议商标的注册申请,但在被异议商标指定使用于"信息传送、电话业务、电话通讯、移动电话通讯"等服务上缺乏显著特征的前提下,已无必要对被异议商标的注册申请不予核准是否违反在先申请原则作出评述。

据此,二审法院最终判决,商评委的裁定和原审判决认定虽有不当,但裁定和裁判结论正确,因此在纠正相关错误的基础上予以维持。

案件评析

微信商标注册案一审判决适用的是《商标法》第10条第1款第(8)项:"有害于社会主义道德风尚或者有其他不良影响的标志不得作为商标使用。"这一规定情形下的标识,不仅"禁止注册",而且"绝对禁止使用"。而在这些情形下,无论是禁止注册,还是禁止使用,"禁止"的是任何一个市场主体,而并非有的人不可以注册或使用,有的人却可以注册和使用。比如,有些脏话,可能本身就属于不雅词语而具有不良社会影响,因此任何人都不应该将其作为商标使用;再如,"中央一套"这个词(标识),虽然本身没有什么不良影响,但是作为某个避孕产品的商标使用的话,可能就会有不良影响,这时,任何人都不能在这个特定产品上注册"中央一套",包括央视自己。换句话说,如果说一个标识因为具有不良影响而被禁止使用(当然也被禁止注册),就不应该存在这种情形:就同一个标识而言,甲可以注册和使用,而乙则不可以注册和使用。然而，一审判决适用《商标法》第 10 条第 1 款第(8)项的结论恰恰却是：对于先申请注册的创博公司来说，“微信”标识具有“不良影响”；而对于后申请注册的腾讯公司来说，“微信”标识却不具有“不良影响”。这就把该条规定的“绝对禁止任何人使用”的“具有不良影响标识”硬生生地转变为：有的人注册使用的商标是有不良影响的，而有的人注册使用的商标却是没有不良影响的了！

注册商标专用权和其他知识产权一样，是私权。但是《商标法》和其他知识产权法一样，从不否定私权保护中的公共利益考量，无论是立法宗旨，还是具体规则，很多地方都体现了《商标法》对公共利益维护的重视，并通过不同的法律规则和制度来实现对各种不同的公共利益的维护。

首先，从知识产权制度的目标和宗旨来看，商标权保护和其他知识产权保护一样，一方面是保护私权和权利人的个人利益；一方面也是为了建立和维护公平竞争的良好市场秩序，鼓励通过创新创造和树立市场声誉来获得市场竞争优势，从而为社会公众提供更多更好的物质和精神产品。换句话说，保护私权和维护市场竞争秩序这个公共利益之间，从总体上来讲应该是一致的，而并非相互抵触。比如，《商标法》禁止假冒他人注册商标，这既是在保护商标权人的私权，也是在维护公共利益——避免公众对商品或服务来源的混淆和误认，造成市场竞争秩序的混乱。再比如，《商标法》确立了商标注册的先申请原则，既是为了保护在先申请人的“预订”或“先占”，也确立了商标权产生的基本秩序，有利于避免因商标使用时间的不确定和先后差异而导致权利状态与权利归属的不确定和混乱。“先来后到”的商标注册基本规则在纠纷解决上既非常具有效率，也并不失公允，这同样是在维护市场竞争的正常秩序。维护这个法定的游戏规则，也是在实现和维护公共利益。相反，如果打着维护公共利益的旗号去损害一个完全应该依法保护的正当权益，企图拿避免公众误认和混淆这个公共利益去否定商标注册基本规则，这事实上是在割裂知识产权制度在私权保护和公共利益维护之间的平衡与协调，损害的是每一个市场主体对知识产权制度的基本信赖和尊重。

其次，知识产权是合法的垄断权或独占权，但是，为了避免这种垄断和独占妨碍技术和信息的传播而有损于公共利益，知识产权制度本身就设计了各种不同的规则来对垄断和独占加以限制。比如，在权利产生的制度设计中，通过规定发明的"可专利性"和不授予专利权的对象、作品的"独创性"和不受著作权保护的对象(思想等)以及商标的"显著性"等,避免那些属于公共领域范围内的技术、信息以及标志等成为知识产权独占垄断的对象;在权利行使和救济的制度设计中,通过规定不构成侵权的限制和例外、合理使用、法定许可和强制许可等权利限制制度,避免权利的过度垄断而对公共利益造成损害;除此之外,在人民法院的司法实践中,还可以通过对执法措施的合理运用,比如对某些侵权行为不实施禁令救济,以避免对公共利益造成损害。总之,《商标法》等知识产权法所要维护的公共利益的内容是多样和变化的。因此,不同的公共利益的维护,需要适用不同的游戏规则来实现。不同的游戏规则,维护的是不同的公共利益。比如,在商标侵权救济中,如果在后使用的商标与在先注册的商标之间相冲突,为了实现制止公众误认和混淆这个公共利益,可以依据《商标法》确立的侵权救济规则去实施救济、加以禁止;再比如,在商标注册审核中,为了避免将属于公共领域内的标志作为商标来申请注册,《商标法》规定"仅有本商品的通用名称、图形、型号的"以及"仅直接表示商品的质量、主要原料、功能、用途、重量、数量及其他特点的"标志不得作为商标注册;而为了避免对公众造成"欺骗性"误导,《商标法》还禁止那些"容易使公众对商品的质量等特点或者产地产生误认的"标志作为商标注册和使用。可以说,《商标法》中规定的不同规则和制度,体现了不同的公共利益考量,维护的也是不同性质和内容的公共利益。不同的法律规则各司其职,适用于各种不同的情形,解决的是各种不同问题,而并不是相互交叉、杂乱无章的。

再次,与《专利法》《著作权法》略有不同的地方是,《商标法》中还存在着一个特殊的公共利益考量。制止专利侵权和禁止盗版行为等主要体现的是对私权的保护,而并不直接体现对公共利益的维护;然而,制止假冒商标行为,则不仅是为了保护商标权人利益,同时也是为了维护相关公众以及消费者的利益——《商标法》第1条就规定了"保障消费者利益"这个宗旨。而这个宗旨具体是通过避免消费者对商品来源的误认以及对商品的质量、产地等的误认等规则来实现的。那么,《商标法》是如何设计游戏规则来实现避免公众误认这个公共利益的呢?第一,如果只是因两个市场主体在同一种或类似商品或服务上使用相同或近似商标而可能造成公众误认的,由这样一些规则来解决：1. 在先申请注册商标和在后申请注册商标之间的冲突，可以按照先申请原则来解决；2. 在先使用商标与在后注册商标之间的冲突，可以按照驰名商标保护规则以及禁止“以不正当手段抢先注册他人已经使用并有一定影响的商标”的规则来解决；3. 在先申请注册商标与在后使用商标之间的冲突，则应该按照侵权救济规则来处理(包括在适当情形下为了维护公共利益可以不采取禁令措施)。第二，如果这种误认不是因为两个市场主体使用同一个商标产生的误认，而是某个标志用于特定的商品或服务上会使得公众对商品的质量等特点或者产地产生误认的，则适用《商标法》第 10 条第 1 款第(7)项关于禁止“欺诈性”标志作为商标注册和使用的规定，以及《商标法》第 16 条关于“商标中有商品的地理标志，而该商品并非来源于该标志所标示的地区，误导公众的，不予注册并禁止使用”等规则来解决。第三，如果这种误认是由于使用名人姓名、利用名人声誉以及他人企业名称等在先权利而导致公众对商品或服务来源的混淆，则可以根据《商标法》第 32 条“申请商标注册不得损害他人现有的在先权利”以及其他相关规定来阻止其注册，或宣告该商标无效。可见，对于避免造成公众误认这个公共利益的维护，《商标法》有全面和系统的制度设计，不同的规则解决的是不同情形的误认，而并非可以囫囵吞枣地想当然适用，尤其是不能把应该在商标侵权救济程序中去解决的公众误认问题，拿到商标注册程序中来解决，这必然会打破《商标法》制度体系的协调性和稳定性，以至造成相关利益的失衡。

最后，作为民事法律规范的一部分，知识产权法中也一样存在尊重公共秩序和善良风俗的考量(所谓的“公序良俗”原则)。如，《专利法》第 5 条规定：“对违反法律、社会公德或者妨害公共利益的发明创造，不授予专利权。”1990 年颁布的《著作权法》第 4 条第 1 款曾经规定：“依法禁止出版、传播的作品，不受本法保护。”2009 年 WTO 专家组对中美知识产权争端案作出裁决后，2010 年该法修改时虽然删除了该款规定，但这类有违公序良俗的作品在中国实际上仍然难以获得《著作权法》的有效保护。在现行《商标法》中，公序良俗原则主要是体现在第 10 条第 1 款第(6)(7)(8)项：带有欺骗性，容易使公众对商品的质量等特点或者产地产生误认的标志；带有民族歧视性的标志；有害于社会主义道德风尚或者有其他不良影响的标志，都不得作为商标注册和使用。以上规定，其实都遵循着一个基本逻辑：有违公序良俗的发明创造、文艺作品、商业标志不能产生合法的民事权利，而所谓的违反公序良俗是指发明创造、文艺作品和商业标志本身有违公序良俗。这样的理解和《巴黎公约》第6条之5B款关于“公序良俗”的规定应该是一致的。根据该规定，成员国可以拒绝商标注册的一个理由是：“商标违反道德或公共秩序，尤其是具有欺骗公众的性质。”但是，该规定紧接着强调：“这一点应理解为不得仅仅因为商标不符合商标立法的规定即认为该商标违反公共秩序，除非该规定本身同公共秩序有关。”《巴黎公约》官方权威指南进一步强调，在判断一个标志是否违反道德和公共秩序时，只能考虑该标志“个体的特点”(individual merits)，除此之外的因素都不应该纳入考量范围，以防公序良俗条款过于膨胀。在英国权威的《商标法》注释书 *Kerly on Trademarks and Tradenames* 中，作者 Kerly 也认为：“绝对拒绝注册理由只关注标志的本身特质(intrinsic qualities of mark itself)，不关注申请行为所处的环境，也不关注申请人使用该符号的方式。”通过以上的分析，我们应该可以得出：《商标法》禁止违背公序良俗的标志作为商标注册——不管该标志是欺骗性的，还是有违社会道德和具有不良影响的，都不可能是指该标志本身不存在任何公序良俗问题(既不存在欺骗性，也没有违反善良风俗)，只是因为在后使用者的广泛使用产生了知名度和影响力，从而反过来与在先申请注册的商标产生冲突而可能导致公众误认的情形。商标注册以及商标权产生中所需要关注的公序良俗条款以及公共利益考量，绝不是用来解决在后使用商标与在先申请注册商标之间冲突以及产源误认的适当法律依据。

案涉的“微信”商标显然不属于违背公序良俗的情形。而腾讯公司使用“微信”标志既不是在先使用，也没有任何在先权利。这种在后使用而产生的广泛市场影响力可能导致公众的反向误认，恰恰是《商标法》应该制止和惩处的“反向混淆”的情形。因此，商标执法和司法机关应该尽力依法制止在后使用者的这种“反向误认”，而绝不能反过来致使在先申请人申请注册的商标成为《商标法》规定的“带有欺骗性，容易使公众对商品的质量等特点或者产地产生误认的”标志，甚至是“有害于社会主义道德风尚或者有其他不良影响的”标志而被驳回注册。

总之，面对在先申请商标和在后使用商标之间的冲突，商标执法和司法机关如果不去维护商标注册制度的严肃性，不去保护在先申请人的合法权益，反而去维护在后恣意使用者的利益，不仅仅是对《商标法》第 10 条规定的曲解，更是与《商标法》所要维护的商标注册制度这个公共利益和法律秩序彻底相背离了。在《商标法》中，私权的保护和公共利益的维护是相辅相成的，公共利益的维护是通过不同的制度和规则来实现的。无论是在保护私权的规则和实现公共利益的规则之间，还是在不同公共利益考量的规则和制度之间，是相互分工、相互协调、相互配合的，而不能以一个规则来否定另一个规则，以至前后矛盾，顾此失彼。

48 上海汉涛信息咨询有限公司与北京百度网讯科技有限公司不正当竞争纠纷案[1]

核心价值：诚实守信、遵守商业道德

事实概要

上海汉涛信息咨询有限公司（以下简称“汉涛公司”）是大众点评网的经营者（以下简称“大众点评网”），其主要向用户提供商户信息、消费点评及消费优惠等信息服务，同时也提供团购、餐厅预订、外卖及电子会员卡等 O2O（Online To Offline）交易服务。北京百度网讯科技有限公司（以下简称“百度公司”）是百度地图、百度知道的经营者。百度公司通过爬虫技术抓取来自大众点评网的用户点评信息，并大量、全文使用于旗下产品百度地图和百度知道，不过设置了指向信息源的链接。也即，百度公司在引用信息时均附有“来自大众点评”字样，在用户点击后，可以跳转至大众点评网站。但大众点评发现，其被百度地图抓取的用户评论不仅数量巨大，而且大部分都以全文显示，使得用户在浏览完百度地图后，无须再次跳转到大众点评。而且，百度公司在对案外人微某的回复中谎称百度公司与汉涛公司之间具有合作关系。另

[1] 改写自(2015)浦民三(知)初字第 528 号民事判决书、(2016)沪 73 民终 242 号民事判决书。撰写人：张韬略，同济大学法学院副教授。

外，杰图公司运营的城市吧街景地图网站通过应用程序编程接口（API）调用了百度地图。鉴于此，大众点评网认为百度地图和杰图公司的上述做法已构成对大众点评网的“实质性替代”，对大众点评网造成了巨大损失，将其诉至法院，索赔 90 000 000 元。在本案的数个争议焦点之中，最核心的问题是百度公司使用大众点评网的点评信息是否构成不正当竞争。

判决结果

针对百度公司使用大众点评网点评信息是否构成不正当竞争，法院从不正当竞争行为的构成要件角度入手进行分析。

一审法院认为，对于竞争关系的判定，不应局限于相同行业、相同领域或相同业态模式等固化的要素范围，而应从经营主体具体实施的经营行为出发加以考量。《反不正当竞争法》所调整的竞争关系不限于同业者之间的竞争关系，还包括为自己或者他人争取交易机会所产生的竞争关系以及因破坏他人竞争优势所产生的竞争关系。在互联网行业，只要双方在争夺相同的网络用户群体，即可认定存在竞争关系。本案中，百度地图不仅提供地理位置服务，亦为网络用户提供商户信息及点评信息，并提供部分商户的团购等服务，百度知道亦提供来自大众点评网的点评信息，故百度公司通过百度地图和百度知道与大众点评网争夺网络用户，可认定二者存在竞争关系。

针对大众点评网是否因百度公司的竞争行为而受到损害，一审法院认为，原告公证选取商户具有随机性，可证明百度地图中餐饮等类别的商户大量使用大众点评网点评信息的事实。鉴于网络用户作出选择所需的信息量有限，加之百度地图使用的每条点评信息均是完整的，用户一般不会再去大众点评网查看信息，所以百度地图对大众点评网产生了实质性替代，且在大量使用点评信息的同时，推介自己的团购业务，攫取了大众点评网的部分交易机会。此外，百度知道代替大众点评网向公众提供信息的使用方式，也会截取大众点评网的流量，故百度公司对大众点评网点评信息的使用行为给大众点评网造成了损害。

针对百度公司的行为是否具有不正当性，一审法院认为，应当综合考虑以下因素进行认定：案涉信息是否具有商业价值，能否给经营者带来竞争优势；信息获取的难易程度和成本付出；对信息的获取及利用是否违法、违背商业道德或损害社会公众利益；竞争对手使用信息的方式和范围。一审法院认为，百度公司的行为具有不正当性：第一，大众点评网的点评信息是汉涛公司的核心竞争资源之一，能给汉涛公司带来竞争优势，具有商业价值。第二，点评类网站具有集聚效应，点评信息的获取并非易事，汉涛公司为运营大众点评网付出了巨额成本，网站上的点评信息是其长期经营的成果。第三，汉涛公司获取、持有、使用网络用户自愿发布的点评信息未违反法律禁止性规定，也不违背公认的商业道德。第四，在靠自身用户无法获取足够点评信息的情况下，百度公司通过技术手段，搭便车式地从大众点评网等网站获取点评信息，用于充实自己旗下网站的行为实质替代了大众点评网相关服务，对汉涛公司造成损害。一审法院还认为，虽然百度公司根据 Robots 协议进行网站信息的抓取，但这不能解决搜索引擎抓取网站信息后的使用行为是否合法的问题。本案中，百度公司的搜索引擎抓取案涉信息并不违反 Robots 协议，但这并不意味着百度公司可以任意使用上述信息，百度公司应当本着诚实信用的原则和公认的商业道德，合理控制源于其他网站信息的使用范围和方式。

二审法院同样认为，百度公司的行为损害了大众点评网的利益，且其行为违反公认的商业道德，构成不正当竞争，但二审法院提出了不同的评估原则。二审法院认为，在对于擅自使用他人收集的信息的行为是否违反公认的商业道德的判断上，一方面，要考虑产业发展和互联网环境所具有信息共享、互联互通的特点；另一方面，要兼顾信息获取者、信息使用者和社会公众三方的利益，既要考虑信息获取者的财产投入，还要考虑信息使用者自由竞争的权利，以及公众自由获取信息的利益，在利益平衡的基础上划定行为的边界。应综合考虑各种要素，相对客观地审查，例如所涉行为是否具有积极效果，是否超出了必要限度，如果超过，其对市场秩序造成的影响，等等。根据这样的裁判思路，法院认为：第一，百度公司在提供位置服务时提供点评信息的行为在一定程度上提升了消费者体验，具有积极效果。第二，百度公司的行为已实质替代了大众点评网的相关服务，其欲实现的积极效果与造成的损失不符合利益平衡原则，且其明显可延续早期版本中少量部分使用的损害更小的方式，故其使用超过必要限度。第三，百度公司超出必要限度使用案涉信息使得其他市场主体不愿再就信息的收集进行投入，破坏正常的产业生态，或将最终损害消费者利益，对公平竞争的市场秩序产生负面影响。第四，对于百度公司提出的其所使用的垂直搜索技术决定了信息使用方式而可免责的抗辩意见，二审法院认为技术本身虽具有中立性，但对技术的使用仍应遵循提供服务的基本准则，百度公司通过提供网络搜索服务而实质性替代被搜索方的内容提供服务违反了商业道德。

案件评析

（一）相关法律规范

我国现行《反不正当竞争法》第 2 条前两款规定："经营者在生产经营活动中，应当遵循自愿、平等、公平、诚信的原则，遵守法律和商业道德。

本法所称的不正当竞争行为，是指经营者在生产经营活动中，违反本法规定，扰乱市场竞争秩序，损害其他经营者或者消费者的合法权益的行为。"

针对互联网的不正当竞争行为日渐增多的情况，在 2019 年修法时，我国《反不正当竞争法》新增了所谓的"互联网专条"，在对互联网不正当竞争行为进行"定义"解释的同时，采取了"概括 + 列举 + 兜底"的立法模式，对互联网不正当竞争行为进行规制，即第 12 条，具体如下：

"经营者利用网络从事生产经营活动，应当遵守本法的各项规定。

经营者不得利用技术手段，通过影响用户选择或者其他方式，实施下列妨碍、破坏其他经营者合法提供的网络产品或者服务正常运行的行为：

（一）未经其他经营者同意，在其合法提供的网络产品或者服务中，插入链接、强制进行目标跳转；

（二）误导、欺骗、强迫用户修改、关闭、卸载其他经营者合法提供的网络产品或者服务；

（三）恶意对其他经营者合法提供的网络产品或者服务实施不兼容；

（四）其他妨碍、破坏其他经营者合法提供的网络产品或者服务正常运行的行为。”

（二）法律适用的具体分析

本案涉及将《反不正当竞争法》第 2 条具体适用于互联网不正当竞争行为。根据两审法院的审理思路，认定存在互联网不正当竞争行为，应当考虑三个要件：1. 经营者间存在竞争关系或市场竞争行为；2. 该竞争行为不具有正当性；3. 该竞争行为损害或具有损害社会整体经济利益、市场竞争秩序的可能。值得注意的是，根据我国目前的司法实践，包括互联网领域下的《反不正当竞争法》的适用更应注意行为的客观表现而非主观目的。也即，在认定不正当竞争主体实施不正当竞争行为时不以具有过错（故意和过失）为前提。这无论在国外还是国内的理论学界，都有相应支持的观点。[2][3]

首先，就经营者间存在竞争关系或市场竞争行为的认定，日渐从同业竞争转向流量竞争。在传统不正当竞争行为的案件中，同业竞争关系往往是法官确定诉权、审理案件的前置性要件，但在互联网环境之下，“注意力经济”以及获取更多的用户和更多的流量已经成为互联网平台竞争的核心。在这种情况下，传统狭义的同业竞争在互联网领域逐渐不再适用。在国际层面上，我们也能看到这种趋势。例如，世界知识产权组织发布的《反不正当竞争示范法》第 1 条就放弃使用“竞争行为”的字眼，而是使用了“工商业活动中的任何作为或者不作为”这一表述。[4] 在本案中，虽然地图服务与商户点评类服务的业务定位是完全不同的，但是显然二者的用户群体有较高的重合度，大众点评和百度地图都为类似的用户提供基于位置的服务（Location Based Service）和 O2O 服务（Online To Offline），可见二者的服务模式也非常相似，在这种情况下，可以说二者在互联网服务上存在着直接的竞争关系。

其次，该竞争行为的正当性认定，一方面要从竞争行为本身入手，分析该

[2] 郑友德，万志前. 德国反不正当竞争法的发展与创新[J]. 法商研究，2007(1)：131.

[3] 王艳芳.《反不正当竞争法》在互联网不正当竞争案件中的适用[J]. 法律适用，2014(7)：3.

[4] The International Bureau of the World Intellectual Property Organization (WIPO). The Model Provisions on Protection Against Unfair Competition[EB/OL]. (1996) [2021-08-20]. https://www.wipo.int/edocs/pubdocs/en/intproperty/832/wipo_pub_832.pdf.

行为是否构成"实质性替代",或者反过来说,是否符合"最低限度使用原则"。另一方面,还要从消费者利益与市场公平竞争秩序角度,分析该竞争行为的影响效果。市场主体在使用他人所获取的信息时,应该要遵循公认的商业道德,在相对合理的范围内使用,尽可能坚持"最低限度"的原则,也即在必要的情况下的使用,且使用应该尽可能最少。在本案中,虽然百度地图使用案涉信息时提供了跳转链接,但对许多消费者而言,在百度地图和百度知道中阅读用户评论信息后,已经无须再跳转至大众点评网阅览更多的信息。另外,从案件举证来看,仅大众点评公证抽取的百度地图商户中,就有784家商户所使用的评论信息超过75%的比例来自大众点评网。因此,百度公司在百度地图和百度知道产品中大量使用来自大众点评网用户的评论信息,已经违反了"最低限度使用原则",对大众点评网构成实质性替代。另一方面,这种行为虽然在某种程度上便利了消费者,但其"盲从模仿""实质性替代"的竞争模式,无助于建立健康的竞争秩序。法院在本案中的裁判,很好地把握了市场竞争利益的平衡,有助于建立符合市场竞争商业道德的社会主义核心价值观。

49 北京微梦创科网络技术有限公司与北京淘友天下技术有限公司等不正当竞争纠纷案[1]

核心价值:诚实守信、竞争必须合乎商业道德

事实概要

北京微梦创科网络技术有限公司(以下简称"微梦公司")是新浪微博的经营人。北京淘友天下技术有限公司(以下简称"淘友技术公司")、北京淘友天下科技发展有限公司(以下简称"淘友科技公司")共同经营脉脉软件及脉脉网站。双方曾基于新浪微博开放平台的《开发者协议》,通过微博平台Open API合作。2014年8月,微梦公司发现,淘友技术公司、淘友科技公司在其开放授权的微博客户头像、名称以及用户自定义的标签之外,还抓取、使用了教育信息和职业信息。微梦公司后停止与淘友技术公司、淘友科技公司合作。在合作终止后,淘友技术公司、淘友科技公司并未按照《开发者协议》2.5.15条及时删除双方合作期间获取的新浪微博用户信息,而且发布了关于停止合作原因的不实言论,影响微梦公司声誉。微梦公司认为,脉脉软件在

[1] 改写自(2016)京73民终588号民事判决书。撰写人:张韬略,同济大学法学院副教授。

与其合作期间及终止合作后，不当使用新浪微博用户信息，导致用户信息泄露，并且影响其公司声誉及运营收入，构成不正当竞争，因此索赔1 000万元。

淘友技术公司、淘友科技公司则抗辩称：1.与微梦公司所属产品或服务类别不同，受众群体不同，非同业竞争者，不存在竞争关系。2.脉脉软件中的用户信息来源合法，未非法抓取新浪微博用户信息。其合法来源包括：一是依《开发者协议》与微梦公司合作，且经用户授权同意取得新浪微博用户的相关信息；二是部分用户头像来自其经营的头像淘淘软件，该软件头像源于QQ、新浪微博、人人网账号，未必源于新浪；三是通过协同过滤算法获得部分非脉脉用户的相关信息且已在合作停止后完成了信息替换。“脉脉”“淘友网”两个微博账号的行为系作为普通用户的访问行为，非抓取用户数据行为。3.新浪微博及其他应用软件早已展示用户通讯录联系人手机号与新浪微博账号的对应关系，属行业惯例。

判决结果

海淀区人民法院一审认定二被告非法抓取、使用新浪微博用户信息等行为构成不正当竞争，判决二被告停止不正当竞争行为，消除影响，赔偿经济损失200万元及合理费用20余万元等。淘友技术公司及淘友科技公司不服，提起上诉，北京知识产权法院二审驳回上诉，维持原判。

一审法院认为：1.诉讼双方实质均提供网络社交服务，用户群体、业务模式、经营范围都存在交叉重叠，故双方在对相关用户社交类信息的使用等方面存在竞争利益，具有竞争关系。2.淘友技术公司、淘友科技公司存在合作期间抓取、使用案涉原告用户的职业信息、教育信息及在合作结束后使用案涉用户信息的行为，该行为违反原被告间的《开发者协议》相关约定。另外，脉脉收集新浪用户信息须再次经用户同意，并按Open API权限规则，通过申请接口获取信息的程序性要求，获得原数据控制者的同意，淘友技术公司、淘友科技公司未取得用户许可获取并使用用户信息欠缺合法性。3.案涉信息不属于为程序运行和实现功能目的的必要信息，淘友技术公司、淘友科技公司未能就合作结束后继续使用案涉信息的必要性给予合理解释，故案涉行为缺乏正当性。

案件评析

（一）相关法律规范

我国现行《反不正当竞争法》第 2 条前两款规定："经营者在生产经营活动中，应当遵循自愿、平等、公平、诚信的原则，遵守法律和商业道德。

本法所称的不正当竞争行为，是指经营者在生产经营活动中，违反本法规定，扰乱市场竞争秩序，损害其他经营者或者消费者的合法权益的行为。"

《网络安全法》第 22 条第 3 款规定："网络产品、服务具有收集用户信息功能的，其提供者应当向用户明示并取得同意；涉及用户个人信息的，还应当遵守本法和有关法律、行政法规关于个人信息保护的规定。"

《网络安全法》第 41 条规定："网络运营者收集、使用个人信息，应当遵循合法、正当、必要的原则，公开收集、使用规则，明示收集、使用信息的目的、方式和范围，并经被收集者同意。网络运营者不得收集与其提供的服务无关的个人信息，不得违反法律、行政法规的规定和双方的约定收集、使用个人信息，并应当依照法律、行政法规的规定和与用户的约定，处理其保存的个人信息。"

《网络安全法》第 42 条第 1 款规定："网络运营者不得泄露、篡改、毁损其收集的个人信息；未经被收集者同意，不得向他人提供个人信息。但是，经过处理无法识别特定个人且不能复原的除外。"

《网络安全法》第 44 条规定："任何个人和组织不得窃取或者以其他非法方式获取个人信息，不得非法出售或者非法向他人提供个人信息。"

（二）法律适用的具体分析

本案是我国首例"社交网络平台因大数据引发的不正当竞争"案。在数据资源已经成为互联网企业重要的竞争优势及商业资源的情况下，互联网行业的企业竞争力不仅体现在技术配备，还体现在其拥有的数据规模以及数据挖掘能力。大数据拥有者可以通过拥有的数据获得更多的数据，从而将其转化为价值，但数据的获取、利用和竞争应当符合法律的规定。

在本案中，法院在适用《反不正当竞争法》第2条认定系争的数据获取、利用行为是否构成不正当竞争时，除了适用之前司法案例所提出的三个要件，即"1.法律对该种竞争行为未作出特别规定；2.其他经营者的合法权益确因该竞争行为而受到了实际损害；3.该种竞争行为因确属违反诚实信用原则和公认的商业道德而具有不正当性"，还提出了法律适用的新的观点。法院认为，基于互联网行业中技术形态和市场竞争模式与传统行业存在显著差别，为保障新技术和市场竞争模式的发展空间，在互联网行业中适用《反不正当竞争法》第2条"更应秉持谦抑的司法态度"，除了满足上述三个条件外，还需满足以下三个条件："4.该竞争行为所采用的技术手段确实损害了消费者的利益，例如，限制消费者的自主选择权、未保障消费者的知情权、损害消费者的隐私权等；5.该竞争行为破坏了互联网环境中的公开、公平、公正的市场竞争秩序，从而引发恶性竞争或者具备这样的可能性；6.对于互联网中利用新技术手段或新商业模式的竞争行为，应首先推定具有正当性，不正当性需要证据加以证明。"

本案的裁判明确提出，在涉及对互联网用户信息的获取并使用的不正当竞争行为认定时，是否取得用户同意以及是否保障用户的自由选择权是公认的商业道德，而且，在进行数据的深挖及商业使用时，遵守相应的协议约定，也是公认的商业道德。据此，继 Robots 协议后，遵守《开发者协议》和 Open API 合作模式也被认定为一种商业道德。而且法院还首次提出了"三重授权原则"：如果第三方通过 Open API 获取用户信息，就应坚持"用户授权"+"平台授权"+"用户授权"的三重授权。根据这些原则来看待本案事实，行为人明知却无视《开发者协议》的具体内容约定，通过技术手段获得用户数据信息，且对技术的应用不加人为理性地控制，不仅忽视市场双方之间《开发者协议》约定的内容及 Open API 合作模式的基本原则，还不当利用了用户数据信息，这明显违反了商业道德，也违反了"三重授权原则"。

此外，本案的裁判思路也反映出，在不正当性的判断方面，除了要考虑竞争者之间的关系，还应当关注保护消费者利益与不正当竞争之间的关系。例如，有文章认为，依据《反不正当竞争法》第2条认定不正当竞争行为时，应当将是否损害消费者利益作为重要判断标准。在我国市场竞争行为中，不正当性不只是针对竞争者，不当地侵犯消费者利益或者侵犯了公众利益的行为，都有可能被认定为不正当。如果数据的收集和利用涉及用户信息时，需要遵从“三重授权原则”和“用户明示同意原则+最小够用原则”。[2]

另外，在本案中，虽然被告对原告的数据抓取和利用没有达到市场替代的程度，但法院从竞争资源的角度，也认定了损害的发生。法院认为：“数据是新浪微博重要的竞争优势与商业资源。对于社交软件而言，存在明显的用户网络效应，用户的数量与竞争优势成正相关。淘友技术公司无正当理由截取了微梦公司的竞争优势，侵害了微梦公司的竞争资源。”笔者赞成这种观点，因为证明不正当竞争的损害并不需要达到过高的标准，这种损害可能表现为本案中的流量减少，也可能表现为侵犯用户的知情权和选择权等权利，还有可能表现为诸如大众点评诉百度案中的交易机会的减损。毕竟，从《反不正当竞争法》“保护竞争”的本质上来说，主要是看竞争者的竞争自由是否受到了显著损害、消费者充分获取信息和自由作出决策的能力是否受到了显著影响。[3] 而这种显著，并非指非常高的标准，而主要是要将轻微的损害排除在外。因为如果损害标准设置过高，很可能会导致许多妨碍、破坏竞争的行为无法得到法律的规制。法院在本案认定不正当性的时候，很好地引入了消费者利益保护的视角，丰富了商业道德的内涵，更好地阐释了符合市场竞争商业道德的社会主义核心价值观。

---

[2] 张玲玲.涉及用户数据信息商业利用的竞争行为是否属于正当的司法判断[N].中国知识产权报，2017-04-19(8).

[3] 张占江.不正当竞争行为认定范式的嬗变[J].中外法学，2019(1):215.

50 安徽美景信息科技有限公司、淘宝（中国）软件有限公司商业贿赂、不正当竞争纠纷案[1]

核心价值：诚实守信、遵守商业道德

事实概要

一审原告淘宝（中国）软件有限公司（以下简称“淘宝公司”）凭借其收集的淘宝店家/用户的信息和交易数据等，通过整理/收集/分析等方式，制作了一款名为“生意参谋”的数据产品，面向淘宝的卖家销售该款产品，以帮助卖家了解市场行情、商品店铺榜等信息。一审被告安徽美景信息科技有限公司（以下简称“美景公司”）旗下的“咕咕生意参谋众筹”网站也开设有名为“生意参谋”的栏目，其实质是利用已经订购淘宝的“生意参谋”数据产品服务的淘宝用户的子账户，获取“生意参谋”的数据产品内容，并在美景自己的网站上以低于淘宝的生意参谋的价格销售前述产品内容。

淘宝公司认为，案涉“生意参谋”数据产品是其在收集网络用户浏览、搜索、收藏、加购、交易等行为痕迹所产生的原始数据基础上，经过分析处理、整

[1] 改写自(2017)浙8601民初4034号民事判决书、(2018)浙01民终7312号民事判决书。撰写人：张韬略，同济大学法学院副教授。

合加工而形成的，所使用的原始数据并非个人信息，且收集并使用过程已按照相关法律规定要求，明示告知并获得用户同意授权，故该数据产品形成过程合法正当且必要。而美景公司认为，淘宝公司未经淘宝商户及淘宝软件用户同意，私自抓取淘宝商户或淘宝软件、天猫用户的相关信息，侵犯了用户个人隐私以及商户经营秘密，具有违法性。

本案争议焦点主要有三：第一，淘宝公司收集并使用网络用户信息的行为是否正当；第二，淘宝公司对于“生意参谋”数据产品是否享有法定权益；第三，美景公司的被诉行为是否构成不正当竞争。

判决结果

一审法院判决美景公司立即停止侵权行为并赔偿淘宝公司损失及合理费用共计 200 万元，美景公司不服，提起上诉。二审驳回上诉，维持原判。

焦点一：淘宝公司收集并使用网络用户信息的行为是否正当。

一审法院认为，由于法律对个人信息和非个人信息的保护力度不同，在评判收集、使用行为是否具有正当性时，首先须区分其收集、使用的案涉数据信息属于何种类型。案涉数据产品所使用的原始数据（行为痕迹信息和标签信息）不具备能够单独或与其他信息结合识别自然人个人身份的可能性，不属于个人信息。但对于行为痕迹信息，因其包含有涉及用户个人偏好或商户经营秘密等敏感信息，且网络运营者基于服务合同对用户个人隐私和商户经营秘密负有高度关注的义务，故除未留有个人信息的网络用户所提供的以及网络用户已自行公开披露的信息之外的行为痕迹信息应比照《网络安全法》第 41、42 条关于网络用户个人信息保护的规定予以规制。

接着，一审法院从规则公开、取得同意、行为的正当性和必要性方面，分析了淘宝公司收集、使用网络用户信息以及“生意参谋”数据产品公开使用网络用户信息的行为的正当性。具体而言：1. 数据的收集使用行为：淘宝隐私权政策所宣示的用户信息收集、使用规则在形式上符合《网络安全法》第 41 条“合法正当必要”原则，且实际使用行为也没有违反其所宣示的用户信息收集、使用规则。2.公开使用行为：淘宝公司公开使用经匿名化脱敏处理后的数据内容无须事先另行征得网络用户的明示同意，符合《网络安全法》第42条规定的例外情形。3.作为第三方使用用户信息行为：根据《网络安全法》第42条，作为第三方的淘宝公司使用天猫网用户信息，受“用户授权网络运营者+网络运营者授权第三方+用户授权第三方”的三重授权许可使用规则限制。天猫网《隐私权政策》明确，为便于淘宝平台账户向用户提供会员服务，用户个人信息可能会与其关联公司（包括淘宝公司）共享；天猫网商户及会员用户，统一使用淘宝网账户，在注册登记会员时均对《淘宝平台服务协议》及淘宝隐私权政策进行过同意确认。因此，可以认定淘宝公司使用天猫网用户提供的用户信息已获得了用户信息提供者的同意。

焦点二：淘宝公司对于“生意参谋”数据产品是否享有法定权益。

一审法院认为，淘宝公司对于“生意参谋”数据产品是否享有合法权益，享有何种法定权益，首先应当明确淘宝公司作为网络运营者与相关网络用户对于网络用户信息、原始网络数据、数据产品的权利边界。一审法院对企业拥有的数据进行了细分，依据企业对最终数据/数据产品的投入程度和劳动深度讨论了不同阶段的信息/数据的性质和权属：1.对于提供于网络运营者的单个用户信息，并无独立的财产权或财产性权益可言；2.对于原始网络数据，网络运营者只是进行了数字化记录的转换，仍受制于用户对其提供信息的控制，只能根据与网络用户的约定，享有对原始网络数据的使用权；3.网络运营者对其投入大量的智力劳动成果开发的网络大数据产品，应享有独立的“财产性权益”（但是基于“物权法定”原则，没有赋予其财产所有权）。

此外，二审法院在驳回美景公司上诉主张时进一步提出，无证据证明淘宝公司通过用户协议获取案涉信息属非法行为，淘宝公司在收集使用信息时遵循了最少必要原则，履行了告知义务，未违反相关法律法规规定，而且数据产品已与原始数据不具有直接关联性，因此淘宝公司对于“生意参谋”数据产品享有法定权益。

焦点三：美景公司的被诉行为是否构成不正当竞争。

就这一点，法院按照《反不正当竞争法》第2条的适用要件逐一进行分析（首先定位被诉侵权行为，接着分析是否存在竞争关系，被诉行为是否具有不正当性，以及原告是否因被诉行为遭受了损失），最后认定美景公司的被诉行为构成不正当竞争。

案件评析

（一）相关法律规范

本案涉及《民法总则》《反不正当竞争法》《网络安全法》的相关规定。

《民法总则》第 127 条规定：“法律对数据、网络虚拟财产的保护有规定的，依照其规定。”

《反不正当竞争法》第 2 条第 1、2 款规定：“经营者在生产经营活动中，应当遵循自愿、平等、公平、诚信的原则，遵守法律和商业道德。

本法所称的不正当竞争行为，是指经营者在生产经营活动中，违反本法规定，扰乱市场竞争秩序，损害其他经营者或者消费者的合法权益的行为。”

《反不正当竞争法》第 17 条规定：“经营者违反本法规定，给他人造成损害的，应当依法承担民事责任。

经营者的合法权益受到不正当竞争行为损害的，可以向人民法院提起诉讼。

因不正当竞争行为受到损害的经营者的赔偿数额，按照其因被侵权所受到的实际损失确定；实际损失难以计算的，按照侵权人因侵权所获得的利益确定。经营者恶意实施侵犯商业秘密行为，情节严重的，可以在按照上述方法确定数额的一倍以上五倍以下确定赔偿数额。赔偿数额还应当包括经营者为制止侵权行为所支付的合理开支。

经营者违反本法第 6 条、第 9 条规定，权利人因被侵权所受到的实际损失、侵权人因侵权所获得的利益难以确定的，由人民法院根据侵权行为的情节判决给予权利人五百万元以下的赔偿。”

《网络安全法》第 41 条规定：“网络运营者收集、使用个人信息，应当遵循合法、正当、必要的原则，公开收集、使用规则，明示收集、使用信息的目的、方式和范围，并经被收集者同意。

网络运营者不得收集与其提供的服务无关的个人信息，不得违反法律、行政法规的规定和双方的约定收集、使用个人信息，并应当依照法律、行政法规的规定和与用户的约定，处理其保存的个人信息。”

《网络安全法》第 42 条：“网络运营者不得泄露、篡改、毁损其收集的个人信息；未经被收集者同意，不得向他人提供个人信息。但是，经过处理无法识别特定个人且不能复原的除外。

网络运营者应当采取技术措施和其他必要措施，确保其收集的个人信息安全，防止信息泄露、毁损、丢失。在发生或者可能发生个人信息泄露、毁损、丢失的情况时，应当立即采取补救措施，按照规定及时告知用户并向有关主管部门报告。”

（二）法律适用的具体分析

本案最重要的问题之一是：企业对其在大数据之上的劳动和投入所产生的“数据产品”，是否可以获得对应的权利或权益的赋权问题。

案件审理时仍生效的《民法总则》第 127 条规定：“法律对数据、网络虚拟财产的保护有规定的，依照其规定。”这条规定非常抽象，也缺乏直接配套的法律规定。针对（大）数据的法律属性和保护路径在学理上存在一些争议。例如，有学者认为数据不具有客体性和财产性，大数据交易合同本质上不是民法上的买卖合同，而是一种数据服务合同。[2] 但仅从合同角度对数据产业提供的保护和刺激力度有限。另一种思路是通过知识产权或类似专有权利来提供保护。例如，针对数据库，欧盟出台了《关于数据库的法律保护的指令》采取数据库（邻接权）专有权的保护模式，我国《著作权法》有关汇编作品的规定也可以对数据汇编提供一定程度的保护。另外，针对企业不对外公开的数据，也可以借助商业秘密进行保护。但传统的知识产权因为保护要件的严格要求，对数据产业而言都具有某种程度的不足。

另外一种思路，是非专有权的规制路径，也即从行为法（《反不正当竞争法》）的角度，对数据产业和市场中的不正当竞争行为进行规制。例如，在我国《反不正当竞争法》中，除了采取商业秘密保护的特殊专有权路径之外，还可以借助《反不正当竞争法》互联网专条的规定和一般条款等规定[3]，对数

[2] 梅夏英.数据的法律属性及其民法定位[J].中国社会科学，2016(9)：174.

[3] 我国《反不正当竞争法》第 2 条、第 12 条、第 17 条、第 24 条。

据抓取与利用行为进行规制，例如由受到损害的经营者请求执法部门责令停止违法行为，并赔偿损害。

例如，法院在本案中就是采取了《反不正当竞争法》的保护（规制）模式。法院认为，原告对案涉数据产品付出了人力、物力、财力，而这些数据能为原告带来商业利益与市场竞争优势，因此，原告对案涉数据产品享有“竞争性财产权益”。在这种思路下，法院引用《反不正当竞争法》的一般条款，即第 2 条（经营者在生产经营活动中，应当遵循自愿、平等、公平、诚信的原则，遵守法律和商业道德……）进行判决。

虽然网络运营者对于原始网络数据的支配和控制还没有达到排他性的程度，也未达到知识产权有关智力成果的标准，因而，其对收集使用的原始数据尚未形成独立的财产权，仅能依其与网络用户约定，享有对原始网络数据的使用权。但与此同时，网络经营者就其劳动和投入所产生的数据产品享有“竞争性财产权益”，可以根据《反不正当竞争法》排除市场竞争者的不正当利用的行为。应该指出，本案为企业在大数据上的劳动和投入与权利的对应关系，以及对原生数据和衍生数据的权属规则提供了一定程度的指引。

51 浙江蚂蚁小微金融服务集团股份有限公司等与苏州朗动网络科技有限公司商业诋毁纠纷案（蚂蚁金服诉企查查）[1]

核心价值：提供公共数据服务应确保质量

事实概要

重庆市蚂蚁小微小额贷款有限公司（以下简称“蚂蚁微贷公司”）是浙江蚂蚁小微金融服务集团股份有限公司（以下简称“蚂蚁金服集团”）的全资子公司。蚂蚁微贷公司系蚂蚁金服集团的“花呗”金融产品的服务提供商。苏州朗动网络科技有限公司（以下简称“朗动公司”）系大数据企业征信平台企查查的经营者。2019 年 5 月 5 日至 6 日，朗动公司在企查查平台“风险动态”版块更新了涉及蚂蚁微贷公司清算变动的误导性清算信息，并向企查查平台的订阅用户推送了上述信息，造成“蚂蚁微贷进入清算程序”等不实信息被媒体广泛报道。而且，企查查平台在蚂蚁微贷公司企业信息页面置顶“清算”的新闻报道，亦在一定程度上扩大了负面的影响。有关蚂蚁微贷公司的经营状

[1] 改写自(2019)浙 8601 民初 1594 号民事判决书、(2020)浙 01 民终 4847 号民事判决书。撰写人：张韬略，同济大学法学院副教授。

况和“蚂蚁花呗”产品运营情况的错误信息呈几何式扩散，各大搜索引擎相关搜索结果近2 000万条。朗动公司虽然在事后发布了声明，但并未完全澄清事实。两原告认为被告行为构成商业诋毁。如果不构成商业诋毁，也因上述行为损害了两原告的竞争利益和消费者利益、破坏市场竞争秩序，应当依据《反不正当竞争法》第2条的一般条款，认定为不正当竞争行为。

本案的争议焦点在于：第一，经营企查查平台的朗动公司针对清算信息进行集中抓取和推送的行为，是否对蚂蚁微贷公司和蚂蚁金服集团构成商业诋毁；第二，朗动公司的行为是否构成不正当竞争。

判决结果

一审判决经营企查查平台的朗动公司以刊登声明等方式消除影响，赔偿原告经济损失及合理维权费用共计60万元。朗动公司不服提起上诉，二审法院驳回上诉，维持原判。

针对第一个焦点问题，即被诉行为是否构成商业诋毁，法院给出了否定的答复。法院认为：根据《反不正当竞争法》第11条的规定，经营者不得编造、传播虚假信息或者误导性信息，损害竞争对手的商业信誉、商品声誉。由此可见，商业诋毁行为是指经营者编造、传播虚假信息或误导性信息，损害竞争对手的商业信誉或商品声誉的行为。具体而言，行为主体必须是经营者；行为在客观方面表现为编造、传播虚假信息或误导性信息，对竞争对手的商誉进行商业诋毁，并给其造成一定的损害后果。从本案查明的事实来看，朗动公司作为从事企业征信信息服务的互联网征信机构，发布企业征信信息是其提供服务的基本形式，朗动公司针对清算信息进行了集中抓取和推送，该行为并非单独针对蚂蚁微贷公司，在主观上，朗动公司的行为没有故意损害蚂蚁金服集团、蚂蚁微贷公司以增强自身竞争优势的主观故意，因此不构成商业诋毁。

针对第二个焦点问题，即被诉行为是否构成不正当竞争行为，法院给出了肯定的答复。法院认为，依据《反不正当竞争法》第2条判断被诉行为是否构成不正当竞争，可从原告是否享有反不正当竞争法所保护的权益，被诉行为客观上是否具有不正当性，主观上是否具有过错，双方当事人是否属于竞争关系以及被诉行为是否给原告造成损害五个方面予以分析，而本案的事实一一满足了上述五方面要件的要求。法院特别指出，虽然从数据来源上看，被告朗动公司的企业数据源于公共数据（企查查公示的数据来源为国家企业信用信息公示系统、中国裁判文书网、中国执行信息公开网、国家知识产权局、商标局、版权局），公共数据作为促进经济发展的重要生产要素，应当鼓励市场主体积极利用并深入挖掘数据价值。但同时，对公共数据的利用应当合法、正当，不得损害国家利益、社会利益和其他主体合法权益，特别是不能损害数据原始主体的合法权益。朗动公司通过国家企业信用信息公示系统抓取蚂蚁微贷公司的企业信息，虽然数据本身源于公共数据，但是信息的发布和推送行为应当保持与蚂蚁微贷公司企业信息的一致性，即客观公正地反映企业信息，不应因数据来源的公共属性，而损害数据原始主体的商业利益。在分析被诉行为的不正当时，法院特别指出，朗动公司的行为明显违反了征信业法定义务和大数据行业规则。《征信业管理条例》规定，征信机构应当采取合理措施，保障其提供信息的准确性。国家标准化管理委员会先后于2017年和2018年出台《信息技术大数据术语》（GB/T 35295—2017）和《信息技术数据质量评价指标》（GB/T 36344—2018）两部国家标准，均明确数据产品和服务提供中对于数据准确性和一致性的要求。

法院还特别分析了这类案件之中行为主观过错的认定。法院认为，对于行为主观过错的认定，应当结合主体身份特点以及所附注意义务、行为过程的审慎程度和合理性等要素进行评价。朗动公司作为大数据企业征信平台经营者，其相关注意义务是评价主观过错的考量因素。由于互联网征信行业仍处于发展的起步阶段，相关行业规范尚未成熟，应当以鼓励数据共享流通、兼顾各方利益为原则，并正视海量数据处理的技术困境，合理确定注意义务。一方面，从事企业征信的互联网征信企业运用大数据技术优势，将公共领域碎片化的局部数据整合起来，较为完整地反映企业经营信用状况，实现了面向整个市场的信息共享，解决了商业信息滞后、信息不对称的市场困境，在降低信息收集成本，增加交易行为的透明度，促进社会诚信体系建设方面具有积极作用。由于受到数据共享范围、获取成本的限制及数据有效抓取技术的局限，在司法裁判上，不宜为互联网征信企业赋予过高的注意义务，对于普通的信息偏差，应当允许其通过事后救济的方式进行修正。但另一方面，互联网征信企业作为一种互联网经济下新兴的商业模式，对于收集、发布的数据信息仍具有基本的注意义务，应当通过技术的革新和完善，确保数据的真实、及时、准确，才能为市场主体的投资行为提供可信赖的、具有公信力的企业信息。因此必须坚持数据来源合法原则、注重信息时效原则、保障信息质量原则和敏感信息校验原则。

案件评析

（一）相关法律规范

《反不正当竞争法》第 2 条第 1、2 款规定："经营者在生产经营活动中，应当遵循自愿、平等、公平、诚信的原则，遵守法律和商业道德。

本法所称的不正当竞争行为，是指经营者在生产经营活动中，违反本法规定，扰乱市场竞争秩序，损害其他经营者或者消费者的合法权益的行为。"

《反不正当竞争法》第 11 条规定："经营者不得编造、传播虚假信息或者误导性信息，损害竞争对手的商业信誉、商品声誉。"（2017 年修法之前的表述为："经营者不得捏造、散布虚伪事实，损害竞争对手的商业信誉、商品声誉。"）

《反不正当竞争法》第 17 条规定："经营者违反本法规定，给他人造成损害的，应当依法承担民事责任。

经营者的合法权益受到不正当竞争行为损害的，可以向人民法院提起诉讼。

因不正当竞争行为受到损害的经营者的赔偿数额，按照其因被侵权所受到的实际损失确定；实际损失难以计算的，按照侵权人因侵权所获得的利益确定。经营者恶意实施侵犯商业秘密行为，情节严重的，可以在按照上述方法确定数额的一倍以上五倍以下确定赔偿数额。赔偿数额还应当包括经营者为制止侵权行为所支付的合理开支。

经营者违反本法第 6 条、第 9 条规定，权利人因被侵权所受到的实际损失、侵权人因侵权所获得的利益难以确定的，由人民法院根据侵权行为的情节判决给予权利人五百万元以下的赔偿。”

（二）对本案具体法律适用的评价

1. 商业诋毁的认定需要特别考虑主观故意的要件

商业诋毁行为是指在市场竞争中以捏造、散布虚假事实等不正当手段，损害竞争对手的商业信誉的行为。商业信誉是社会对特定经营者的总体评价，包括经营者的信用、资产、经营能力、经营作风以及商品的质量、性能等等。商业信誉的一个重要组成部分是具有相对独立性的商品声誉。[2]

朗动公司所经营企查查平台对公共领域的信息（清算信息）进行集中抓取和推送的行为，是否构成《反不正当竞争法》第 11 条的商业诋毁，必须从商业诋毁的主客观构成要件进行分析。从《反不正当竞争法》的视角来看，商业诋毁所侵犯的是经营者的商誉权，因此行为人具有经营者的身份是认定侵犯商誉权行为的重要条件之一。非经营者实施的侮辱、诽谤、诋毁的行为则属于一般侵权行为。这点在国际条约和比较法层面也有依据，例如，《巴黎公约》及世界知识产权组织（WIPO）制定的《反不正当竞争的保护示范法草案》都将商誉侵害视为不正当竞争行为，而英美法系国家为商誉权提供仿冒诉讼与其他特殊诉讼的救济方式，其主体指向都是经营者。当然，经营者可以假借第三人进行这类行为，在这种情况下，经营者与第三人构成共谋实施商业诋毁的行为。

此外，应该要注意的是，侵害人与受害人之间必须存在竞争关系。由于大陆法系国家主要适用竞争法保护商誉权，因此有这一要求。在我国，最高人民法院依照《民法通则》和《反不正当竞争法》的规定于 1998 年作出司法解释，从主体要件方面明确了商业诋毁行为与一般侵权行为的区别，并具体指出，新闻单位或者消费者因为对经营者的产品质量或者服务质量进行批评、评论失当，甚至借机诽谤、诋毁、损害经营者的，应当认定为侵害名誉权的行为。例如，在一些司法判决中，法院就认为，普通消费者在购买商品过程中，

---

[2] 龙俊. 商业诋毁构成要件研究——兼评新《反不正当竞争法》第 11 条[J]. 河北法学，2019(4)：131.

对商品或者服务作出的评价，无论是真实或者虚假恶意从而损害到了原告的商誉的，都无法适用《反不正当竞争法》有关商业诋毁的规定，因为普通消费者并非原告的竞争者，他们与原告之间没有竞争关系。[3]

与本案法律适用特别相关的是，商业诋毁行为的主观方面是故意而不是过失，也即行为人实施商业诋毁行为，是以削弱竞争对手的市场竞争能力，并谋求自己的市场竞争优势为目的，通过捏造、散布虚伪事实等不正当手段，对竞争对手的商业信誉、商品信誉进行恶意的诋毁、贬低，因此，故意行为才构成这种不正当的竞争行为。由于朗动公司对清算信息的集中抓取和推送行为并非单独针对蚂蚁微贷公司，因此其并没有故意损害蚂蚁金服集团、蚂蚁微贷公司的主观故意，法院认定被告行为不构成商业诋毁是正确的。

2. 公共数据使用者与数据原始主体之间的正当竞争

在本案中，法院在否定被告针对原告的商业诋毁之余，还提出了正确评价公共数据使用模式正当性的途径。法院认为，本案“涉及大数据生态系统中，公共数据使用者与数据原始主体之间因数据使用质量引发的纠纷，涉及大数据商业模式下公共数据使用行为的正当性问题”，这些行为“并非《反不正当竞争法》第 2 章规定的具体竞争行为（例如商业诋毁行为）”。并且进一步指出，“对于公共数据使用行为是否存在不正当性，并且损害了数据原始主体竞争性权益的问题，可以依据《反不正当竞争法》第 2 条进行评价”。据此，我国司法机关以往在适用《反不正当竞争法》第 2 条的一般条款所摸索出来的审查要件，即原告是否享有《反不正当竞争法》所保护的权益，被诉行为客观上是否具有不正当性，主观上是否具有过错，双方当事人是否属于竞争关系以及被诉行为是否给原告造成损害等五个方面，就成为法律适用的关键。

在判断该行为是否具有正当性时，法院从市场竞争秩序、商业道德、利益平衡等基本原则出发，结合相关行业准则、行为手段、损害后果等因素对其性质予以综合评判。由于本案的清算数据抓取和推送行为特别涉及数据质量的相关法规和行业标准，企查查发布的清算信息与蚂蚁微贷公司的相关信息在信息来源、清算主体、清算时间上存在差异，不仅会直接影响作为原始数据主体企业的商誉和社会评价，损害了经营者的声誉，造成了对市场参与者和

[3] 上海知产法院(2015)沪知民终字第 5 号民事判决书。

关联方的信息误导，还可能损害各方参与者的合法利益。

在本案中，我国法院首次对大数据企业所应当负有的经营责任、注意义务进行了系统阐述。在大数据领域相关法律还不健全的情况下，本案判决结果对于大数据企业完善内部合规制度、预防经营风险极具借鉴意义，因此被业界称为我国国内关于大数据企业不正当竞争第一案。

52 吴某秦诉陕西广电网络传媒(集团)股份有限公司捆绑交易纠纷案[1]

核心价值:平等保护

事实概要

原告吴某秦诉称:2012年5月10日,其前往陕西广电网络传媒(集团)股份有限公司(以下简称"陕西广电公司")缴纳数字电视基本收视维护费得知,该项费用由每月25元调至30元,吴某秦遂缴纳了3个月费用90元,其中数字电视基本收视维护费75元、数字电视节目费15元。之后,吴某秦获悉数字电视节目应由用户自由选择,自愿订购。吴某秦认为,广电公司属于公用企业,在数字电视市场内具有支配地位,其收取数字电视节目费的行为剥夺了自己的自主选择权,构成搭售,故诉至法院,请求判令:确认被告2012年5月10日收取其数字电视节目费15元的行为无效,被告返还原告15元。

经查,广电公司是经陕西省政府批准,陕西境内唯一合法经营有线电视传输业务的经营者和唯一电视节目集中播控者。广电公司承认其在有线电视传输业务中在陕西省占有支配地位。2005年7月11日国家广电总局印发的《推进试点单位有线电视数字化整体转换的若干意见(试行)》规定:"各试

[1] 改写自最高人民法院第79号指导性案例、(2016)最高法民再98号民事判决书。撰写人:袁秀挺,同济大学法学院教授。

点单位在推进整体转换过程中，要重视付费频道等新业务的推广，供用户自由选择，自愿订购。”陕西省物价局于2006年5月29日出台的《关于全省数字电视基本收视维护费标准的通知》规定：“数字电视基本收视维护费收费标准为：以居民用户收看一台电视机使用一个接收终端为计费单位。全省县城以上城市居民用户每主终端每月25元；有线数字电视用户可根据实际情况自愿选择按月、按季或按年度缴纳基本收视维护费。”国家发展改革委、国家广电总局于2009年8月25日出台的《关于加强有线电视收费管理等有关问题的通知》指出：“有线电视基本收视维护费实行政府定价；有线电视增值业务服务和数字电视付费节目收费，由有线电视运营机构自行确定。”

判决结果

陕西省西安市中级人民法院于2013年1月5日作出(2012)西民四初字第438号民事判决：1.确认陕西广电公司2012年5月10日收取原告吴某秦数字电视节目费15元的行为无效；2.陕西广电公司于本判决生效之日起十日内返还吴某秦15元。陕西广电公司提起上诉。陕西省高级人民法院于2013年9月12日作出(2013)陕民三终字第38号民事判决：1.撤销一审判决；2.驳回吴某秦的诉讼请求。吴某秦不服二审判决，向最高人民法院提出再审申请。最高人民法院于2016年5月31日作出(2016)最高法民再98号民事判决：1.撤销陕西省高级人民法院(2013)陕民三终字第38号民事判决；2.维持陕西省西安市中级人民法院(2012)西民四初字第438号民事判决。

案件评析

（一）相关法律规范、学理研究及评析

本案的案情比较简单，法律适用也比较清楚。法院生效裁判认为：案件争议焦点包括，一是诉争行为是否违反了《反垄断法》第17条第(5)项之规定，

二是法院适用反垄断法是否适当。针对这两个争议焦点的法律分析如下：

1. 被告是否构成滥用市场支配地位的垄断行为

《反垄断法》第17条规制的是滥用市场支配地位的垄断行为，根据第(5)项的规定，禁止具有市场支配地位的经营者"没有正当理由搭售商品，或者在交易时附加其他不合理的交易条件"。本案中，广电公司在答辩中明确认可其"作为陕西省内唯一电视节目集中播控者，具备陕西省内有线电视市场支配地位"，但认为其并未滥用市场支配地位，也未强行规定用户在基本收视业务之外必须消费的服务项目，而是鼓励用户选择更丰富的有线电视套餐。鉴于广电公司作为陕西境内唯一合法经营有线电视传输业务的经营者，陕西省内唯一电视节目集中播控者，故法院在查明事实的基础上认定在有线电视传输市场中，广电公司在市场准入、市场份额、经营地位、经营规模等各要素上均具有优势，占有支配地位。

关于广电公司在向吴某秦提供服务时是否构成搭售的问题。本案中，根据法院查明的事实，广电公司在提供服务时其工作人员告知吴某秦每月最低收费标准已从2012年3月起由25元上调为30元，每次最少缴纳一个季度，并未告知吴某秦可以单独缴纳数字电视基本收视维护费或者数字电视付费节目费，故可以认定广电公司实际上是将数字电视基本收视节目和数字电视付费节目捆绑在一起向吴某秦销售，并没有告知吴某秦是否可以单独选购数字电视基本收视服务的服务项目。虽然广电公司也提交了其向其他用户单独收取数字电视基本收视维护费的相关票据，但该证据仅能证明广电公司在收取该费用时存在套餐之外的例外情形，并不足以否认广电公司将数字电视基本收视维护费和数字电视付费节目费一起收取的普遍做法。简而言之，再审法院认为并没有证据证明普通消费者存在可以仅缴纳电视基本收视维护费或者数字电视付费节目费的选择权。因此不能认为广电公司的未告知行为仅是侵犯消费者的知情权(选择权)，进而认为广电公司的行为不涉及反垄断法所规制的没有正当理由的搭售。

事实上，数字电视基本收视维护费和数字电视付费节目费属于两项单独的服务，将两项服务一起提供并不属于数字电视服务的交易习惯；将数字电视基本收视维护费和数字电视付费节目费分别收取，亦无证据证明会损害两种服务的性能和使用价值。在此情形下，广电公司利用其市场支配地位，将数字电视基本收视维护费和数字电视付费节目费一起收取，客观上影响消费者选择其他服务提供者提供相关数字付费节目，同时也不利于其他服务提供者进入电视服务市场，对市场竞争具有不利的影响，违反了《反垄断法》第17条第5项之规定，构成滥用市场支配地位的搭售行为。

2. 法院是否应适用反垄断法

有观点认为，本案纠纷的实质是吴某秦基于《消费者权益保护法》所应当享有的权利被侵犯，而与垄断行为无关。广电公司的收费行为即使无效，也只属于侵犯消费者权益，而不构成滥用市场支配地位。民事诉讼中，人民法院应当根据当事人的诉讼请求、答辩意见以及证据交换的情况，归纳争议焦点，并就归纳的争议焦点征求当事人的意见。在法庭审理时，应当围绕当事人争议的事实、证据和法律适用等焦点问题进行。

本案中，吴某秦在其诉状中明确主张："被告收取原告数字电视节目费，实际上是为原告在提供上述服务范围外增加提供服务内容，对此原告应当具有自主选择权。被告属于公用企业或者其他依法具有独占地位的经营者，在数字电视市场内具有支配地位。被告的上述行为违反了《反垄断法》第17条第1款第5项关于'禁止具有市场支配地位的经营者从事没有正当理由搭售商品，或者在交易时附加其他不合理的交易条件的滥用市场支配地位行为'的规定，侵害了原告的合法权益。原告依照《最高人民法院关于审理因垄断行为引发的民事纠纷案件应用法律若干问题的规定》，提起民事诉讼，请求人民法院依法确认被告的捆绑交易行为无效，判令其返还原告15元。"可见，吴某秦并未主张其消费者权益受到损害，而是以原告身份提起了反垄断民事纠纷。根据不告不理的原则，法院只能根据吴某秦的诉讼请求适用《反垄断法》进行审理。

（二）案件影响与意义

我国的《反垄断法》自2008年8月1日起施行，《反垄断法》第50条明确规定："经营者实施垄断行为，给他人造成损失的，依法承担民事责任。"可见，垄断行为不仅破坏了市场公平竞争秩序，而且可能对消费者的民事权益造成损害。其后，最高人民法院通过《关于审理因垄断行为引发的民事纠纷案件应用法律若干问题的规定》，明确赋予因垄断行为受到损失的当事人（自然人、法人或非法人组织）直接向法院提起民事诉讼的权利。《反垄断法》规定了三类垄断行为：垄断协议、经营者集中、滥用市场支配地位，其中前二者主要涉及经营者之间的关系，只有滥用市场支配地位往往直接影响到消费者。所以，普通消费者针对滥用市场支配地位的垄断行为提起的民事诉讼最为多发。相对而言，消费者固然可依据《消费者权益保护法》得到救济，而提起反垄断民事诉讼，则在个体权益保护之外，还具有一定的公益性质，社会影响和社会效益也大大不同。

有关研究统计了反垄断法施行十余年间，我国法院审理的 119 件滥用市场支配地位民事案件[2]，发现仅有 1 起案件（即本案）原告的全部诉讼请求获得法院的支持，另有 3 起案件原告的部分诉讼请求获得法院的支持，二者合计占比 3.36%。所以，当前的司法实践反映，在滥用市场支配地位的民事诉讼中，原告胜诉的比例是很低的，究其原因，与原被告的地位（实力）、举证能力、诉讼投入程度，乃至法院的审理理念等有关。当然，可以预期，随着我国反垄断民事诉讼的环境越来越好，以个体之力挑战大型企业垄断行为的事例也会越来越多，并在社会上产生良好的激励和导向作用。

就本案而言，法院最终支持了原告吴某秦的全部诉讼请求：1. 确认捆绑交易行为无效；2. 返还 15 元；3. 被告承担诉讼费用。其中案涉金额仅 15 元，因此有观点认为本案的象征意义更大。[2]但不可否认的是，案件的结果对垄断企业也有极大的影响，相应的市场行为得到规范，更多消费者的权益也有了保障。也就是说，如本案这样的案件具有很强的"正外部性"，所以能够成为指导案例之类的典范。[3]

本案原告能在与垄断性企业的对抗中获得胜诉，也充分说明了法院在审理该类案件时对待双方当事人的"平等"立场。民事法律关系中的平等主体，不仅意味着当事人的法律地位平等，在具体诉讼程序中，恰当地安排双方的

---

[2] 刘延喜，吴贝纯. 中国滥用市场支配地位——民事诉讼案例研究(2008—2020)[EB/OL]. (2021-02-05)[2021-08-20]. https://mp.weixin.qq.com/s/qUoREDolhd57uO7qMyTL-w.

[3] 吴某秦案入列最高人民法院公布的"2008—2018 年中国法院反垄断民事诉讼 10 大案件"。

权利义务，也是其中应有之义。如本案在事实认定时，法官就考虑到证明难度的因素，对广电公司课以更严格的证明责任，否定了广电公司通常情形下单独收取基本维护费的主张。从这个意义上讲，本案是对“平等”这一社会主义核心价值观的深刻阐释。